ちょっと気になる
政策思想 第2版

社会保障と関わる経済学の系譜

権丈善一
Kenjoh Yoshikazu

勁草書房

第2版の刊行にあたって

　へのへのもへじのシリーズ本の中でも，けっこうなお気に入りの
『政策思想』も，めでたく重版となったそうです．そこで，手を入
れて第2版にすることにしたけど，でも一体，この本，誰が読んで
いるんだろうかね？

　手にした学問が異なれば答えが変わるよっ．君がそう信じている
のは，君が手にした学問がそう思わせてくれているんだけどね，ア
ハハッ（笑）というような軽い話が各章に書かれているこの本を読
むと，人が，労働者，生産者というよりも消費者に見えるようにな
ってしまうはず．どんな職業に就いている人も，仕事に就いていな
い人も，まずはマクロの消費需要にどの程度貢献しているのかとい
う視点で見てしまうようになる．そして何かを生産していようが生
産していなくても，両者，国民経済に対する貢献はさほど違いがな
いように見えてきたりもする．
　哲学者ヤスパースがBC5世紀前後を「枢軸の時代」と呼んでい
て，あの時代に，仏教，ジャイナ教，儒教を始めとした諸子百家，
パレスティナの預言者，ギリシヤ哲学など，今にいたる思想の源が
できあがっていたわけだけど，あの背景には，鉄器が普及し，そこ
に地球温暖化が起こって，農業生産力が飛躍的に高まったことがあ
って，その中，生産活動に就く必要のない有閑階級の誕生を社会が
許したからだな――似たような話として，今の時代に戦争でも起こ

って食糧不足になったら，僕ら大学の教員たちは田畑を耕して食料生産にかり出されることは間違いなし．どうも職業には，人間の生物学的な必要性に沿った優先順位というものがあるようで……，などということを，この本を手にしたら，ついつい口にしたりするようになるかな．

　国民みんなが立派な消費者になってもらうためには，国民みんなに立派な購買力を分配しなければならないわけだけど，まぁ，世の中，おおかた，みんなそれなら仕方がない（つまりは不平不満がでにくい，いわゆる，公正？）と考えがちな学歴に応じて所得は分配されている（といっても教育には家族の資産・所得が大きく影響するわけだけど）．そこからの誤差として，運に運が重なったりして大きな所得を社会からゲットしている場合もある．だけど，特に金融経済がこれだけ大きくなった社会では，市場はそうした人を立派な人にスクリーニングする機能はあまりもっていないのかな，と考えるようになったり．

　市場メカニズムという分配を苦手としている社会の仕組み上，購買力が十分に行き渡らない人たちがどうしても出てくるわけで，その人たちには，あまり消費をしてくれない人たちから購買力をもってきて，国民経済のために社会全体の消費を増やそうよと，ポロッと言ったりする．

　アメリカでは 1950 年代になると，サービス産業に充実する人たちが大幅に増えてきて，今でこそ医療経済学の泰斗として有名なフュックスは，1968 年に *Service Economy* を書いたりしていた．あの頃フュックスは，「この国は経済発展の新しい段階を切り拓いている——われわれは"サービス経済"のなかにいる，つまり，われわれは世界の歴史上初めて，雇用人口の半分以上が衣食住の生産に

も自動車，その他の耐久性のある財貨の生産にもかかわらない国に暮らしているのである」という観点から当時のアメリカ経済を眺めていたんだけど，そうしたサービス経済による雇用の吸収とそこで働く人たちによる消費の増加が国民経済を支えていることを理解していき，後にフュックスは医療経済学者となっていく．

　この本を読んだりすると，AI で仕事がなくなると大騒ぎしている人がいれば，いやいや，医療や介護をはじめ，人々の QOL を高めるための対人サービスは山ほどあるんだから，そっちの充実もよろしく頼むよっと言い始めるし，再分配が組み込まれた公的医療や介護の領域で働いている人たちが大勢いる町があったら，その町，ひいては国民経済のために彼らの購買力を高めるためにはどうすれば良いかを考えたりするようになったりもする……．

　この本の読者は，いまの時代の常識，いわゆるガルブレイスの言う通念（conventional wisdom）に照らせば，そうした不謹慎な人間になってしまう——そうした危険思想？　が書かれたこの本が重版出来となったらしい．「通念」は，この本の 121 頁で説明していて，世の中に人気のある考え方というものだけど，講義などでは，以前よりも使う機会が増えてきている言葉です．

　せっかくの機会だったから，通常の重版ではなく第 2 版としました．いつものように，知識補給を増やしてしまいました．他に「所得再分配調査」とか，諸々更新しています．

　『政策思想』の第 1 章は，人事院で行った，国家公務員の課長さん以上を対象とした行政フォーラムというところでの講演録でした．その後，2020 年に，人事院から，若手に図書を推薦してくれと頼

まれて，一文を書いてみました．第1章とセットにして，「若手行政官への推薦図書」を知識補給としています．

　また，20年近く前の2004年に『年金問題と積極的社会保障政策──再分配政策の政治経済学Ⅱ』を出したとき，その中に，「幸いにも，われわれは，青木＝吉川成長モデルという日本発のマクロ経済モデルをもっている．5節では，青木＝吉川モデルが，これまでのマクロ経済モデルと比べていかなる点で特徴をもつモデルであるのかを示す」という文章を書いていました．青木＝吉川モデルとは，青木正道先生（UCLA名誉教授）と吉川洋先生（東大名誉教授）が統計物理学をケインズ経済学のミクロ的基礎として用いて構築された経済成長のモデルです．そして吉川先生は2020年に青木＝吉川モデルを詳述した『マクロ経済学の再構築』を上梓されました．需要サイドから見た成長モデルのことが書かれている『マクロ経済学の再構築』を結構なひとたちに薦めていたのですけど，どうも言葉ではその画期的さを伝えきれない．そこで，知識補給をひとつ書いてみました．

　需要サイドから見た成長モデルとしては，小野善康先生（阪大特任・名誉教授）の資産選好モデルも本書初版の随分と前から思考のベースとして用いていました．初版にあった「新たな発展のためには，みんなが，それ自体大変大きな効用をもたらす貨幣を手放してでもどうしても手にしたくなる魅力的な新たな財・サービスの誕生が必要になる」（50頁）などの，生活している人たちが意識する貨幣の魅力と財・サービスの魅力の身の丈比べのような文章は，限界効用の非飽和性が仮定された資産選好モデルに基づいています．そして，そのエッセンスも，たとえば，「図表11　右側の経済学と左側の経済学の前提の相違」（52頁）の4行目に，流動性選好と並

べて「資産選好」というワードを加えたりして明示的にしています．

　社会保障の研究者というのは，この政策は経済政策なので，必然，マクロ経済学のユーザーとならざるを得ません．吉川先生と小野先生のモデルに長く着目していたので，日本医師会で経済政策を議論する場である医療政策会議への経済学者の紹介を頼まれた際，当時はまだ面識もなかった小野先生に，2016 年度から会議に入ってもらっていました．そのあたりは，本書の初版でも第 8 章で「こうした世界を，小野善康委員（医療政策会議）は，成熟社会と呼んできた」（287 頁）と記していました──意味不明だったですよね．この第 2 版では，小野先生の資産選好モデルがより表に出るように編集しています．加えて，ネットで公開されている『平成 30・令和元年度医療政策会議報告書』に小野先生が寄稿された「最近のマクロ経済理論と政策の考え方」に，「成熟社会となって経済が停滞している先進国ほど，社会的共通資本の整備が重要になってくる」と書かれている論理構造を，多くの人に理解してもらいたいと思います．

　そうしたこうしたで，『政策思想』は通常の重版とは異なり，第 2 版とせざるを得なくなってしまいました．そうなると，『ちょっと気になる社会保障　V3』で導入した，『東洋経済オンライン』などへの「オンラインへ GO!!」も加えたくなるものでして……たとえばこんな感じで．

オンラインへ GO! 高齢者は経済の宝，社会保障で地方創生は可能
──「灌漑施設としての社会保障」という考え方
『東洋経済オンライン』2020 年 11 月 19 日

　この本にでてくるオンライン記事は，kenjoh.com/online/ に収納していますので，お気に入りにでも入れておいてください．

　ということでこの第2版は，けっこうな（僕的には）充実した感
があります．本なるものは薄い方がベターということは重々承知し
ておりまして，第2版を考えるにあたって，極力，頁数を減らすこ
とができないかとチャレンジしてみたのでありますが，やっぱり，
書いてあることは伝えたいことばかりだった……ので，増分相当の
削除は難しかったです．でも価格は据え置きにしてくれました，は
い．

　あっ，それから，初版とは何も変わってはいないのですが，この
本ではリベラル，リベラリズムという言葉を使っていたのですけど，
これらのタームの用法というのは少し込み入ったものがあります．
もしこのあたりに関心がある人がいましたら，この本を，「知識補
給　制度学派とリベラリズム，そしてネオ・リベラリズム」から読
み始めて下さい．この文章は20年近く前の2003年に書いていたた
め，次のような文章から書き始めることができていました──今で
も2003年1月3日の朝の紙面が思い出されて懐かしいです．

　　今年1月3日の『日本経済新聞』朝刊に，なんとも面白い紙面があ
　　った．「経済教室」をガルブレイスが執筆しており，そのすぐ左隣
　　の「やさしい経済学──巨匠に学ぶ」には，宇沢弘文が〈ヴェブレ
　　ン〉について連載する第1回を記していたのである．

　そこに書いている内容は今に通じるものでして，この知識補給を
読むと，古典的リベラリズムがネオ・リベラリズムで，そしてリベ
ラリズム，これと同義として本書ではニコラス・バーという経済学
者が用いているリベラルを使っていますけど，これらは古典的リベ
ラリズムの修正が図られたタームであることなどがそこはかとなく

分かってもらえるかと思います……かえって分からない？　まっ，
いいか.

はじめに

　僕は，本を書くと，それがシリーズ化してしまうという弱点？があるようで，『再分配政策の政治経済学』シリーズはⅦ巻まで書き，その後書き始めた『ちょっと気になる』へのへの本シリーズは，『ちょっと気になる社会保障』と『ちょっと気になる医療と介護』の2冊を出してしまいました──おまけにこれらへのへの本は2冊とも増補版まで.

　最近では，初めて手にする僕の本が『ちょっと気になる』シリーズだったという人も多くいらっしゃるようで，その人たちは，どうして，社会保障の話の中に，右側の経済学とか左側の経済学とか，しかもその話は経済学史の話であったりするのですか？　という感想をもたれているようでもあります──大学の授業でもはじめの数か月はそう思っているようです．そう言われても，僕の中では，アダム・スミス以来の経済学説や政治思想の流れと，目の前で展開されている社会保障政策の話は，一体化した不可分な話なわけでして，そうした考え方を，物心ついた頃から『再分配政策の政治経済学』と呼んできたみたいなんですね．僕にとっては，この類の話を抜きにして社会保障を語れというのは，あり得ない話なわけです.

　でも，僕の書いているものが，次のような構造，つまり医療介護とか，年金とか，財政とかいうテーマ別に書いている文章の中に，広くどのテーマにもあてはまる基礎となる考え方として，政策思想の話とか経済学の話とかが横たわっていることは，自分でも十分自

覚しています．だから，突然，僕の書いた文章を手にした人が，ん
っ？　と思われるのもよく分かります．

**『再分配政策の政治経済学』シリーズと『ちょっと気になる』シリーズに
登場してくる話題**

	テーマ別に書いてきたこれまでの文章				
	社会保障・ 経済政策	財政・ 金融論	公的年金 保険論	医療・介護 の一体改革	子育て支援
どのテーマにもあては まる基礎となる考え方	政策思想の話とか社会保障と関わる右側の経済学・ 左側の経済学の話　そして時には価値判断の話				
	この本『ちょっと気になる政策思想』				

　そこで，社会保障政策と関わる「政策思想」に関する部分をピック
アップして，へのへの本の第3弾として，一冊まとめてみようか
と思い，出版社に企画書を試しに出してみたら，なんと，「いいで
すよっ」との，なんとも軽い（笑）返事をいただきました．題して
『ちょっと気になる政策思想——社会保障と関わる経済学の系譜』．
　でっ，この本を作るのに困ったことは，経済政策や，財政金融政
策，年金や医療介護，そして子育て支援というようなテーマ別の話
をしているのに，どのテーマにもあてはまる基礎となる考え方とし
て「手にした学問が異なれば答えが変わる」という話，「社会保障
と関わる経済学の系譜」の話が出てくることです．だから，どの章
にも重複する箇所があることですね．そこをなんとかきれいさっぱ
りいくまいかと枝葉の伐採をがんばってはみたけど，あきらめまし
た……(T_T)トホホッ
　本書の構成は3部構成になっていまして，応用編Ⅰ，理論編，応
用編Ⅱという感じです．
　まず応用編Ⅰとして，「社会保障政策の政治経済学——アダム・
スミスからいわゆる‘こども保険’まで[1]」をおいています．

　次に理論編には，「社会保障と関わる経済学の系譜序説——サミュエルソンの経済学系統図と彼のケインズ理解をめぐって」，および「社会保障と関わる経済学の系譜」というタイトルで書いた文章をまとめています[2]．これら2つは，2012年後半から2013年はじめにかけて書いていたものです——年数をみれば古く見えますけど，右側の経済学とか左側の経済学なんて話は誰も言っていないことですので，古くなったりするような話では全然ないんですね．これは誰も考えないようなことを考える習慣をもつ者の得なところでしょうか．

　上述の理論編の内容を受けて応用編IIとして，「合成の誤謬の経済学と福祉国家[3]」，「公的年金保険の政治経済学[4]」「研究と政策の間にある長い距離——QALY概念の経済学説史における位置[5]」「パラダイム・シフトほど大層な話ではないが切り替えた方が望ましい観点[6]」，「医療と介護，民主主義，経済学[7]」を収めました．

1　人事院主催国家公務員課長級以上を対象とした行政フォーラム講演録（2017年9月15日）.

2　「社会保障と関わる経済学の系譜序説」『三田商学研究』第55巻第5号（2012年12月）および「社会保障と関わる経済学の系譜(1)」『三田商学研究』第55巻第6号（2013年2月）.

3　日本医師会「「医療を営利産業化していいのか」について」『平成22・23年度医療政策会議報告書』（2012年3月）のために執筆.

4　年金綜合研究所設立記念シンポジウム「持続可能な年金制度の確立に向けて」（2012年12月10日）における講演録.

5　医療科学研究所フォーラム『医療技術評価（HTA）の政策利用：諸外国の状況とわが国における課題』（2012年9月18日）における講演録.

6　日本医師会「高齢社会における経済的・文化的・医学的パラダイムシフト」『平成26・27年度医療政策会議報告書』（2016年3月）のために執筆.

7　日本医師会「社会保障と国民経済——医療・介護の静かなる革命」『平成28・29年度医療政策会議報告書』（2018年3月）のために執筆.

次は，僕が 2001 年，まだ 30 代のときに書いた『再分配政策の政治経済学Ⅰ』の序章の文章です．

　　わたくしは，人物に少しでも関心をもつと，その人物の足跡を調べ，人を一生の長さでながめてしまう癖をもっている．経済学者もご多分にもれず，多くの経済学者の伝記や書簡集などにも目をとおす．そこでおぼろげながらに思うことがある．それは，経済理論というのは，ようするに，価値判断が一つの体系にまとめられたものであって，その価値判断の根差すところは，つきつめていくと，強い個性をもつ偉大な研究者ひとりひとりの好き嫌いに帰着するのではなかろうかということである．そして彼らの気質が陰に陽に映しだされた経済学書を読む側のわたくしにとっても，読んでいて好きになる経済学書と，そうはなれないものがある．どちらかと言えば，わたくしは，G. タロックの好悪の感覚よりも，A. B. アトキンソンの好き嫌いの趣味のほうに惹かれるし，J. ブキャナンや G. ベッカーの本は理論的にはエキサイティングなのだが，A. センの本を読むほうが心地よい．経済学というのは，どうにもそういう性格——そしてわたくしにとっての魅力——をもっている．

こうした魅力をもつ経済学に対し，僕は，暇さえあれば古典を手にするという，今の時代の中ではおかしな方法で長らく接してきました．そうこうして何十年か経つうちに，いつのまにかここに書いているような考え方が生まれてしまった……という感じでしょうか．おかげさまで，出版社に迷惑をかけない程度にはマーケットをもつことができたようでして，このような，趣味が高じた本を出すことができて，まぁ，幸せ者ですね．これまでの本のように，あとはひたすら配るのみ……違うか（笑）．

　ということで，早速，表紙にへのへのもへじが描いてあるへのへの本シリーズの恒例，知識補給といってみましょうか！

　次の文章は，左頁の文章よりも少し前に書いたエッセイです．

知識補給　思想と酩酊体質

『三色旗』2001 年 11 月号

　神様は 2 種類の人間を作った──思想に酔える酩酊体質の人とそうでない人，という表現をたびたび用いたのは，司馬遼太郎さんである．彼の未公開講演録のⅢ巻に「学生運動と酩酊体質」という講演が収められている．そこに，河上肇というたいそう偉い先生の話がでてくる．日本にマルクス経済学をひろめた経済学者と評価されている先生であるから，そうとうに偉い人であることは想像がつく．手当たり次第に本を読んでいた学生の頃，彼の『貧乏物語』などにも目を通していたので，司馬さんの講演録をパラパラとめくっているときに，ふとそのページに目がとまった．

　当時から，わたくしは河上先生の書くものはどうにも重い，書物だけではなく，その人生までが重すぎると思う反面，こうまで，正しいことはコレだ！　と思い込んで行動できる性格が，なんともうらやましいというような，そんな印象をいだいていた．そうしたなか，先の講演録において司馬さんが河上先生を評する文章──「河上さんは，もともとお酒に酔う，思想的に酩酊する必要がある体質でした．河上さんの場合，いろいろな思想が入ってきては，抜けていきます．たとえば宗教に入信したり，社会主義を展開したり，マルキストになったりと，さまざまな思想が河上さんの中を通り過ぎていく．変節などという言葉は当たりませんね．日本酒がウイスキーに変わっただけのことであり，酒には変わりはない」という文章を目にした．これをみて，なにやら合点がいった．

　わたくしの専門の社会保障の動きをみていると，この政策を動かす思想の力というものをほとほと感じ入る．そして，わたくしが社会保障を研究する際にベースとしている経済学は，実は，多くの思想家を生みだしている学問領域であり，経済学には，思想で区分された何々学派というものが，けっこうある．しかし，それぞれの学派が主張する，コレこそが正しい！　と思わせてくれる酒に，わたくしは，どうにも酔えない体質のようなのである．河上先生のように酔える体質の人を，とてもうらやましく思えるけれども，それは無理．ならば，宴会の最中に一人酔わずして傍観しているような，冷めた嫌な奴に徹するという生き方もあってよいだろうとも思えてきた．

　もっとも，思想を酒にみたてた司馬さんの喩えは巧みではあるが，わたくしにとって，思想は思想……．

　いやはや，これを書いた 2001 年頃は，まだまだのどかな時代で，その後次から次に事件に巻き込まれるダイハード状態[8]に突入する前だったようで……

8　『日医ニュース』2008 年 2 月 5 日　権丈（2009 V 巻）所収
　　「社会保障などという経済学の中ではマイナーな領域を，数少ない履修者を相手に講義しながら，のんびりと生きていこうと思っていた．
　　ところが，世の中，何がどうなったのか，とんでもないことに——映画『ダイハード』のマクレーン刑事のように，ゆっくりとクリスマスを過ごしたいだけなのに，次から次に事件に巻き込まれる．わが身の不幸を愚痴りながら，ときには退屈しのぎにジョークを交えて相手を挑発するマクレーン？——時々，そんな心境になってしまうほど，今の日本，社会保障をめぐって休む間もなく事件が起こる」．

拙著文献表

　本書においては，たとえば，権丈（2015 Ⅵ巻）の表記は，下記の『医療介護の一体改革と財政——再分配政策の政治経済学Ⅵ』を意味します．

　それから，「再分配政策の政治経済学」の意味については，たとえば，権丈（2015 Ⅵ巻），（2015 Ⅶ巻）の vi 頁などをご参照あれ⁉

　また勿凝学問（学問ニ凝ル勿レ）という言葉が出てきたりしますが，「勿凝学問」については，権丈（2015 Ⅵ巻）や（2015 Ⅶ巻）の vii 頁をご覧下さい．Ⅵ巻とⅦ巻——「はじめに」はまったく同じなんです，はい．——この 2 冊は，2015 年 12 月 31 日という大晦日の同日出版でありまして．

＊以外はすべて慶應義塾大学出版会刊行

『再分配政策の政治経済学Ⅰ——日本の社会保障と医療［第 2 版］』
　（2005［初版 2001］Ⅰ巻）

『年金改革と積極的社会保障政策——再分配政策の政治経済学Ⅱ［第 2 版］』
　（2009［初版 2004］Ⅱ巻），権丈英子との共著

『医療年金問題の考え方——再分配政策の政治経済学Ⅲ』（2006 Ⅲ巻）

『医療政策は選挙で変える——再分配政策の政治経済学Ⅳ［増補版］』
　（2007［初版 2007］Ⅳ巻）

『社会保障の政策転換——再分配政策の政治経済学Ⅴ』（2009 Ⅴ巻）

『医療介護の一体改革と財政——再分配政策の政治経済学Ⅵ』（2015 Ⅵ巻）

『年金，民主主義，経済学——再分配政策の政治経済学Ⅶ』（2015 Ⅶ巻）

＊『ちょっと気になる社会保障　V3』（2020）勁草書房

＊『ちょっと気になる医療と介護　増補版』（2018）勁草書房

目　　次

応用編　I

理論編

第2章　社会保障と関わる経済学の系譜序説
——サミュエルソンの経済学系統図と 彼のケインズ理解をめぐって……79

第8章　医療と介護，民主主義，経済学………275

おわりに ……………………………………………………293

目 次

目　　次

応用編　I

第1章 社会保障政策の政治経済学
——アダム・スミスから，
いわゆる'こども保険'まで

　世の中には，経済活動における「供給」に着目する経済学と「需要」に焦点を当てる経済学がある．本書では，前者を右側の経済学，後者を左側の経済学と呼ぶことになる．

　この2つの経済学では，政治思想も異なれば，想定されている個人モデルも異なっている．結果，右側の経済学では福祉国家や社会保障制度は経済に対してネガティブに評価され，左側の経済学ではポジティブに評価されることになる．私が長らく言い続けてきたように，手にした学問が異なれば答えが変わるのである．

　この章は，2017年9月15日に行った人事院主催の課長級以上を対象とした行政フォーラムでの講演をベースに，2017年3月18日に日本社会政策学会でしたグンナー・ミュルダールの話や2018年2月3日の東洋経済オンライン記事「AIで人間の仕事はなくなるのか？——アダム・スミスが予見できなかった未来」などを複合した文章である．

　2017年は，小泉進次郎さんたち若手議員が，3月に，こども保険を提案して賑わっていた年でもあった．ひょんなことから，私は彼らがこども保険を議論していた「人生100年時代の制度設計特命委員会」というところに5月16日に呼ばれることになり，その後，少しばかり

関わっていくことになる．本章の副題にある「アダム・スミスからい
わゆる‘こども保険’まで」は，そうした話も，最後に入っているか
らである．

　また，本章で随時登場してくるミュルダールについては，2001 年に
出した『日本の社会保障と医療』（2005 年の重版時に，副題，再分配政策
の政治経済学 I を付けた本）の索引に 12 回も出てくるのであるが，それ
からしばらくは，彼に触れていなかった．20 代後半で読んだ彼の『経
済学説と政治的要素』は衝撃的で，政策を考える上での価値判断と学
問との関係について，その後多くを考えさせてくれたものであった．
そのあたりは，「第 6 章　研究と政策の間にある長い距離」も参照して
もらいたい．

概要の紹介

　本日は，アダム・スミスからこども保険までという，時代にして
250 年にわたるテーマで話をさせていただきます．

　講演の目次は，次のようなものです．

1　働くことの意味とサービス経済の意味
2　人口減少社会と経済政策の目標
3　手にした学問が変われば答えが変わる
4　右側の経済学，左側の経済学とそれぞれの政治思想
5　ミュルダールと，いわゆる‘こども保険’

いろいろなテーマにわたっているのですけど，今日の本題は，こ
うした問題を考える上で，私が昔から意識して用いている，右側の
経済学と左側の経済学という考え方の話をしたいと思っています．

　この図にあるように，アダム・スミスから経済学が始まると考え
ていいのですが，スミスの直後に，経済学は，ジャン＝バティス

4

図表1 社会保障と関わる経済学の系譜

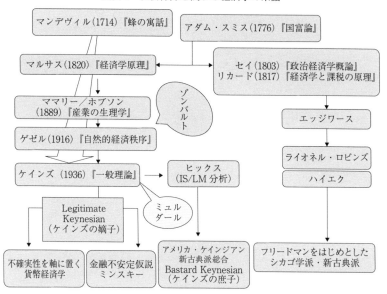

ト・セイやリカード流の，この図で言えば「右側の経済学」と，マルサス流の「左側の経済学」に分かれます．

　この「経済学の系譜」の左側は，主に，ケインズの『雇用，利子および貨幣の一般理論』の第23章「重商主義，高利禁止法，スタンプ付き貨幣および過少消費論に関する覚書」に基づいています．

　マルサスは，アダム・スミスに反論し，そしてスミスの考えを単純化して継承したリカードやセイに対しても反論するのですが，残念ながら伝統的な経済学は，ずっと右側でした．そして両大戦間期に，ケインズによって左側の経済学が，市民権を得ました．

　この右側の経済学と左側の経済学は，政治思想とも密接に関わっています．いや，政治思想が先にあって，経済学が分かれてきたと

図表 2　右側・左側の経済学と政策思想

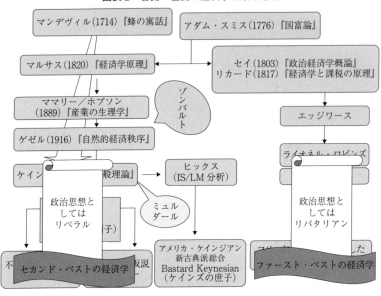

考えていいのかもしれません．そのあたりは，本当に分からない．

　右側はリバタリアン，そして左側はリベラルです．さらに言えば，双方が使っているミクロ経済学も異なります．右側の経済学は，ファースト・ベストの経済学——これは人は完全情報をもっていて完全に合理的に振る舞うということを前提とした経済学です．このファースト・ベストの経済学を，左側の経済学ではベンチマークとして利用するのは許容するのですけど，これに基づいて制度設計するのは有害であり，制度設計は，ファースト・ベストの前提を，実際に世の中で生活している人間に合わせている情報の経済学や行動経済学などを反映させたセカンド・ベストの経済学を用いるべきだと考えて，右側の経済学に対抗します．

ジャンプ 知識補給・エコノ君の性格 299 頁へ

こうした，リバタリアンとかリベラルなどの政治思想との関わり，つまりは政府の在り方に対して，心の深層部分での好き嫌いの感覚とも関わりがあるために，右側の経済学と左側の経済学が融合していく流れなどは，まったくありません．まったくないけど，そうしたふたつの流れがあるということは知っていてムダではないとは思っております．

さらに今日は，いわゆる'こども保険'についても触れるつもりです．この話と関係するのが，左側の経済学に加えたグンナー・ミュルダールです．グンナー・ミュルダールは 1934 年に奥さんのアルバ・ミュルダールとの共著『人口問題の危機』を出します．ここで示された「危機」，これはミュルダール夫妻によって 1934 年に唱えられた危機で，随分と遅くなった今ではありますが，この日本でも，この危機を克服するために，子育てを社会化しなければならない──そういう話が盛り上がっています．本日は，そのあたりまで話をすることができればと思います．

働くことの意味とサービス経済の意味

みなさんは，何を生産されていますか？

さて，本日は，人事院主催で霞が関で働かれている課長級以上の方々にお集まり頂きました．そこでまずお伺いしたいことがあります．みなさんは，何を生産されていますか？

皆さんのみならず，今の時代，けっこう答えに詰まる問いかけなのかもしれません．何かを生産していないことには，今はやりの生産性論議の仲間に入れてもらうこともできません．さて，自分は，

何を生産しているのか？

　先週末は，全日本病院協会学会（以下，全日病）で話をしてきました．最近はとみに，生産性革命が必要だとか，医療介護の生産性を上げよっとか，そのためにもパラダイム・シフトが必要であるとか，なにかとうるさいわけですね．医療や介護の生産性ってなんなんでしょうね．たとえば，「日本の医療を「高生産性・高付加価値」構造に転換していくためには……パラダイムの転換が求められる」というような文章があったりするわけですけど，その意味が私にはよくわからない．まぁ，この文章は，厚生労働省の「新たな医療の在り方を踏まえた医師・看護師等の働き方ビジョン検討会」，通称「ビジョン検討会」の報告書（2017 年 4 月 6 日）にある文章で[9]，この報告書には，生産性という言葉が目次に 2 回，本論に 18 回出てくるわけです[10]．この報告書にあるからと言って，これから，医療や介護の生産性という話が，たぶん，盛り上がるんでしょうね．

　でもなんで，こんな，日本の医療を高生産性・高付加価値構造に転換し云々というような，聞こえはいいけど，本当のところ読んでも意味がよくわからない文章が公文書のなかに書かれるようになったのでしょうか，その原因を考えてみたいと思います．

『国富論』における生産的労働と非生産的労働とは

　毎年，新年会の集まりでは私も参加して，おそらくみなさんと似たような職業の異業種メンバーが集まる和気あいあいの飲み会があります．私はこの会を「非生産的労働者の会」と呼んでいます．理由は簡単，1776 年に『国富論』を書いたアダム・スミスの目から

　9　同報告書には，「高生産性・高付加価値」という言葉は 4 回ヒットする．

　10　「ビジョン検討会」については，権丈（2018）311-312 頁参照．

見れば，この会合に参加している誰一人も，スミスの言う生産的労働に従事していないからです.

　スミスは，国の富は，生活の必需品と利便品の量の多さに依存すると考えていました. そして労働を，生産的労働（productive labor）と非生産的労働（unproductive labor）の2種類に分け，このうち非生産的労働とは，次のような仕事がイメージされていました.

　　　「国王や，国王に仕える裁判官と軍人，陸軍と海軍の将兵の労働はすべて非生産的である. 全員が社会の使用人であり，他人の労働による年間生産物の一部によって維持されている. これと同じ種類には，とくに権威がある重要な職業と，とくに地位が低い職業がどちらも入る. 一方には，聖職者，法律家，医者，各種の文人があり，もう一方には役者，芸人，音楽家，オペラ歌手，バレエ・ダンサーなどがある[11]」.

　スミスは，今でいうサービス業を生産的労働にカウントしていなかったようなんです. だから，サービスを生業とするメンバーが集まる会は，「非生産的労働者の会」なのであり，私のゼミの卒業生たちも，毎年，ほぼ100％が非生産的労働者になっていきます.

　もっとも，アダム・スミスの『国富論』よりも18年早く『経済表』を出していた重農主義で知られるフランソワ・ケネーは，その本の中で，農業のみが生産的活動であり，他は農業での生産物を消費するだけの非生産的活動とみなしていました. アダム・スミスは，ケネーに敬意を払いながらもケネーの論を少し変え，いや発展させて，生産活動に工業生産品などの財の生産も加えてはいたのですけ

11　アダム・スミス（1776）/ 山岡洋一訳（2007）『国富論』上巻339頁.

どね.

　ところで，スミスは，『国富論』の中で，生産性（productivity）
という言葉を使っています．その概念は明確で，有名なピンの製造
工場の話を例に引けばわかるように，生産性という概念は，製造さ
れたピンの本数を，たとえば労働者の数で割った商で示されること
になります．そのことを『現代経済学事典』（岩波書店）における
「生産性」の説明で確認しておきましょう.

　　　生産要素投入量1単位当たりの生産量を，そのものの生産性といい，
　　　その増加率を生産性上昇率という．……エコノミスト，新聞などが
　　　誤って使っている場合が多いので，その内容を厳密に定義する必要
　　　がある．いま投下労働量を ℓ 時間とし，それによって生産された生
　　　産物を q とすると，労働生産性は q/ℓ であり，労働当たりの物的
　　　生産性である．したがって，生産性の比較は，工場内の同じ工程を
　　　とって比較する以外ない．たとえば，乗用車の組立工程を日米間で
　　　見ると，1人1時間当たり，もっとも効率のよい工場同士で，日本
　　　1 に対して，米国 0.35 であり，塗装工程で，最頻価日本 1，米国
　　　0.5（いずれも 1981 年）である．しかし，通常エコノミストや新聞が
　　　用いる生産性は付加価値生産性で，価格を p，製品当たり原材料費
　　　を u とすると $(p-u)q/\ell$ である．したがって，価格の高い米国の
　　　自動車産業が，物的生産性 q/ℓ は小さくても，付加価値生産性が
　　　高くなることがあり，日本は生産性が低くなる可能性がある.

　ここで覚えてもらいたい言葉は，同じ生産性でも，「物的生産性」
と「付加価値生産性」と2種類あるということです．そして，正し
い意味での生産性——それは，スミスが使っていた productivity——
は物的生産性でしかなく，付加価値生産性は誤用だということです.

　ここで，財（必需品と利便品）を生産する第1次，第2次産業における（物的）生産性の上昇と，スミスが非生産的とみたサービス業の関係について考えてみたいと思います．

物的生産性とサービス産業の関係

　第1次産業，第2次産業での生産性の飛躍的な増大のおかげで，これらの産業で生産された産品に対して，人びとの需要がある程度満たされるようになったらどうなるでしょうか．

　いま，ロビンソン・クルーソーとフライデーのふたりがいる社会を考えてみます．クルーソーは小麦を作っていて，フライデーは牛を飼っているとする．この社会が小麦と牛からなる生産物，すなわち『国富論』の中で定義された「国の富」を増やすためには，クルーソーは今年生産した小麦を全部食べてしまったらダメです．来年のために，種として麦芽を残していなければならない．フライデーも同様に牛を全部食べたらダメです．スミスは，そうした来年の生産のために今年の消費を我慢した分を貯蓄と呼んでいました．そして貯蓄を殖やし，それを投資に回せば来年の生産高は高まる．

　これが，スミスが考えていた資本蓄積論，つまりは経済成長論でした．しかしここで，小麦作りと飼育の技術が高まりすぎて，ふたりで必要となる小麦と牛の消費需要が飽和したと想定してみましょう．

　ここに，先ほどのスミスの言う非生産的労働者の一人としての医師と芸人に登場してもらうとします．医師は，ロビンソン・クルーソーやフライデーの健康を守ってあげる約束をして，芸人は彼らの人生を楽しませてあげる約束をして，小麦と牛肉を手に入れて生活をする．スミスは，医師や芸人のように必需品や利便品などの財を

生産しない非生産的労働を増やさないことが，国富の増加，つまり
は経済成長にとっては必要と論じていました．スミスの言う成長戦
略とは，次のようなものでした．

　　ある年の生産物のうち，非生産的労働者の維持に使われる部分が少
　　ないほど，生産的労働者の維持に使われる部分が多くなり，翌年の
　　生産物の量が多くなる．逆に，非生産的労働者の維持に使われる部
　　分が多いほど生産的労働者の維持に使われる部分が少なくなり，翌
　　年の生産物の量が少なくなる[12]．

　こうしたスミスの経済成長（資本蓄積）の仕組みをうまくまとめ
た図があります．

図表3　アダム・スミスの資本蓄積（経済成長）の仕組み

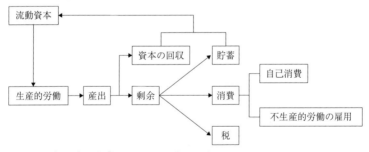

出所：堂目卓生（2008）『アダム・スミス』187頁．

　スミスの中では，非生産的労働の雇用は，経済成長の循環から外
れています．そしてスミスにとっては，非生産的労働者は浪費家と
同じ扱いになり，そこでスミスは，次のような有名な言葉を残すこ
とになります．

　12　スミス（1776）／山岡訳（2007）『国富論』上巻339頁．

　　浪費家はみな社会の敵であり，倹約家はみな社会の恩人である[13].

しかし，スミスのこの話，本当にそうなのでしょうか.

　もし，ロビンソン・クルーソーとフライデーのふたりしかいない
とすると，ふたりの胃袋が小麦と牛肉で満腹になる（つまり消費需
要が飽和する）生産高で国内の生産は飽和してしまいます．そして
彼らがそこで生産をやめると，医師や芸人を雇うことはできません.

　しかし小麦や牛の物的生産性が高くなった社会では，そうした生
産活動に必要となるロビンソン・クルーソーとフライデーの労働時
間はきわめて僅かですむようになります．そしてもし，ふたりの生
活に必要な小麦と牛肉を食べ尽くしても，まだ多くの小麦と牛が余
ったとします．この余った小麦と牛が，スミスの言う貯蓄になるわ
けですけど，この貯蓄は，すべて，来年の生産のために投資される
でしょうか．小麦と牛の生産を増やしたとしても，消費してくれる
人がいないんですね.

マルサスの非生産的労働者の有用論と有効需要理論の誕生

　次にスミスから，40 数歳年下のマルサスの話をみてみましょう.
彼は，1798 年の『人口論』で有名になった人で，1820 年に『経済
学原理』を出しています．そこでマルサスは，次のように言います.

　　わたしがアダム・スミスの不生産的労働者をきわめて重くみている
　　ことになるであろう．しかしこれは明らかに，生産者としてではな
　　く，彼らのうけとる支払に比例して需要を創出するというかれらの

13　スミス（1776）／山岡訳（2007）『国富論』上巻 349 頁.

能力によって他人の生産を刺激するものとしてである[14].

　こうしたマルサスの世界では，スミスが非生産的労働と位置づけた医師や芸人は，生産者としてではなく，需要を創出するという彼らの経済的能力によって，農家の生産を刺激する存在だということになります．そしてもし，そうした生産への刺激をしてくれる存在が，ロビンソン・クルーソーやフライデーの人生をも豊かにし，QOL（生活の質）を高めてくれるということであれば，それにこしたことはありません．

　非生産的労働者も需要を創出することで経済と関わっているという，こうしたマルサスの考え方を，100年後に皆さんご承知のケインズが，彼が唱えた有効需要理論の原型として，位置づけることになります．

　経済発展の歴史というのは，このような経緯をたどってきたと言えます．

　そして経済学というのも，ケネー流の農産物，次にアダム・スミス流の「財のみを国富の構成要素とする考え」から，物を作らないサービスというものも国富を構成するという考えに切り替えられていきました．

　ロンドンの経済誌 *The Economist*（June 4th 2016, p. 12）の中に，面白い表現がありましたので紹介しておきます．そこでは，Workというものを次のように定義していました．

　　Work is one of society's most important institutions. It is the main mechanism through which spending power is allocated.

14　マルサス（1820）／小林時三郎訳（1968）『経済学原理』67頁.

（仕事は，社会を構成するもっとも重要な枠組みの一つである．主に，仕事という仕組みを通じて購買力が配分される）．

アダム・スミスが極めて狭く定義した「生産的労働」に従事しなくてもすむ人たちが，サービス産業を担い，ある人は小説を書き，ある人はダンスを踊り，ある人は野球やサッカーに人生をかけて，こうした当事者も，そして彼らが提供してくれるサービスを楽しむ人びとも，生活をどんどんと愉快に，満足度の高いものにしていったんですね．それが経済のサービス産業化というものでした．もちろん，人間社会の中では生産には優先順位というものがあり，たとえば戦時中のように，スミスの言う必需品などの財が不足する事態が出来すれば，非生産的労働の従事者は生産的労働に転換させられることになります．

ちなみに，上述の *The Economist* は，続けて次のように述べます．

> Work provides people with meaning, structure, and identity.
> （仕事は人々に意義ある生活，暮らしの枠組み，そしてアイデンティティを与える）．

その通りだと思います．だから，小説を書き，ダンスを踊り，野球やサッカーに人生を賭けている，いわばスミス的には非生産的労働に従事している人たちも，自分の仕事をやっている当事者として人生に意義を感じることができるんだと思います．

ベーシック・インカムとは生活を営むのに必要な額の
基礎的な生計費

　私の本『ちょっと気になる医療と介護』で，この *The Economist* の仕事の意義をわざわざ書いたのは，世に言うベーシック・インカムというものをからかうためでもありました．そして，先月，ベーシック・インカムのインタビューを受けました．そこでは，冒頭で，「社会保障の目的は，自立支援，社会参加への支援であり，生活リスクに備える保険である．ここに誤解があるから，「捨てぶち」のように毎月定額の現金を与えておけば済むという感じの，社会保障をベーシック・インカムに置き換えようと言う人が出てくるのだろう．」と答えています．本日の配布資料にありますので，ご笑覧いただければと思います[15]．

　オンラインへ GO ! がんばれ !?　ベーシック・インカム
　　　　　　　──議論には正確な理解が欠かせない
　　　　　　　『東洋経済オンライン』2018 年 5 月 24 日

　ジャンプ 知識補給・「市場」に挑む「社会」の勝算は？　303 頁へ

　インタビューでは紙面での文字数の都合上，触れなかったことがあるのですけど，ベーシック・インカムというのは，「人が生活を営むのに必要な額の基礎的な生計費を，国民全員に，年齢や性別，婚姻状態，雇用状況にかかわらず，権利として給付する」というもので，生活を営むことができない額ではベーシック・インカムと呼ぶことはできないんですね．ところが世の中では，いろんなものが

15　人事院での講演録（2017 年 9 月 15 日）の配布資料は，『毎日新聞』（2017 年 8 月 18 日）』のインタビュー「ベーシック・インカム　純粋な形での実現は無理」（1200 字）でした．その後，2018 年に，『東洋経済オンライン』に毎日新聞でのインタビューの拡張版を書いたので（5000 字），オンラインへ GO としてそっちを紹介しておきます．

ベーシック・インカムと呼ばれてなんだか盛り上がっています．イ
ンタビューでは遠慮気味に，月額 10 万円と話していますけど，ま
ぁ，「人が生活を営むのに必要な額の基礎的な生計費」の具体的な
水準としては生活保護の平均月額約 13 万円を下回ってはいけない
ですね．となれば，全国民に給付するとなると年間 198 兆円近く財
源が必要になる．この水準の給付額よりも低い額にすると，現在国
民の 1.7% 程度の生活保護受給者は生活できなくなる．そういう犠
牲を払うのは何のため？　ということになるのですけど，それは，
高所得，高資産家たちにも無条件で定額の給付を行ったり，ミーン
ズテストをなくしたり，労働からの解放のためのベーシック・イン
カムを導入したいからということらしい．なんだか，おもしろいで
すよね．財政的な理由から定額の給付水準を引き下げていくと，今
の生活保護の受給者をはじめとして普通のひとたちも働かなくては
生きていけなくなります．でも，ベーシック・インカムを言う人た
ちには，AI が仕事を奪うからベーシック・インカムが必要と言う
人が多かったりもする．仕事がないのでしたら，その人たちは死ぬ
しかない．国が生存権を保障することの放棄ですね．7 万円のベー
シック・インカムを！　という言う人もいますけど，その程度の定
額給付で国の役割を終えましたという社会を築くためには，憲法
25 条も変えなければならないでしょう．まぁ，お好きなようにと
いう感じでしょうか．

　ただ，この種の話では，「参加型所得（participation income）」と
いう，貧困の経済学研究の第一人者であるアトキンソンが唱える考
え方は理解しておいてもらいたいと思います．彼は，市民権に基づ
き国民に例外なく配るベーシック・インカムでなく，社会保障を補
完する制度として，社会参加に基づいて支払われる参加型所得を提

案します．参加は広範に社会的な貢献をすることとされ，社会保障
が人々の自立支援，社会参加を促す政策であることを理解した上で
の提案です．これは有（あり）だと思います……と言いますか，今
でも見方によってはこの考え方は適用されているとも考えられます．
たとえば，みなさん公務員，そしてたとえば，社会保障のサービス
給付に関係されている方々，さらに敷衍すれば，たとえば，我々の
ように，実は生産物と呼ぶことができるものを生産している覚えの
ない面々などなど．

　考えて行くと，アトキンソンの言う参加型所得と通常の経済活動
の違いが分からなくなってくるわけですけど，この見分けが付かな
くなるというポイントは，今の時代における経済成長なるものを考
える際のヒントにつながっていったりもしますので，みなさんも考
えて遊んでもらえればと思います．

労働力のサービス産業へのシフト

　さてさて，話戻しまして，物的生産性が高まって（他に交易条件
も大きく関係してくるのであるがここでは捨象），スミスが極めて狭く
定義した「生産的労働」に従事しなくてもすむ人たちが，サービス
産業を担い，ある人は小説を書き，ある人は音楽やサッカーに人生
をかけ，ある人は法律家，医者になり，教育に従事することにより，
こうした当事者も，そして彼らが提供してくれるサービスを利用す
る人びとも，生活をどんどんと愉快に便利に，満足度の高いものに
していきました．それが経済のサービス産業化というものでしたし，
そうしたサービス産業化の中で，金融やコンサルに特化したりする
人たちも大勢でてきました．

　産業革命の最中に，英国でラッダイト運動（1811 ～ 1817 年）と

いう機械打ち壊し運動が起こっています．しかし人類の歴史というのは，機械化による生産性の高まりは，その多くの労働力を，スミスが非生産的労働と呼んだサービス産業にシフトさせることにより経済の規模を大幅に拡大させて，機械化による生産性の高まりを社会全体がしっかりと享受できるようにしてきたことを教えてくれるわけですね．

議論の中心が物的生産性から付加価値生産性に変質

　さて，経済学においては，スミスの『国富論』の時代から，生産性と言えば物的生産性のことを指していました――それは当然で，スミスは今でいう財しか生産に含めていなかったわけですから，1人の労働者で財をどれだけ作るかという生産性の考え方は，普通に無理なく生まれてきたのだと思います．

　ところが，世の中というのは，スミスが生産的労働とみなした財の生産の世界でどんどんと物的生産性が上昇し，その社会は，多くの人たちをサービス産業に移すだけの余裕をもつようになっていきました．ところがそのサービス産業の中では昔ながらの物的生産性＝生産性という言葉が使えなくなっていったわけですね．そうした時代――すなわち，サービス産業が肥大化していった時代――に，生産性という言葉について，その概念の混乱を整理しようと努力していた経済学者のひとり，フランスのジャン・フーラスティエは，1952年に次のように書いています．

　　「[生産性という言葉は] フランスではこの数年来流行語になっている．この言葉は1945年頃までは実際に使われず，ただ専門家の間にだけ知られていたにすぎなかったが，いまでは専門家，技術者，経営

者，労働組合のみならず，政治家，経済学者，社会学者にまでも使用される常用となっている．鳥の鳴かぬ日はあっても，フランス人に労働の生産性を向上させることを要求し，あるいはこの方法で得られた結果を賞賛する話の交わされない日はないほどである[16]」.

こうなると流行（はやり）の「生産性論議」に多くの素人が参入してくることになります．フーラスティエが指摘するように，当時の専門家団体である，「フランス統計家研究団体，つづいてフランス生産性委員会，次にはOECDの科学技術問題委員会は，このような生産性という言葉の［付加価値生産性におよぶ］拡大解釈を否定している．……生産性の価値概念は……しばしば重大な混乱に導くからというものである[17]」.

生産性という言葉が流行（はやり）はじめた時に，専門家たちは「生産性の定義と測定」について，付加価値で測るのは間違いであると散々唱えていました．しかしながら，残念なことに世の中では，生産性と言えば付加価値生産性の方こそが一般的になり，物的生産性のことを考える人は希になってしまって，今にいたることになりました．
　先にも紹介したように，スミスが非生産的労働と位置づけたのは，必需品や便利品などの財を生産していない人たちでした．非生産的労働に就いた人たちは，それなりの所得，購買力を得ることにより，有効需要の担い手として社会全体の総需要の天井を高くする役割を担っていったのが，経済のサービス化，ポスト工業化でした．そうしたスミス的「非生産的労働」の領域に，我々の職場である大学，

16　ジャン・フーラスティエ（1952）／酒井一夫訳（1954）『生産性』8頁.
17　ジャン・フーラスティエ（1952）／酒井訳（1954）『生産性』53-4頁.

そしてシンクタンクの研究者や，金融業など多くのホワイトカラー，それに医療や介護，保育や教育のようなものまでも含まれることになります．

　そしていま，日本という国の中で，人びとの生活を大いに便利に，豊かにし，同時に，経済をうまく循環させるために日本中に購買力を運ぶために急速に拡大している仕事は，ダントツで医療福祉です．

　こうしてみると，医療福祉の就業人口の伸びは驚異的にも見えるのですけど，そうは言っても，医療，介護，保育，教育など，国民がサービスの利用段階における平等性を強く求めるもの[18]の経済規模は，政府の財源調達力に強く依存します．このことを国民がしっかりと理解しておかなければ，医療，介護，保育，教育などの社会サービスは極めて貧弱なものとなります．

　こうした産業は，主に公定価格の下で運営されているのですから，生産性，いわゆる付加価値生産性を上げよといわれても困ってしまったりもします．医療介護の付加価値生産性は，診療報酬や薬価基準，それに介護報酬の改定率とパラレルに動くし[19]，それでも無理に付加価値生産性を高めようとすると，診療行為や介護行為を増やさざるを得なくなる．それでは，患者の尊厳を尊ぶべき医療や自立支援を大きな目標に掲げる介護など，こうしたサービスの理念に反

18　権丈（2020）における「特殊平等主義」の財・サービスのこと．
　　「市場に主に頼る社会にあっても，所得や資産に基づく支払能力だけに依存しないで，ある特別な財・サービス——それは 20 世紀に入って平等なアクセスが国民の権利として認識されるようになっていったサービス——については，これを市場から外し，必要に応じて利用できる機会を平等に保障する方針を「特殊平等主義」と言う人もいます．宇沢弘文さんの「社会的共通資本」にもそうした資本を必要に応じて利用できるようにするという考え方が含まれています」（権丈（2020）16 頁）．
19　権丈（2018）18-19 頁参照．

図表4　就業人口が増えている業種

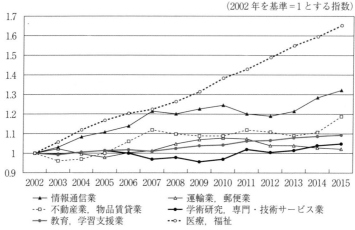

（2002年を基準＝1とする指数）

凡例：
--▲-- 情報通信業
--△-- 運輸業，郵便業
--□-- 不動産業，物品賃貸業
--●-- 学術研究，専門・技術サービス業
--●-- 教育，学習支援業
--○-- 医療，福祉

資料：総務省統計局「労働力調査」.
出所：筆者作成.

してしまいます.

　こうした混乱は，1950年代にフーラスティエたちが，付加価値生産性で生産性を測り，それをあたかも物的生産性と同じように解釈することに対する警告通りに起こってきた混乱です．でも，そのあたりの問題に知識と思いが及ばない人たちは，まぁ，普通の人たちはそうだと思いますけど，次のような記事を書くことになります．そしてこれを読んだ人たちも，なるほどそうかと信じ込むようなんですね．「成長の重荷」という見出しの『日本経済新聞』（2011年2月7日）の記事です.

　　医療・介護サービスの生産性が低迷している．……効率化や適切な設備投資が進んでいないため，生産性は年々低下.
　　「財務省の法人企業統計をもとに第一生命経済研究所が試算したと

　　ころ，2009年度に企業で働く人1人が生み出す平均的な付加価値
　　額（粗利益）は564万円．このうち医療・介護で働く人は342万円
　　にとどまる．」

　なんだか，医療・介護の現場で働いている人たちが，とっても怠
け者であるかのような書かれ方です．そして，こうした現象に対す
る日経新聞的解釈は次のようなものでした．

- 　参入障壁があり事業者間の競争が乏しく，生産性を高めようとい
　う動機づけが働きにくい．
- 　福祉サービスの料金は公定価格が基本で，サービスの差が生まれ
　にくい――などの理由が挙げられる．

　???　論じられているのは付加価値生産性です．医療や介護の
場合は，診療報酬や介護報酬などの公定価格が上がれば，計算上，
付加価値は高まり，公定価格が下がれば，付加価値は落ちます．
2002年以降，2000年よりも医療，介護の付加価値生産性が落ちて
いるのは，そこで働く労働者が増えているにもかかわらず，公定価
格はマイナス改定が続いてきたからです．付加価値を分子において，
それを生産性と呼ぶというのであれば，それなりの覚悟？　をもっ
て解釈していかなくてはなりません．なのに，なんという現状――
この日経の記事にも，経済学者がコメントして，しっかりと日経の
論をサポートしていたりします．
　現在の日本では，就業者のおよそ7割がサービス産業に従事し，
マルサスの視点からみれば，「彼らのうけとる支払に比例して需要
を創出するという彼らの能力によって他人の生産を刺激するものと

して」経済活動に関与しています.

昨今, サービス産業の生産性は低いとみなされて, 生産性革命が言われているわけですが, その際に多用されている生産性は付加価値生産性であって, その付加価値の低さは, ほぼ「彼らの受け取る支払」の低さに等しいです. この「受け取る支払」が需要を創出して「他人の生産を刺激する」というのが, ケインズが有効需要理論の祖とみなしたマルサスの論でした. つまり, 「受け取る支払」が低かったり, 需要が飽和に近い人ばかりに支払がなされる社会では需要の創出が不足し, 他人の生産を刺激して促される投資も不足することが予測されるわけです.

では, なすべき社会・経済政策はいかなるものか.

そうしたことを考えてもらうために, 非生産的労働者に会う度に, 「あなたは何を生産していますか?」と問うていたりもしていますし, 今日も, 皆さんに問いたい, 「官僚のみなさんは, 何を生産していますか?」.

生産性という言葉が, 専門家の手を離れて大衆のものとなる1940 年代半ばまでは, 生産性は, スミスが生産的労働と呼んだ産業における物的生産性しか指していませんでした. しかしながら, 1950 年代に専門家たちの警告にもかかわらず, 生産性という言葉は, 大衆の間では付加価値生産性を指すようになります. 付加価値生産性によって, 民間サービスの生産性を論ずるだけでもピント外れな議論に陥っていくのに, さらには社会サービスまでもが語られるようになってしまいました. そして, 医療介護の見た目の「付加価値生産性」は低く, そのことが経済の重荷であると断定されて, 生産性をあげよ, そのためにもっと働けとムチが打たれる. こうした, 根本的なところでの誤解に基づく社会観, 経済政策観は, 正すには

なかなか手強いものがあります．もう一度伺いますけど，官僚のみなさんの生産性ってなんなんでしょうね．そして医療や介護の生産性とは？

人口減少社会と経済政策の目標

　生産性を上げよう，成長戦略が大切だっと声をあげるのは威勢のいい話で，それはそれでいいのですけど，あんまりムリをしないようにしないと，身の丈を超えたことをやろうとすれば副作用の方が大きくなったりもします．そうしたことを考えるのに格好の教材として，2015年の春に大流行していたピケティの『21世紀の資本』という本があります．

　まず，『21世紀の資本』にある次の文章，○にあてはまる国はどこだと思われますか？

　　　特に○は「栄光の30年」なるもの，つまり1940年代末から1970年代末の30年間について，かなりノスタルジーを抱いてきた．この30年は，経済成長が異様に高かった．1970年代末から，かくも低い成長率という呪いをかけたのがどんな悪霊なのやら，人々はいまだに理解しかねている．今日ですら，多くの人々は過去30年の「惨めな時代」がいずれは悪夢のように終わり，そして物事は以前のような状態に戻ると信じている．

　○に入る国は，ピケティの祖国フランスです．日本人が「物事は以前のような状態に戻る」と考えているようなことを，実は世界中の先進国の人たちが考えているようなんですね．でも，本当に，物事は以前のような状態に戻るのでしょうか．

　日本の生産年齢人口（15 歳 - 64 歳）は 1995 年，20 歳 - 64 歳は
2000 年にピークを迎え，総人口は 5 年に一度の国勢調査データで
は 2010 年，人口動態調査確定値では 2008 年にピークを迎えていま
すので，人口減少社会になっていることは確かです．そうした社会
では，経済政策の目標は総 GDP ではなく，1 人当たりで見るのが
当然です．ピケティの本は，過去 200 年間を対象としているのです
けど，200 年を対象とすると，国内の人口は大きく動きます．です
から，彼の本はすべて 1 人当たり GDP で書かれていて，総 GDP
のデータはありません．当たり前ですよね．

　そして，『ちょっと気になる医療と介護』の第 2 章でも論じてい
て，最近では，かなり広く知られていることですけど，日本の 1 人
当たり実質労働生産性（付加価値生産性）の伸びは，そんなに悪く
ないという状況があります．厚生労働省『平成 27 年版労働経済の
分析』，通称『労働経済白書』によれば，日本の 1995 〜 2014 年の
1 人当たり実質労働生産性の伸びはユーロ圏を上回っており，アメ
リカを少し下回るだけです．直近の 2005 〜 2015 年に限定すると，
アメリカの労働生産性の伸び率も低下し，日本とほぼ同水準になっ
ています．図表 5 の下にある 1 人当たり実質 GDP は，当時日銀の
総裁だった白川さんの有名なグラフですね．生産年齢人口 1 人当た
り実質 GDP でみれば，日本のパフォーマンスはよくがんばってい
るじゃないかという感じになる．このあたりは，『ちょっと気にな
る医療と介護』では，「日本の経済は，日本の与野党の政治家たち
がそろって言うほど，そんなに病んでいないようなんですね[20]」と
表現していたところです．

　もっとも，先の『労働経済白書』は，図表 5 を示して「ユーロ圏

20　権丈（2018）31 頁．

図表5　賃金と生産性，1人当たり実質 GDP の国際比較

○1人当たり実質労働生産性は我が国においても上昇してきたが，ユーロ圏及び米国で1人
当たり実質雇用者報酬も上昇を続けている一方，我が国においては伸び悩みがみられる。

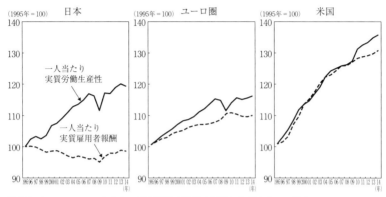

資料出所：OECD.Stat をもとに厚生労働省労働政策担当参事官室にて作成.
注：ユーロ権の国は，オーストリア，ベルギー，デンマーク，フィンランド，フランス，ド
　　イツ，ギリシャ，アイルランド，ルクセンブルグ，オランダ，ポルトガル，スペイン，
　　スウェーデン，英国.
出所：厚生労働省『平成27年版労働経済の分析』65頁.

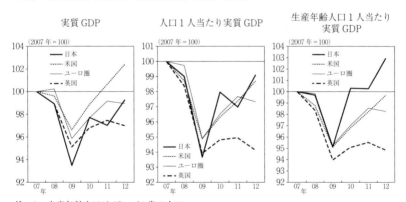

注：1.　生産年齢人口は15～64歳の人口.
　　2.　2012年は1～6月の値.　人口と生産年齢人口は，2011年と同じ伸びで変化している
　　　　として試算.
資料：内閣府「国民経済計算」，World Bank, BEA, Eurostat, ONS.
出所：白川方明氏講演録（2012）「物価安定の下での持続的成長に向けて」.

及び米国では実質労働生産性が上昇する局面において，若干の水準のギャップはみられるものの実質賃金も上昇を続けている．一方，我が国においては，実質労働生産性は継続的に上昇しており，その伸び幅もユーロ圏と比較するとそれほど遜色ないといえるが，実質賃金の伸びはそれに追いついていない状況がみられ，両者のギャップはユーロ圏及び米国よりも大きい」との指摘もしています．

　1人当たり生産性は伸びているのに賃金が伸びない．問題は，労働，資本，土地という生産要素間の機能的分配，さらには昨今は，高・中・低所得階層間の個人的分配のあり方にあることは言うまでもありません．つまり，この国の課題は，「成長」問題ではなく，「分配」問題なんですね．

オンラインへ GO！ 日本経済はどんな病気にかかっているのか
——政府の成長戦略は「やった振り」で終わる
『東洋経済オンライン』2019 年 10 月 31 日

成熟社会における経済成長の姿を見るためには

　さて，日本の経済は1人当たり付加価値生産性の伸びの面では，先進国間の水準と比較して，与野党の政治家たちが言うほどには病んでいないといくら言っても，いやいや，日本はいずれは「惨めな時代」は終わり，物事は「以前のような状態」に戻るんだと信じ込んでいる人もいるかもしれません．そういう人たちには，再び，ピケティの論を紹介しておきましょう．彼は，過去 200 年以上のデータに基づいて次のように言っています．

　　通常は年率1〜1.5% 程度の成長でしかなかったのだ．それよりも目に見えて急速な，年率3〜4% の成長が起こった歴史的な事例

は，他の国に急速に追いつこうとしていた国で起こったものだけだ．
……重要な点は，世界の技術的な最前線にいる国で，1人当たり産
出成長率が長期にわたり年率 1.5% を上回った国の歴史的事例はひ
とつもない，ということだ[21]．

　ここで1人当たり1%程度の成長というと，「以前のような状態
に戻る」と考えている人たちはバカにするのでしょうけど，世代が
入れ代わるのに要する30年ほどの間に，1%で伸びると複利で計
算すれば35%ぐらい増えます．1.5%ですと50%以上増えます．私
たちのことを考えても，明らかに30年前よりも生活水準が上がっ
ています．30年前には携帯，スマートフォンからカーナビからい
ろいろなものはなかったわけです．もちろん，テレビはデジタルで
はなかったし，Suica も ETC もなく，ウォシュレットも1992年頃
には普及率20%くらいだったようです．このあたりをピケティに
語ってもらうと，次のようになりますね．

　　19世紀以来，最先進社会がやってきたような，年率1パーセン
　　トで成長する社会は，深い永続的な変化を伴う社会となる[22]．

　深い永続的な変化を伴う社会の中で，人は生きていく．経済成長
や生活水準の向上は，人々の生活に変化を強いる結果，起こるもの
です．産業革命以降，人類が経験した成長を均すと，1人当たり年
1%程度．この絶え間ない変化が，人々の生活に変化を強いてきた．
80年，100年と生きていく中で，成長は企業にも家族にも地域にも

21　ピケティ／山形浩生等訳（2015）『21世紀の資本』99頁．
22　ピケティ／山形等訳（2015）『21世紀の資本』101-102頁．

ものすごい変化を強います（ちなみに年率 1% 増が人生 100 年続くと
すれば 1 人当たり産出を 2.7 倍に増加させることのできる変化を社会に
強いる）．この変化を先読みして，人々がその変化の犠牲にならな
いように，連帯や助け合いの精神で乗り切っていくのが社会保障で
すね．社会保障を考える上では，ここは，極めて重要なポイントに
なります．

　このあたりは，少々しつこく話しておかないといけないところで
すけど，次の図は，ピケティが示した過去 300 年ほどの西欧と米国
の 1 人当たり GDP 成長率です．西欧は 1950-70 年に大きな経済成
長を経験しています．それは当然と言えば当然で，二つの大戦で西
欧は破壊されてしまいました．しかしその間，アメリカは順調にマ
イペースで成長を遂げていました．したがって，戦後になると西欧
はアメリカへのキャッチアップを図る機会がありましたから，大き
く経済が成長し人々の生活水準は上がりました．日本が戦後，高度
成長期を迎えたのも同じ理由によります．そして，知識や技術が米
国に追いついたら，西欧も日本も経済成長は，アメリカと同様のペ
ースに落ち着いていきます．

　キャッチアップという本質的には知識や技術の「模倣」でしかな
いことと，「創造」というものは根本的に違います．その違いが，
日本でも，模倣ゆえに，所得倍増計画と派手に達成できた高度経済
成長と，創造ゆえに地道となってしまう安定成長の違いをもたらす
ことになるんですね．では，そうした安定成長の時代に，政策によ
ってかつての高度成長を実現できるようになるのかということを少
し考えてみたいと思います．

　経済成長は重要であって，経済成長を達成するためにはイノベー
ションが大切であることは自明のことです．ここは重要なところな

図表 6　産業革命以来の 1 人当たり産出の成長率

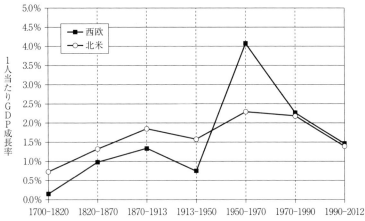

1 人当たり産出の成長率は，1950-1970 年にはヨーロッパで年率 4% を超えたが，その後アメリカの水準に戻った.
出所：ピケティ／山形等訳（2015）『21 世紀の資本』103 頁.

のですけど，国や経営コンサルタントから言われなくとも，民間企業は絶えず，トライアル・アンド・エラーを繰り返しながらイノベーションを起こす努力をしているんですね．その成果として，富裕国に住む私たちは，1 人当たりでみて年率 1% 程度の経済成長を享受することができていると言えます.

　経済成長と言えば，シュンペーターがでてきます．私は，シュンペーターが，イノベーション概念をどのように発展させていったのかを調べたことがあるのですけど，それについては，彼が 29 歳で書いた『経済発展の理論』が一番詳しく本質を突いています．そこで，イノベーションを起こすと彼が考えた人間の特性は，次のように書かれています．少し長くなりますが……

　　この特性は，人種的に同質な人口の間では，おそらく他のたとえば

身体的特性とまったく同じように分布しているであろう．すなわち，その分布曲線は一つの最高値を示す縦軸をもち，その左右には正常以上の特性をもつ個人と正常以下の特性をもつ個人とが対照的に配置され，その測度が平均以上あるいは以下になるにしたがって，人数はますます減少していく．同じように，われわれは健全な人は欲する限り，だれでも歌をうたうことができると仮定することができる．同一人種の個人のうち，おそらく半数は平均程度の歌を歌う能力をもち，4分の1は平均以上の能力を備えており，この4分の1の中では歌う能力が高くなるにしたがって，人数は次第に減っていき，ついにはカルーソーの場合に達するのである．この最後の4分の1のものだけが一般に歌を歌う能力についてわれわれの注意を惹き，最高の大家の場合にのみその能力がその人物を特徴づける標識となるのである．……

上述のことを応用しよう．……[23]

　ここに登場するカルーソーとは，オペラ史上最も有名なテノール歌手のことです．

　シュンペーターが言っているのはこういう話でした．

　私たちは，彼の論をどのように評価すればいいのでしょうか．私の中では，かなり前に，次のような評価に落ち着いていました．

　「イノベーションを起こすためには，規制緩和をはかって市場に任せるべし」という議論は絶えずありますし，たしかに，経済発展はイノベーションを原因として起こります．しかしながら，イノベーションを唱えたシュンペーターは，これが経済発展にとって重要であることを指摘しても，その起こし方については何も語っていな

23　シュンペーター（1912）／塩野谷祐一等訳（1977）『経済発展の理論』上巻 216-217頁.

いんですね. 彼の『経済発展の理論』(1912) を読めば分かりますが,
彼の言うイノベーションは, シュンペーターが理論を動学化するた
めに取り入れていた進化論, そのなかでも 1900 年代初頭に出てき
た「突然変異論」にも当てはまりそうな事柄として描写されていま
すし, さらに言えば, イノベーションを起こすことのできる企業家
(アントレプレナー：entrepreneur) は「ニーチェ的な英雄主義」と
して描かれています.

　進化論は生物学上の事実でしょうけど, 進化を人為的に操作する
ことが難しいことと同じように, シュンペーターの言うイノベーシ
ョンを原因とする経済の進化は, 政府が先導するかしないかで起こ
る・起こらないが決まるようなものではありません. シュンペータ
ーは, 29 歳の時の著書でイノベーションを論じましたが, それを
凡人にでも起こすことができるような実用性のある方向に発展させ
ることは最期までありませんでした.

　この点, 経済成長の主因である全要素生産性 (TFP) に対して不
可知論, つまり全要素生産性を向上させる方法はよく分からないと
公言した, 成長論のパイオニアであるソローのほうを, 私は立派な
学者だと評価しています. それに対して, シュンペーターは罪深い
と思っています. 皆さんご周知のクルーグマンなんかは, アメリカ
経済の停滞期の 1997 年に書いた本の中で, アメリカの生産性は
「なぜ停滞したの？　どうすれば回復するの？　答えはどっちも同
じで,『わかりませーん』なのだ[24]」と, 経済学者としての見解を
正直に語っています. 成長の理由がよくわからないんだから, 手の
打ちようがない. だからクルーグマンは,「生産性成長は, アメリ
カの経済的なよしあしを左右する唯一最大の要因である. でもそれ

24　クルーグマン／山形浩生訳 (1997)『経済学入門』34 頁.

についてぼくたちは何をするつもりもない以上，それは政策課題には
ならない[25]」とも書いていました．若かったクルーグマンのおも
しろいところは，総合産業政策で成長できるとか，政府を市場から
追い出せば成長するというような話をやり玉にあげて，それは，大
ウソっと書いているところです（189頁参照）．

　私も，ソローやクルーグマンと同じように，成長戦略と言われて
も，はたしてそういうものはあるのか？　と思うわけでして，そし
て，今年（2017年）の骨太の方針で，新成長戦略が閣議決定された
翌日の次の新聞記事の漫画（図表7）を，なるほど，本質をついて
いておもしろいと思うことになるわけです．この記事は6月9日の
もので，藤井聡太君がプロデビュー後の連勝が29で切れたのが7
月2日でしたから，彼の連勝ばく進中に出たこの漫画はこの上なく
ウケました．毎年，成長戦略を作らなければならない皆さんのご苦
労もお察しいたします．

模倣と創造と経済成長

　先ほども言いましたように，キャッチアップという，知識や技術
の「模倣」の時代に，「模倣」の戦略を立てるという意味での成長
戦略なら分かりますよ．でも，「創造」の時代にとうの昔に入って
いる日本で，成長はコントローラブルなものだ，成長は重要な政策
課題だとみんなが信じていたら，んっ？　と一言からかいたくなる
わけですね．

　ちなみに，今の経済状態を，そんなに悪いわけではないと考える
となると，「完全雇用余剰」ということを考えなければならなくな
ります．経済には良いときもあれば悪いときもあります．それにあ

25　クルーグマン／山形訳（1997）『経済学入門』40頁.

図表 7　ここがスゴイぞ新成長戦略──経世済民術

出所：『毎日新聞』2017 年 6 月 9 日（骨太の方針が閣議決定された翌日）.

わせて，財政は黒字の時もあれば赤字の時もある……はずなんです
けど．ところが，日本の財政制度の下では，バブル景気（1986 年
12 月〜1991 年 2 月），いざなみ景気（2002 年 2 月〜2009 年 3 月），そ
してバブル期を超えると言われる今も（2012 年 12 月〜），財政が黒
字になったことがないどころか，今も大きな赤字国債を発行してい
る日本の財政制度というのはなんなんでしょうね．伊東光晴先生は，
今，世の中で口にされるケインズ政策は，本当のケインズ政策では
ないと考えられていて，完全雇用余剰を次のように論じられていま
す．「（伊東先生が考える本当の意味での）ケインズ政策が適切に機能

するためには，景気が上昇し，完全雇用に近づいたとき，財政が黒字でならなければならないことに注意しなければならない．なぜならば，この時，累積する黒字を不況期に支出して，景気上昇への誘因を作り出さなければならないからである．これを「完全雇用余剰」という．完全雇用余剰が大きければ，多額の公共支出を不況期に"一挙"に行って，景気対策を行うことができる．1990年代のわが国の税体系と税水準は，完全雇用余剰を実現しておらず，この点でもケインズ政策を実現することができない状態であった[26]」．

なお，本日の配布資料の「合成の誤謬考[27]」は，2011年の民主党政権の時代に，『生産性新聞』から社会保障と経済成長についての文章を頼まれて書いたものです．

ジャンプ📖 知識補給・合成の誤謬考——企業の利潤極大化と社会の付加価値極大化は大いに異なる　307頁へ

2011年11月ですから，菅内閣から野田内閣に変わった9月2日の後ですね．民主党には成長戦略がないと批判されていたので，2010年の末に菅さんは総理として，新成長戦略を発表しています．懐かしい，「強い経済，強い財政，強い社会保障」というあのスローガンですね．その流れに沿って，生産性新聞からは，社会保障と経済成長というテーマで私に依頼が来たようでした．そして私が書

26　伊東光晴（2006）『現代に生きるケインズ』141-142頁.

27　合成の誤謬は，『現代経済学事典』（岩波書店）によると「個々には妥当しても，全体を合計すると妥当しないという合成の誤謬を明示的に示したのが，ケインズの『一般理論』であった．たとえば，人々が所得のうち貯蓄する割合を2倍にすれば個人の貯蓄は2倍になるように思えるが，貯蓄の増加が有効需要を減らし，国民所得で示された総生産額が縮小し，所得減が貯蓄減となっていく．もし，社会全体の投資が変わらなければ，社会全体の貯蓄に変化はなく，貯蓄割合の2倍の増加は所得を2分の1にすることになり，貯蓄額には変化はない」と説明されている.

いた原稿が「合成の誤謬考」という，原稿依頼者の期待とはまった
く関係のないこと．あの時は，生産性新聞の編集者の方に驚かれて
いましたけど，載せてくれていました．後に菅さんは「成長戦略は
十数本作ったが全部失敗している」と言ったらしく，それを水野和
夫さんは「首相時代の発言で一番良い[28]」と評価されています．私
もそう思います（笑）．ゼロ・サム社会のしんどさから解放し，プ
ラス・サム社会の夢を見させてくれる成長戦略というのは，本当に，
惑わしい言葉です．先ほどの毎日新聞の漫画「ここがスゴイぞ新成
長戦略」の中で，経世済民と催眠術を掛け合わせて，成長戦略のこ
とを「経世済民術」と書いていましたけど，センス良いですねぇ．
　とは言いましても，私の本には次のような言葉があります．

　　　僕自身は，知識も技術も生活水準も成熟社会の仲間入りをしてい
　　る日本では，労働市場での一次分配の改善を図り，所得の再分配を
　　強化し，今よりも社会サービスを充実させるほうが，わずかにでも
　　成長力を高めるとは考えています[29]．

　では，その説明に入りたいと思います．

手にした学問が異なれば答えが変わる
——上げ潮派とかトリクルダウンとかの話

　世の中には，以前から，「上げ潮はあらゆる船を浮かばせる」と
いう上げ潮政策というものがあります．この言葉——A rising tide

28　水野和夫（2013）「デフレからの脱却は無理なのです」『日経ビジネスオンライ
　　ン』2013 年 1 月 17 日．
29　権丈（2018）229 頁．

lifts all the boats――は，ケネディが大統領当時の 1963 年にアーカ
ンソーでのスピーチで使っており[30]，少なくとも 60 年近い歴史が
あります．この上げ潮政策が経済政策として取り上げられることに
なるのは，レーガン政権下の 1980 年代でした．その時代，「金持ち
優遇政策は，長期的には万人に利益をもたらすし，その利益は累進
課税や再分配的な社会福祉政策という代案より大きい[31]」という解
釈の下に，サプライサイダーという経済学派による主導の下に展開
されていきました．そこでは，高所得者を優遇すれば成長が起こり，
この上げ潮政策の下で低所得者の生活を向上させる方法としては，
経済全体の成長の結果として，あたかもシャンパンツリーの一番上
のグラスから下のグラスにシャンパンがこぼれ落ちるように，その
しずくが下の方にまでしたたり落ちる（trickle-down）ことが期待さ
れていました．このような，上げ潮政策とトリクルダウンがセット
になった考え方には，上げ潮政策，つまり，高所得者優遇は成長を
促す効果があるという前提があります．ところが，そうした政策を
展開しても，別に，成長が加速されるわけではない，つまりは潮を
上げるような政策など存在しないということになれば，上げ潮政策
とトリクルダウンがセットになった政策思想はどのような意味をも
つことになるかを考える必要があるかと思います．

手にした学問が異なれば政策解が変わる

　先に，スミスの成長論として，「浪費家はみな社会の敵であり，

30　Kennedy, J. F. (1963), "Remarks in Heber Springs, Arkansas, at the
　　Dedication of Greers Ferry Dam." October. (http://www.presidency.ucsb.edu/
　　ws/?pid=9455)
31　ジョン・クイギン／山形浩生（2012）『ゾンビ経済学』189 頁.

図表 8　セイの法則の世界と有効需要理論に基づく過少消費の世界

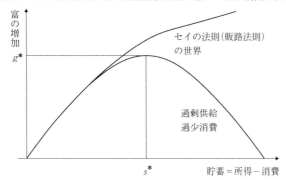

出所：権丈（2015 Ⅶ巻）16 頁.

倹約家はみな社会の恩人だといえるだろう」という言葉を紹介しました．この言葉に対しても，マルサスは謀反を起こします．

　　アダム・スミスは，「資本は節約によって増加し，すべてのつつましい人は社会の恩人である……」と述べている．……貯蓄の原理は，過度にわたるときには，生産への誘因を破壊し去るであろうことは，まったく明らかである．そこで経済学の力ではそれを確かめることができないかも知れないが，生産力と消費への意志との双方を考慮に入れた場合に，富の増加への刺戟が最大になる中間点（intermediate point）がなければならない，という結論となる[32].

　このマルサスの論をグラフにすれば，次（図表 8）のようになるでしょうか.
　社会の総貯蓄が横軸にあるとします．そして第 1 節で紹介したスミスの資本蓄積論やセイの法則と言われている「供給はそれ自らの

32　マルサス（1820）／小林訳（1968）『経済学原理』26-27 頁.

需要を創る」が成立するのならば，貯蓄は多ければ多いほど，それが投資に回って生産力が増強され，生産されたものは売れていくことになります．

　ところが，マルサス，あるいは最終的にはケインズによって理論づけされていく考え方は，高所得者や企業，場合によっては政府による社会全体の総貯蓄が多すぎると，行き着く先は過少消費に陥って，経済の成長力が落ちていくというものです．

分配と経済の活力

　ここで，ひとつ，みなさんに考えてもらいたいことがあります．

　世の中の所得は平等に分配したほうが経済の活力が高まるのか，不平等に分配したほうが経済の活力は高まるのか──みなさん，どう思われますか？

　スミス以来続いてきた信念は，ケインズの言う「資本の成長は個人の貯蓄動機の強さに依存し，われわれはこの成長の大部分を富者の余剰からの貯蓄に仰いでいるという信念[33]」であり，それゆえに〈高所得者から低所得者への所得再分配は資本の成長を阻害するために望ましくないとする思想〉が支配的でした．

　つまり，高所得者の限界的な貯蓄性向は低所得者のそれと比べて高い．高所得者から低所得者に所得を移すという所得の再分配は，社会の総貯蓄を少なくします．したがって，セイの法則が成立すると考える世界では，所得の再分配は経済理論上，望ましくない政策とみなされることになります．そして，低所得者の生活の向上は，経済全体の成長の結果としての trickle-down が解決してくれるということになります──こうした考え方はトリクルダウン理論と呼

---

[33]　ケインズ（1936）／間宮訳（2008）『一般理論』下巻，176-179頁．

ばれてきたのですが，理論と呼ばれてきたわりに，歴史上，いまだ
確認されたことはありません．

　他方，ケインズがその中心にいる経済学では，セイの法則は否定
されます．そこはシュンペーターが評するように，「（ケインズの）
教義は，実際にはそういっていないかもしれないが，貯蓄をしよう
とする者は実物資本を破壊するということ，ならびに，貯蓄を通じ
て，所得の不平等な分配は失業の究極的な原因となる[34]」世界です．
セイの法則どおりにことが進まないのは，個々には妥当しても全体
を合計すると妥当しなくなるという「合成の誤謬」が成立するから
です．これはケインズが『一般理論』で説いた考えの基礎にあるも
ので，そうした，セイの法則が成立せず合成の誤謬が支配的な世界
では，経済に活力を与えるためには，むしろ，限界消費性向の高い
中・低所得層の購買力を高めることで，社会全体の需要（総需要）
を増やすほうが妥当な政策ということになります．

　次の図表 9 の山型の曲線を見てください．

　社会が極大点 s^*（経済成長の極大点）の左側にあれば，高所得者
や企業による貯蓄の増加が，生産そして消費の拡大を生んで経済を
成長させるでしょう．しかし，市場による所得の分配が高所得者や
企業に偏っていき，貯蓄水準が s^* を越えて右側の世界に入ると，
供給力の増大に需要が追いつかなくなると予想され，過剰供給・過
少消費の世界に入ります．そうした世界では，生産力を拡大しても
それに見合った需要が見込めないのですから，個々の企業は期待収
益率を低く予想するようになり，どんなに生産者たちを優遇しても
生産力を拡大するための投資は増えなくなります．そこで，需要を
拡大して社会の富を増加させるために，労働市場を補整して労働者

34　シュンペーター (1951)／中山伊知郎・東畑精一監訳 (1952)『十大経済学者』411 頁.

図表9　右側の経済学と左側の経済学の世界とそれぞれの経済政策

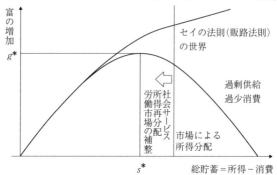

出所：権丈（2015 Ⅶ巻）18 頁.

の賃金水準を高めたり，高所得者から中・低所得者へ所得を再分配
したり，さらには政府が，田畑に水を供給する灌漑施設のように，
公共サービスを国民経済への灌漑政策として国内全域に張りめぐら
せるために医療，介護，保育，教育などの社会サービスを拡充する
ことにより総需要，なかでも総消費を下支えしようという考えが出
てきます．現在の日本ですと，家計や企業のストックをできるだけ
限界消費性向の高い層や高い分野へ回してフロー化することなどが，
経済政策としてプラスの働きをすると考えられることになるわけで
す.

　ケインズの言葉を直接借りれば，次のように表現されるというこ
とでしょうか.

　　消費性向を高めそうな方向で所得の再分配政策が採られれば，資本
　　成長に断然有利に作用することになろう[35].
　　消費性向と投資誘因とを相互調整するという仕事にともなう政府機

35　ケインズ（1936）／間宮訳（2008）『一般理論』下巻，179 頁.

能の拡大は，19世紀の政治評論家や現代のアメリカの金融家の目
には，個人主義への恐るべき侵害だと映るかもしれないが，私はむ
しろそれを擁護する．現在の経済体制が全面的に崩壊するのを回避
するために実際にとりうる手段はそれしかないからであり，同時に
それは個人の創意工夫がうまく機能するための条件でもあるから
だ[36]．

『一般理論』を書いた翌年のケインズは，もっとダイレクトに，
「繁栄のためには平等な所得分配が寄与する[37]」と言っていますね．
　残念ながら，その時の講演は1937年2月で，3か月後にケイン
ズは心筋梗塞で倒れ，活発な言論活動ができなくなりました．

代表的エージェント・モデルでは分配問題は論じることができない
　ところで，私は，経済モデルというのは，大方，代表的エージェ
ント1人しか登場させないのは極めて問題だと言い続けてきたので
すけど，やはりピケティもそのあたりを指摘してくれていました．

　　経済学者たちがいわゆる代表的エージェント・モデルにおそらく依
　　存しすぎたせいで歪んでしまった[38]．

　1人しか登場しない経済モデルでは，分配，再分配を取り扱うこ
とはできません．したがって，分配面で極めて重要な問題が生じる

36　ケインズ（1936）／間宮訳（2008）『一般理論』下巻，190頁．
37　John Maynard Keynes, "Some Economic Consequences of a Declining
　　Population", *The Eugenics Review*, vol. 29, April 1937.
38　ピケティ／山形等訳（2015）『21世紀の資本』142頁．

国債発行の問題を扱うこともできなくなります．そりゃぁ，日本には1人しかいなくって，その1人が国内で国債を売買しているということなら，自分1人だけでお金をぐるぐる回しているだけで何の問題もないように見えますよね．このあたりは，『ちょっと気になる医療と介護』に書いているように，「はじめに○○と仮定するという虚構の前提を置くと，あとは論理的に考えを進めていけば論理的に間違えてしまうんですね[39]」ということになります．

　このあたりは，本当に学問の怖いところです．みんなに悪気はないのでしょうけど，スタート地点で間違えると，その後は，賢く論理的に間違えていきます[40]．

　代表的エージェント・モデルでは分配，再分配問題を扱うことはできないから，この前提はおかしいという説明は，わりと分かり易いと思うのですが，なかなか前提をじっと眺めてみても，勝負がつかない世界もあるわけでして，そのことが経済学の理解を難しくしてきた側面があります．

　私が，その人が手にする学問によって，政策解がまったく異なってしまうと言ってきたことは，そういう話です．国民経済を我々人間に理解させる道具である経済学は，人間が理解できる範囲にものごとを単純化するために，（他の学問でも行っているように）前提を置いています．そして経済学全般を，設けられた前提間で相互に矛盾のない群として眺めてみれば，経済学には大きく2種類のグループがあります．私はこれを右側の経済学，左側の経済学と呼んできました．右側の経済学と左側の経済学は，それぞれが置いている一群の前提は，それぞれの経済学の中では相互に矛盾がないのですけ

39　権丈（2018）214頁.
40　第8章284-284頁も参照.

ど，互いに互いを照らし合わせると同時には成立するような話では
ない[41]．それほどに相対立する前提を置きあった2つの経済学の中
で，右側の経済学を手にした人は，所得の格差は必要悪だ，成長な
くして分配なしと言わざるを得なくなり，左側の経済学を手にした
人は，平等は生産的である，分配なくして成長なしということにな
ります．

　まず，政策を論じている当人たちが，そうしたことをどこまで自
覚しているかということがあります．たぶん，自分が手にした学問
がどういう性質のものであり，自分が唱えている政策がどのような
前提から導き出されているのかを意識している人はあまりいないと
思います．ただ，たまったものではないのが，そういう経済学の世
界とはまったく関わりのない人たちです．とくに社会的弱者は，経
済学のなかでの思想の闘いに翻弄されることになるわけです．

右側の経済学と左側の経済学

　さて，いま，ここで論じた話は，本日の冒頭で紹介した右側の経
済学，左側の経済学の話に基づいています．かなり前から，次のよ
うな「社会保障と関わる経済学の系譜」という経済学全体のマップ
を意識していました．

ジャンプ 図表1　社会保障と関わる経済学の系譜　5頁へ

　ここで，世の中が大きく誤解してしまっているのが，ケインズか
らヒックスを経て，アメリカ・ケインジアンに向かう流れです．ケ
インズの『一般理論』が出版されたのは1936年2月です．ヒック
スは，その年の9月，オックスフォードで開かれた学界でIS–LM

41　第7章における，クーンの言う「通約不可能（incommensurability）な仮説群」
　　に相当する話．

モデルを発表します．この IS-LM モデルがアメリカに渡ってサミュエルソンの「新古典派総合」を通り，アメリカ・ケインジアンを作っていきます．ただし，ヒックスの IS-LM モデルは，ケインズと一緒に『一般理論』を考えていった若い経済学者たち──リチャード・カーンやジョーン・ロビンソンなど──から見ると，ケインズとはまったく異質のものに見えました．そのため，ジョーン・ロビンソンはアメリカ・ケインジアンを "Bastard Keynesian"（ケインズの庶子）と呼んで批判します．そしてヒックス自身も，85 歳でなくなる 2 年前に，「この 2 つの曲線（注：IS 曲線と LM 曲線）を一緒に処理することはできない．1 つはフロー均衡であり，もう 1 つはストックだ．これらを同じグラフのなかで取り扱うには無理がある」という言葉を残しています（このあたりの詳細は第 2 章参照）．

　社会保障という所得再分配政策を研究してきた私にとってしっくりくる経済学は──"Bastard Keynesian" があるのならばと，私が名づけたのですが──，"Legitimate Keynesian"（ケインズの嫡子）とでも呼びましょうか，"経済というものは不確実なものであり，将来というものは基本的に分からない．だからこそ，さまざまな困った経済現象が起こるのだ" と考えるグループです．一方，右側の経済学のリカードやセイの継承者はハイエクや，フリードマンなどの，いわゆるシカゴ学派であったりします．

　右側の経済学と左側の経済学の分岐は，マルサスとリカードのところです．

　マルサスとリカードの関係はおもしろくってですね．彼らは友人です．リカードが死んだときに，マルサスは「私は自分の家族以外の誰をもあれほど愛することはなかった」という言葉を残しています．しかし彼らは，生涯，考えが合いませんでした．マルサスは一

般的供給過剰を唱えるも，リカードはセイとともに全面否定．そういう関係が生涯続くと共に，リカードとセイの連合が圧倒的勝利で終えます．

　マルサスが1820年に『経済学原理』を書き上げます．その中に，リカードへの批判があります．そこでリカードはマルサスへの反論メモを書き始めます．このスライドにあるリカードの言葉は，ジョン・スチュアート・ミルの父親ジェームズ・ミルにリカードが送った手紙の文面です．

　　　わたしは，あらゆる余暇を利用して，マルサスへの答弁の仕事をしています．……わたしはこれをたのしい仕事，否，すべてを捧げてもよい仕事とさえ考えています．おそらくそれを出版するのは望ましいことではないでしょう．……それを出版するのであれば，それは多くの枝切り仕事を必要とするでしょう．

　このメモは，およそ100年後にリカードのひ孫が発見し，大英博物館に寄贈されることになります．そして，今は，マルサスの『経済学原理』の翻訳の中に，注の形で書き込まれていますので，私たちもしっかりと読むことができます．このリカードの注は，リカードの，批判されるとムキになる性格がもろに出ていて，とてもおもしろいんですよね．

　余談ついでに，アルフレッド・マーシャルによるリカード評というものにも触れておきます．私は講義の中では，「経済学が歪む時期」というテーマの下に話をしている箇所です．

　　　今世紀の初期にイングランドの経済思想の基調を定めた人々は，

事実の研究を無視した理論家であって，このことは特にイギリスが
犯した誤りであったということになっております．そのような非難
は，私には，根拠のない非難のように思われます．……かつまた，
過度の抽象的な理論に陥るという彼らの傾向については，そのよう
な非難がいやしくも正当なものであるかぎり，それは主として，1
人の卓越した天才の影響によるものであって，彼はイギリス人では
なく，イギリスの思想の基調を共有することはほとんどありません
でした．リカードの精神は，その長所も短所も，彼がセム族の出身
であることに帰することができます．イギリスの経済学者には，リ
カードに類似した精神の持ち主はおりません．……彼らは，人間を
いわば不変量と看做し，人間の多様性を研究する労を，ほとんどと
ろうとしませんでした．彼らが知っていたのは主としてシティメン
でありました．他のイギリス人も，彼らがシティで知っていた人々
と，極めてよく似た人々であると，暗黙のうちに看做していまし
た[42].

ジャンプ　知識補給・アダム・スミスとリカードの距離
——縁付きエッジワース・ボックス　312頁へ

——縁付きエッジワース・ボックス　312頁へ

　さらに余談を続けますと，マーシャルのこの講演は，ケンブリッ
ジでの教授就任時のものでして，この講演の最後に，有名な cool
heads but warm hearts の言葉がでてきます．すなわち，

　すぐれた人々の母でありますケンブリッジで学ぶ人々の間から，ま
　すます多くの人々が，私たちの周りの社会的な苦難を打開するため

42　マーシャル／永沢越郎訳（2000）『マーシャル　経済論文集』2-5頁．なお，
　　ここで引用したマーシャルのケンブリッジ大学教授就任記念講演「経済学の現
　　状」は1883年に行われたものである．

に，私たちの持ちます最良の力の少なくとも一部を喜んで提供し，さらにまた，洗練された高貴な生活に必要な物的手段をすべての人が利用できるようにすることがどこまで可能であるかを見出すために，私たちにできますことをなし終えるまでは安んずることをしないと決意して，冷静な頭脳をもって，しかし暖かい心情をもって (cool heads but warm hearts)，学窓を出て行きますように，私の才能は貧しく，力も限られてはおりますが，私にできる限りのことをしたいという願いに他なりません[43].

　この言葉は，よく，冷静な頭脳と暖かい心というように，接続詞が and であるかのように日本では言われているのですけど，マーシャルは but を使っています．普通は cool head を磨けば cool heart になる．だから，but なんですね．このあたりは，経済学を学ぶ上でも，教育をする上でも，とても大切なところでもあります．

　余談ついでに言っておきますと，先に触れたベーシック・インカムって，cool head and cool heart と warm head and warm heart の両方から支持されるんですよね……困ったことに．でもベーシック・インカムを言う人って，そんな感じの人たちですね．

　さて，余談に道を外して存分に遊ばせてもらいましたので，本筋に戻りますと，では，右側の経済学と左側の経済学のどこが違うのか．その違いは，経済規模を規定する主要な要因を供給とみなすか，需要とみなすか，要するに，一国の生産力（供給）と需要，どっちが大きい，どっちが小さいとみなすかで生まれると考えられます．

ジャンプ 知識補給・マーシャルを読んだシドニー・ウェッブの
　　　　　　ラブレター……誰に？　317 頁へ

43　マーシャル／永沢越郎訳（2000）『マーシャル　経済論文集』31 頁.

　右側は，生産力（供給）の方が小さいのだからこれが経済規模を
決定すると考える．対して左側は，需要の方が小さいために，これ
が経済の規模，そして成長力・推進力を決めることになると考えま
す．もっと言えば——この理屈は，歴史的には事後的に考えられて
いくわけですけど——，右側の経済学では，人は貨幣からは効用を
得ることがなく貨幣そのものへの需要は想定されないのですが，左
側では，人は貨幣から効用を得，貨幣そのものに対する需要がある
と考えます．

　そして左側の経済学では，貨幣からの効用が追加的な財・サービ
スからの効用より大きい時に経済は停滞し，経済規模が拡大するの
は，消費者にとっての追加的な財・サービスからの効用が，貨幣か
らの効用よりも大きくなる時に起こると考えます．

　したがって，ある時代ある時代において，既存の財・サービスが
消費者の間に広く行きわたってしまう，すなわち，次の図表10の
商品のプロダクト・サイクルにみるように，需要がある程度飽和す
ると経済は停滞することになり，新たな発展のためには，みんなが，
それ自体大変大きな効用をもたらす貨幣を手放してでもどうしても
手にしたくなる魅力的な新たな財・サービス——たとえば1950年
代後半の三種の神器（白黒テレビ，洗濯機，冷蔵庫），高度経済成長
期の3C（カラーテレビ，クーラー，カー）——の誕生が必要になる
と考えることになります．そしてそうした財・サービスが消費者の
間に行き渡り，需要が飽和すると，経済成長は鈍化してしまいます．

　こうした需要サイドから説明される経済成長モデルは，青木正道
先生（UCLA名誉教授）と吉川洋先生（東大名誉教授）が作られたも
のです．私は2004年に出した本の中でも，青木・吉川モデルをベー
スに社会保障のマクロ経済的役割を考えていました．

図表 10 資本主義の深化，成熟化と需要不足という病理

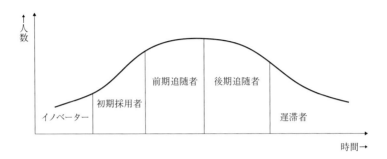

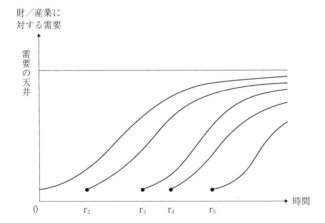

注：r_i は i 番目の財／産業が誕生した時点．Aoki and Yoshikawa（2002），p. 135.

出所：Aoki and Yoshikawa（2002）については，権丈（2009〔初版 2004〕Ⅱ巻）231-232
頁参照．

図表 11　右側の経済学と左側の経済学の前提の相違

ケインズの嫡子（legitimate Keynesian） 左側の経済学	新古典派経済学 右側の経済学
合成の誤謬	見えざる手
不確実性（uncertainty）	リスク（risk） エルゴード性の公理
流動性選好 資産選好	貨幣ヴェール観 貨幣数量説
貨幣経済 monetary economy	実物交換経済 real-exchange economy
有効需要理論	セイの法則

出所：筆者作成.

　私がよく言うのが，ビックカメラやヨドバシカメラの最上階から
地下まで，各フロアを回ってみて，「どうしても月賦で買いたいと
いうものはありますか？」と問うと，大体みんな「う～ん，ないな
ぁ．月賦かぁ，懐かしい言葉だ」と言います．そうした，多くの人
たちの購買意欲がとても弱い社会，いや，適切な表現をすれば，あ
る程度消費需要が飽和している社会が高度経済成長期のような成長
を遂げることができるはずがないです．経済学では三面等価の原則
と言いまして，国民経済の生産＝分配＝支出は等価になります．多
くの人たちの消費が飽和しているために支出，つまり需要が増えそ
うになく，企業が意識する期待収益率が低い社会で，企業を税制な
どで優遇したり，金利を低く抑えても，生産，供給を増やさないで
しょう．ところが右側の経済学に立つと，そうした側面が見えずら
くなる．
　ここで，右側と左側の経済学の違いをまとめると，図表 11 のよ
うになります．
　右側の経済学は，スミス以来の「見えざる手」が前提とされてい
ます．この前提のもとでは，ケインズが批判した「私的利益と公共
善の間の神の摂理による予定調和」という思想が帰結されるため，

基本的には政府の役割は否定され，レッセ・フェールが尊重されます．

　対する左側の経済学では，「合成の誤謬」という考え方が置かれます．そうした前提が置かれた世界では，個々の経済主体が自らに都合の良いように行動すると，全体として不都合が生じてしまう——したがって，市場でも，政府の会議でも私的利益に基づいて発言する経済界の人たちばかりに任せてはいられない．使用者の代表しか参加していない経済財政諮問会議のようなのも実際にはあるわけですけど，公共の利益を優先するためにレッセ・フェールは否定され，資本主義経済を全面的崩壊から救い個人の創意工夫を守るためには，政府介入もやむをえないと考えることになります．

　こうした合成の誤謬の世界で，未来のことを分かろうとしても無理があるという意味での，フランク・ナイト流の「不確実性」を前提として流動性選好，そして時代は下りますが，小野善康先生（阪大特任・名誉教授）が作り上げられた「資産選好」が組み込まれた金融論，貨幣経済のロジックがたどられることになります[44]．将来，どんなものにでも転換することができるおカネ，しかも決して飽きがこないおカネにこそ，強い需要が生まれるというのが，左側の経済学ではセットになった考え方で，流動性選好，資産選好というのはそうした考え方が根底にあります．

　ところが，セイの法則の成立を前提とする右側の経済学では，未来については，将来起こる出来事の確率分布がある程度既知である状態，これを厳密には経済学でリスクと呼ぶわけですけど，未来に

---

[44]　たとえば，小野善康（2009）『金融 第2版』，小島寛之（2018）『宇沢の数学』における「第6章　21世紀の宇沢理論——小野理論・帰納的ゲーム理論・選好の内生化」などを参照．

ついてはそうしたリスクを想定して，将来予測は可能であると考えて，その際には数学で言うエルゴード性の公理，つまり過去からの標本データが将来からの標本データに等しいという想定が置かれることになります．"Bastard Keynesian" である新古典派総合の創始者，1970年のノーベル経済学賞受賞者であるサミュエルソンも，経済学が真の科学であるためにはエルゴード性の公理を置かざるをえないと論じていますね．

　したがって，右側の世界では，将来を非エルゴード的世界，すなわち予測不可能な不確実な世界としては見ないので，将来の不確実性に対して，お金を手元に置いていなければならないという貨幣ニーズが生まれません．しかも，小野先生の言う資産選好も想定されていないので，お金は商取引のあり様そのものに影響を与えるわけではなく，物々交換を効率よく行わせるためのヴェールにすぎない──この「貨幣ヴェール観」が，貨幣数量説の基礎にあって，貨幣数量説には，日銀当座預金の存在など眼中になく，この説を素直にたどれば，中央銀行がお金をどんどん刷ったり，国債を新発・既発にかかわらずどんどん購入したりしていくと物価は上がるというような考え方に行き着きます．

　将来は不確実であるという前提を置くからこそ，貨幣に対する強い需要が生まれ，貨幣ヴェール観と訣別することになり，貨幣需要の理論である流動性選好につながっていきます．加えて，小野先生の資産選好の理論も，貨幣ヴェール観を覆します．こうして作り上げられていくのが，左側の経済学である「ケインズの嫡子（"Legitimate Keynesian"）の経済学」です．

貨幣数量説と還流の法則

　ここで，19世紀におもしろい議論があったので紹介しておこうと思います．

　1840年代のイギリスで，通貨論争というのがありました．当時，リカードの貨幣数量説を受け継いだ通貨学派と，トゥック，フラートン，ジョン・スチュアート・ミル等の銀行学派が論争をしていました．銀行学派のトゥックは1840年に刊行した『物価史』という本で，通貨流通量と物価との結びつきが希薄であることを観察しています．そして，1840年8月の「発券銀行に関する下院特別委員会」で次のような発言をしています．

　　質問）あなたは，銀行券の流通高の増加が，流通手段の拡張に，また一般の信用の拡張に便宜を与え，それによって物価の上昇を助長するだろうとは思われませんか．
　　トゥック）全くそうは思いません．物価に関する思惑の影響のもとに行われる信用の拡張が，取引の増大をもたらすことによって，その取引の量よりはむしろその性質にしたがって，銀行券の追加量を誘い出すことがあるというように，私は考えるのです[45]．

　トゥック，フラートンたち銀行学派は，「環流の法則（the law of reflux）」というものを唱えていたようで，トゥックは次のように述べていました．

　　「この法則は，銀行がそのために要求される目的にとって必要でない額のその銀行券は，それがどんな額であろうと，これを発券銀

45　岡田元浩（1997）『巨視的経済理論の軌跡』54頁．

図表12　現代日本における環流の法則

2013年4月を基準＝1とした貨幣をめぐる動き

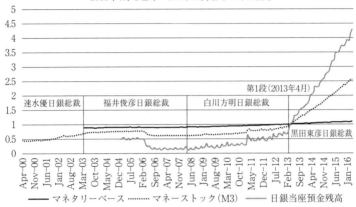

注：マネタリーベース，マネーストック（M3），日銀当座預金，いずれも2013年4月を基準
　　＝1とした指数.
出所：日本銀行「時系列統計データ検索サイト」より筆者作成.

図表13　経済政策思想の流れ

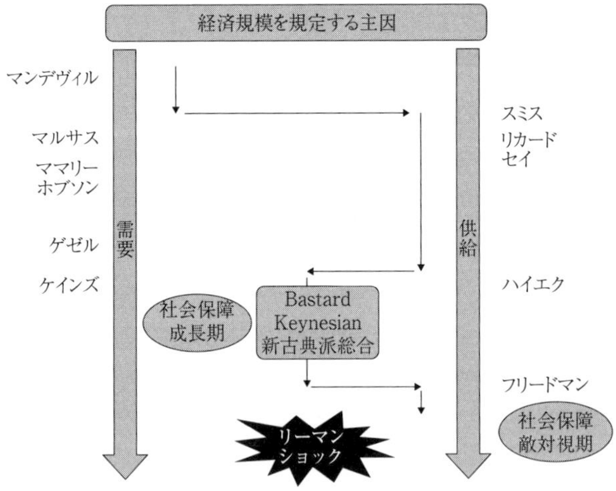

出所：筆者作成.

行に呼び戻すように作用する. [46]」

　ちなみに，銀行券の還流現象は，日本での 2000 年代はじめ，福井総裁の量的緩和政策の下でも，そして黒田日銀総裁の下でのバズーカ砲の下でも起こっています．このように日銀の当座預金に呼び戻される現象を「環流の法則」とネーミングしていた，1840 年代の人たちのセンスは大したもんだと思います．

経済政策思想の流れ

　ここで，我々も昔のことをすっかり忘れないように，先ほどの右側の経済学，左側の経済学という社会保障と関わる経済学の系譜に沿って，歴史的な経緯を少しばかり眺めておきましょう．

　まず 18 世紀はじめのマンデヴィルの『蜂の寓話』によって「経済は需要が大切なんだよ」という左側の見方が示されます．しかし，スミスの登場によって，経済学の主流は右に移ります．これに抵抗したのがマルサスで，後にママリー，ホブソンなども抵抗する．

ママリー，ホブソン

　ママリーというのは，ホブソンが書いていますように，「実業家であり，彼は当時からマッターホルンの新登攀路を開拓した大登山家として知られ，1895 年に有名なヒマラヤ山脈ナンガ・パルバットの試登中に遭難死した[47]」という人物です．そしてママリーとホブソンは『産業の生理学』という本を書くのですが，その出会いは，次のようなものでした．すなわち，

46　岡田（1997）『巨視的経済理論の軌跡』51 頁.
47　ホブスン（1938）／高橋哲雄訳（1983）『異端の経済学者の告白』27 頁.

　この人物が過剰貯蓄にかんする議論で私を混乱に陥れた——彼はそ
れが不況期の資本と労働の過少雇用の原因だとしたのである．長い
間私は正統派経済学の武器を使って彼の議論を反駁しようと試みた．
しかし，ついに彼は私を説得し切り，私は彼に協力して過剰貯蓄論
を精密化し，それは『産業の生理学』という題で 1889 年に公刊さ
れた[48]．

　そして彼ら 2 人は，次のような文章で，伝統的な経済学に謀反を
試みます[49]．

　貯蓄は個人のみか社会をも裕福にし，そして支出は貧しくする．貯
蓄の一般論を言えば，健全なる貨幣愛はあらゆる経済的善の根本，
ということになろう．それは節倹的な人を豊かにするばかりか，賃
金の原資となり，失業者に職を与え，いろんな方面に恩恵を施す．
毎日の新聞から最新の経済学の専門書に至るまで，説教壇から議会
の下院に至るまで，〔ページを繰っても，口を開いても〕この結論
が再論再述されるものだから，最後にはそれに疑問を抱くのは確信
犯的不信心者と思われて来る．……
　……われわれの目的は，このような結論は支持し難いこと，貯蓄習
慣はいくらでも励行しうるが，貯蓄習慣のこのような過度の励行は
社会を貧しくし，労働者から職を奪い，賃金を切り下げ，不景気と
して知られる陰気と沈鬱を経済界に蔓延させること，これを示すこ
とである．

48　ホブスン（1938）／高橋訳（1983）『異端の経済学者の告白』27 頁．
49　以下の引用は，ケインズ（1936）／間宮訳（2008）『一般理論』下巻，167-168
　頁による．

つづいて，

> ある社会の資本を有利に増やすことが可能となるには，それに続く
> 消費の増加がなければならないのは明らかである．……貯蓄が増加
> し資本が増加すると，その増加を有効にするために，将来直ちに，
> それに見合った消費の増加がなければならない．……将来の消費と
> いうときの将来とは，10 年先，20 年先，あるいは 50 年先の将来と
> いうことではなく，現在からはほんのわずかしか隔たっていない将
> 来のことである．……節倹と慎重さが高じて現在における貯蓄欲求
> が高まれば，彼らは将来の消費を増やすことをうべなわなければな
> らない．……現在の消費率に見合う商品を供給するための資本量は
> 決まっており，それを上回る量の資本は生産過程のいかなる点にお
> いても経済性をもちえない．……現在のたいていの経済学者は消費
> が不足する場合のあることを否定している．

　ママリーの影響を受けたホブソンは，ママリーの死から 7 年後に，
なぜ帝国主義が起こったのかと問い，これは効率的に貯蓄が増える
社会の仕組みを作りすぎたことに原因があると考えます．所得分配
を不平等にして，高所得者に多くの所得をもたせるという形で貯蓄
を効率的に行って投資をするんだっという社会をつくったら，国内
で需要が不足してしまった．なぜかというと，高所得者は所得が多
すぎて十分に消費することができず，低所得者は所得が少なすぎて
消費できなくなるからです．つまり，所得分配が不平等な社会は，
十分な需要が生まれないという状況に陥ってしまうことになる．し
たがって，資本は軍旗のもとでの輸出を展開していくというような
「帝国主義論」，後にレーニンに影響を与える論をつくっていきます．

しかし，ホブソンも，時代のなかで右側の経済学者たちから敵視され，経済学者としては不遇な人生を送ります．

ゲゼル

　次にゲゼルです．彼は，スタンプ貨幣というのを提唱します．その理屈は，次のようなものです[50]．

- 新聞はすぐに古くなってしまう．ジャガイモはすぐに腐ってしまう．……
- 交換手段としての貨幣を改革したいならば，われわれは商品よりも貨幣を劣化させなければならない．
- 供給が直接的な物理的強制状態にあるとすれば，需要も又同じような強制状態にあることが必要となる．
- また需要をあらゆる政治的，経済的あるいは自然的事件とは無関係に市場に規則的に登場させる状態を実現しなければならない．

　そうしてスタンプ付き貨幣を提案します．
　スタンプ付き貨幣というのは，貨幣が価値を保持しようと思ったら，毎月郵便局で購入したスタンプを貼り付けなければならないというものです．マイナス金利をイメージしてもらえれば……

ケインズ

　そして，時代は両大戦間期の大恐慌まで進み，ケインズが，図表

50　ゲゼル（1916）／相田愼一（2007）『自由地と自由貨幣による自然的経済秩序』416頁．

13（56頁）における経済政策思想の流れを左側に引き寄せようとします。

　しかし，左側へのシフトは図の中央の新古典派総合で止まってしまう．そして戦後，サミュエルソン『経済学』の第3版（1955年）で初めて言葉として登場する新古典派総合（neoclassical synthesis）が主流の地位を確保するのですが，1960年代に入るとおかしくなり，サミュエルソンも1967年の第7版で，新古典派総合という言葉を使うのをやめています．そして，ブレトン・ウッズ体制の崩壊，オイルショックのなかで新古典派総合は崩れ落ちます．

　こうして経済学の主流は右側に移り，以来ずっと右側経済学の支配が続いて21世紀を迎えました．

　そうした右側の経済学優位の状況が生まれるのには，ノーベル経済学賞というのも大きく寄与したと考えられます．そのあたりについては，配布しております資料がありますので，ご参照頂ければと思います[51]．

　経済学の流れから理解すると，社会保障の成長期は，まがりなりにもケインズ経済学が主流にあった，戦後から1970年代初めまでの新古典派総合期です．そしてその後，右側の経済学が主流になるにつれて，普通に経済学の教科書を読んで学んだ経済学者たちから社会保障は敵対視されるようになり，今に至っている．経済学という，いろんな面で宗教にも似た思想と言いますか，なんと言いますか，面倒であり，まぁ，おもしろくもあるんですけどね．

---

[51]　この配布資料は，「ノーベルの遺志になく，「スウェーデン国立銀行賞」として追加された賞」（『週刊エコノミスト』2016年5月31日号）であり，この文章は権丈（2018）に知識補給「ノーベル経済学賞って？　それと平和賞が生まれたステキな話」として所収．

経済学と政策思想

いま，所得の分配をめぐる上での右側の経済学と左側の経済学の話をしたわけですけど，こうした経済学の分類は，おもしろいことに社会保障をめぐる政策思想と密接に関わっています．このあたりは，Nicholas Barr（2012），*Economics of the Welfare State* 5th. を参考にしながら，説明しておきます．

いま，政策思想として，次があるとします．

- リバタリアン
- リベラル
- 功利主義
- ロールズ
- 集産主義
- 社会民主主義
- マルクス主義者

このうち，右側の経済学はリバタリアンに，そして左側の経済学はリベラルに符合するんですね．

ジャンプ 図表2　右側・左側の経済学と政策思想　6頁へ

リベラルとリバタリアン（自然権，経験的リバタリアン）

リバタリアンと言っても2通りがありまして，自然権リバタリアンと経験的リバタリアンがあります．

自然権リバタリアンは，ノージックが代表者で，「国家の介入は，厳格に制限された状況下以外においては道徳的に不正」であると狂信しています．

　対して経験的リバタリアンは，ハイエク，フリードマンがいまし
て，道徳的根拠によってではなく，福祉を後退させることになると
いう理由によって，国家の介入に反対の論陣を張ります．しかし，
両方のリバタリアンには共通点があり，「両派ともに社会を（集団
または社会階層に対置される）個人としての成員を単位として分析し，
個人の自由に重きを置き，そして私有財産と市場原理を擁護する．
その結果，国家の役割とこれに対応する課税と再分配は，厳格に制
限されたものと[52]」と考えます．

　右側の経済学は，経験的リバタリアンに符合するのに対して，左
側の経済学は社会思想的には，リベラルとの整合性が極めて高い．
そのリベラルには，次のような特徴があります．

- リベラルの3つの特徴
  - 第一に，社会はその成員としての個人を単位として分析される．
  - 第二に，'生産，分配，交換'の手段としての私有財産は，教義における不可欠な部分というのではなく，条件づけられた事柄contingent matterとみなす——すなわち，私有財産制は明確にそれ自体が目的ではなく，政策目標の達成に向けた手段として考えられる．
  - 最後に，リベラルの理論は，分配の原理を含んでおり，その原理は平等主義的な含意を持ち，それは適切に解釈され得る．特定の状況下では，所得再分配は国家の適切な機能であると考える．

52　Barr（2012），p. 23.

　ノージックのような自然権リバタリアンは国家の介入は不道徳と信じ切っているわけですから，取り付く島もありません．現実の政策の中でリベラルが議論し合うことができるのは，経験的リバタリアンとなります．リベラルも経験的リバタリアンも，社会の総厚生social welfare を極大化させようとしているという意味では，共通の考え方がある．ところが，両者の違いは，ここでもそうなのですが，経済学モデルにおける人間像の違いにあるんですね．

ジャンプ 知識補給・制度学派とリベラリズム，そしてネオ・リベラリズム　319頁へ

ファースト・ベストとセカンド・ベスト

　ここでファースト・ベスト（最善）とセカンド・ベスト（次善）という考え方が必要になってきます．

　端的にいいますと，リベラル——つまり再分配を政策手段とする福祉国家を積極的に認めようとするグループは，ファースト・ベストの経済学を「ベンチマーク」として利用するのは許容するのですけど，これに基づいて制度設計するのは有害だと考えることになります．

　ニコラス・バーの説明にしたがいますと，ファースト・ベスト経済は，「完全競争，情報の完全性，合理的な行動原理，完備市場，そして歪みのない税制」により特徴付けられます．このモデルの有用性が発揮されるのは，現実を描写することではなく，政策を評価するためのベンチマークとしての役割を担う場合です．現実はファースト・ベストから次のように，逸脱しているのですから，ファースト・ベストの分析は，政策にとって悪い指針を与えることになります．

図表 14　公的年金保険とファースト・ベスト，セカンド・ベストの経済学

- 行動問題は年金で生じる．人々は，自らにファースト・ベストの年金戦略を作り出すことがうまくできないかもしれない（限定合理性），あるいは，正しい戦略を知っていても，それを実行することに失敗してしまうかもしれない（限定自制心）.
- *限定合理性*. たとえ必要な情報が与えられていたとしても，個人が望ましい意思決定をするにはあまりにも問題が複雑な場合に，情報処理問題が生じる．そのような問題は，計画対象期間が長かったり，結果に複雑な確率が絡んでいたり，細部が本質的に複雑だったりする場合により起こりやすい．これらすべてがほとんどの年金商品の特徴でもある．限定合理性は，様々な方法で良くない選択に繋がる．
  - フレーミング，親近性，過剰取引，固定化．
- *限定自制心*. 多くの人々は，生涯での効用を最大化するために，より多く貯蓄をすべきことを知っているにもかかわらず，彼らは，しばしばそのような行動をとらない．最近の実験の証拠によれば，いくつかの状況では，人々が，短期では，より高い割引率を持ち（すなわち，すぐに得られる満足を求める傾向），中期では，より低い割引率を意識する傾向があることが示されている．問題は，将来になったときには，それが現在になることである．それゆえ短期的な満足が続けば，動学的不整合性に繋がる．結果として生じる諸問題は，様々な形で現れる．
  - 短期的満足，先送り，惰性．
- これらすべてのファースト・ベストからの逸脱は，市場の選択と競争という単純なモデルに疑問を呈する．

出所：Nicholas Barr（2012），*Economics of the Welfare State* 5th，pp. 163-164.

ファースト・ベストからの逸脱

- 不完全競争，公共財，外部性，そして規模の収穫逓増
- 情報の経済学
- 行動経済学
- 不完全市場
- 非中立的な課税

こうしたファースト・ベストから逸脱した前提を置いた経済学が，セカンド・ベストの経済学になります．そして，公的年金保険のような，ファースト・ベストの経済学に基づけば，その存在意義が疑問視される制度は，図表 14 のように，セカンド・ベストの経済学

に基づけば，無理なく存在意義が説明されることが示されたりもします．

　ファースト・ベストの経済学に基づけば，公的年金保険の存在意義を肯定的に議論するのはなかなか難しいのに，セカンド・ベストの経済学にしたがえば，公的年金保険の存在意義が，効率性の観点，社会的厚生を高めるという観点から生まれてくることになります——ここでも，手にした学問が異なれば，がらりと答えが変わる．

最後に，ミュルダールと，いわゆる 'こども保険' について——ミュルダール夫妻の『人口問題の危機』

　先に示した右側の経済学，左側の経済学の図表1（5頁），以前は，ミュルダールを入れていなかったのですけど，最近は，加えています．

ジャンプ//　図表1　社会保障と関わる経済学の系譜　5頁へ

　このグンナー・ミュルダールという経済学者は，スウェーデンでケインズ以前のケインズ革命と言われている政策を主導した人物で，「平等な社会は生産的である」と言い続けてきた人でして，彼は明白に左側の経済学者です．彼は1974年のノーベル経済学賞を受賞していまして，後に授賞したことを後悔していますけど，その彼が，奥さんのアルバ・ミュルダール，彼女は1982年のノーベル平和賞の受賞者でして，この奥さんとの共著で1934年に『人口問題の危機』を出しています．これがスウェーデンに大きな影響を与えて，スウェーデンにおいて普遍主義的福祉政策を展開させるという社会政策の大転換を実現します[53]．

53　藤田菜々子（2010）『ミュルダールの経済学』，ウィリアム・J・バーバー／藤田菜々子訳（2011）『グンナー・ミュルダール』参照．

　では,『人口問題の危機』には何が書かれていたのか？

　当時のスウェーデンでは出生率の低下が顕著に出始めていたわけですが, その中で, 彼らは, 予防的社会保障政策, つまり困難が顕在化する前に普遍主義的福祉を施す必要を訴え, そうした施策のみが民主的国家において出生率低下に歯止めを掛けうる適切な手段だと主張したわけです.

　彼らが論じたことを, 私が 2004 年に作っていたモデルを用いながら説明したいと思います.

　ミュルダールは, 1930 年代のスウェーデンをながめて, こどもはもはや親から「労働力の担い手」や「勢力顕示の手段」とはみなされておらず, 将来的にも「老親の扶養者」としての役割はそれほど期待されていないとみます. そのように個人がこどもをもつことの便益が減ってくると, 他面, こどもをもつことは経済的負担の増加を意味し, 機会費用の増加を意味するから, 出生率は低下することになります. 個々の夫婦にとって合理的な選択が採られ, 出生率が低下していけば, 国民の生活がよって立つ基盤そのものとの間に矛盾が生じ, そこには「個人的利益と集団的利益のコンフリクト」が起こると論じました. ここにも, 個人にとっての合理性と集団的利益との間の合成の誤謬が生まれるわけですが, この合成の誤謬を解決する手段は, ふたつあり, 老年層への社会保障の撤廃, いまひとつは, こどもの養育費を国家が賄うという道──つまり,「こどもに関する費目を個々の家計から国家予算へと移行する」ということになります. そしてミュルダール夫妻は, 1934 年時においても, 前者の選択肢は高齢者の貧困を多くすることになるためにあり得ないと考え, 今日の民主国家では後者の道を望ましいとして, 出産と

図表15　こどもをもつことの限界便益（需要曲線）・限界費用（供給曲線）と
　　　　均衡こども数

需要曲線が下方に供給曲線が上方にシフトすると
均衡こども数はn_oからn_nに変化していく

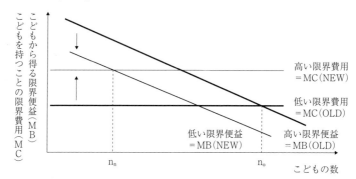

出所：権丈（2009〔初版2004〕Ⅱ巻）196頁，198頁.

育児に関する「消費の社会化」という言葉を使います．

　こうしたストーリーを私は2004年に出した本の中でモデル化し
ておりました．

　横軸にこどもの数，縦軸に，こどもから得られる限界便益と限界
費用をとります．限界便益曲線，つまりこどもの需要曲線は，ミュ
ルダールも指摘したように低下してきました．すなわち図の中では
MB（Marginal Benefit）曲線が下方にシフトすることになります．
他方，限界費用曲線，こどもの供給曲線は，女性の高学歴化等を反
映して，上昇していき，図の中ではMC（Marginal Cost）曲線が上
方にシフトしました．その結果，かつてよりも均衡こども数が減少
する．

　こうしたモデルに基づいて，私は，2004年当時，次のように書
いています[54]．次の文章の中では，「世の男性の魅力のかさ上げ」

54　以下は，権丈（2009〔初版2004〕Ⅱ巻）235-236頁より．

の意味を分かっていただければ，私としましては，満足であります（笑）．

- すなわち，子供をもつことの限界費用を引き下げることを明確に意識しながら，家計内での福祉サービス生産に強く依存した日本型福祉社会を捨て，政府が福祉サービスを積極的に引き受ける社会を作るのである．

- この時，家庭責任と市場責任の両立を願う女性たちの現在のニーズに応えるように政府は社会保障を整備しながら，この目的に整合性をもつ働き方を市場が供給するように企業を強く誘導していく．そうすれば，より重い家庭責任を負うこと（すなわち結婚）に躊躇する女性たちの期待を改善することができるし，この期待の改善は，見方を変えれば，彼女たちにとっての結婚，子供，さらには世の男性たちの魅力のかさ上げと同じ効果をもつことを意味する．

- 他面，われわれが直面している人口問題というのは質の問題の方も社会的にみても経済的にみても深刻なのではないかとわたしは考えている．そしてこういう認識が高まっていけば，近い将来，教育全般における就学前児童の保育・教育の重要性が一層強く認識されるようになり，子供を健全に育成し，国民の質の維持向上を図るためには，家族に任せるのと公に任せるのとでは，いずれの方が目標に照らし合わせて効率的なのか——いわゆるターゲット効率性が高いのか——ということが真剣に問われるようになるのではないかと予測される．

- そしてそこで，子供を健全に育てることのできる家族を再構築するための政策に重点を置くよりも，政府が保育・教育の場で今よりも積極的な政策展開をする方がよほど効率的であ

るということが分かるのかもしれない．そのときには，先に
記したように〈子供は親だけのものではなく社会の財産であ
る〉というスローガンの下に，教育方針の意思決定権をはじ
めとした権利と義務を政府が肩代わりする方向に政策が大幅
に動き出すと考えられる．

2004 年の段階で，今も私が言っていることを全部書いていますね．

いわゆるこども保険について

ところで，いま，自民党の若手議員たちが言っている，こども保
険というのは，基本的に，出産と育児に関する「消費の社会化」を
目指したものだとみることができます．5 月 16 日に，自民党の人
生 100 年時代の制度設計特命委員会（以下，人生 100 年特命委員会）
に出席したときに，いまから 9 年前の 2008 年に社会保障国民会議
で話したことを議事録から引っ張り出してきて，読んできました[55].

- 社会保障というのは，まず高齢期の生活が社会化されていき
  ます．このときすぐに子育てを社会化しないで，子育て費用
  は親が負担すべしという方針のままでいると，高齢層と若年
  層，子育て世代とそうでない世代の間に意識のずれが生まれ，
  子どもを育てている世代から高齢期向けの制度が攻撃され，
  両者に分断が起こり，やがて高齢期向けの社会保障の安定性
  が失われていきます．
  高齢期の生活の社会化とバランスをとるために，一刻も早く
  子育ての社会化をはからないと，国民の間に分断が起こり，

55　第 6 回社会保障国民会議親会議（2008 年 6 月 12 日）議事録より．

社会保障全体の安定が危なくなります．子育ての社会化は，社会保障政策の中で，最も高いと言ってよいほどの優先順位を持っていると，年金をはじめとした社会保障全般の専門家として述べさせていただきます．

2008年の段階で，このままでいくと社会の分断が起こると警告していました．そしてそうした分断は進んだようにも感じられます．
これに続けて，これまでの子育て支援に関する報告書を紹介しました．
次のスライドをみれば分かるように，2003年の「次世代育成支援施策の在り方に関する研究会」の報告書「社会連帯による次世代育成支援に向けて」に「次世代の育成がすべての国民にとって重要な意味をもつという事実に着目し……次世代育成支援という大きな目標にたいし，国民ひとりひとりがこの目的のために拠出する」ということが書かれています．
2013年の社会保障制度改革国民会議では，「企業における両立支援の取組と子育て政策の充実は車の両輪であり，両者のバランスと連動を担保する視点から，引き続き検討を進めるべきである．……全世代型の社会保障への転換は，世代間の財源の取り合いをするの

図表16　子育て支援施策の費用負担の在り方をめぐる議論①

- 次世代育成支援施策の在り方に関する研究会「社会連帯による次世代育成支援に向けて」(2003年)

  - 次世代の育成がすべての国民にとって**重要な意味を持つ**という事実に**着目**し，その費用を含め，国民が連帯して支えていくという視点で考えていくことが重要であると思われる．……次世代育成支援という大きな目標にたいし，国民が自覚的に参加し，これを支えていくという観点からは，国民ひとりひとりがこの目的のために拠出するという枠組みの方が，よりその趣旨が明確になる．

図表 17　子育て支援施策の費用負担の在り方をめぐる議論②

- 社会保障制度改革国民会議報告書（2013 年）
  - ワーク・ライフ・バランスの促進は，すべての世代の生き方と社会保障制度全体に大きく影響するものである．……企業の子育て支援に向けた行動変容を促すためにも，企業における仕事と子育ての両立支援について，より一層の取組の推進が必要である．……企業における両立支援の取組と子育て支援の充実は車の両輪であり，両者のバランスと連動を担保する視点から，引き続き検討を進めるべきである．
  - 「21 世紀型（2025 年）日本モデル」の社会保障では，主として高齢者世代を給付の対象とする社会保障から，切れ目なく全世代を対象とする社会保障への転換を目指すべきである．その際，全世代型の社会保障への転換は，世代間の財源の取り合いをするのではなく，それぞれ必要な財源を確保することによって達成を図っていく必要がある．

図表 18　子育て支援施策の費用負担の在り方をめぐる議論③

- 社会保障制度改革国民会議報告書（2013 年）
  - 「21 世紀（2025 年）日本モデル」の社会保障については，必要な財源を確保した上で，子ども・子育て支援を図ることや，経済政策・雇用政策・地域政策などの施策と連携し，非正規雇用の労働者の雇用の安定・処遇の改善を図ること等を始めとしてすべての世代を支援の対象とし，また，すべての世代が，その能力に応じて支え合う全世代型の社会保障とすることが必要である．

ではなく，それぞれ必要な財源を確保することによって達成を図っていく必要がある」と，極めてまともなことも記されています．また，「すべての世代が，その能力に応じて支え合う全世代型の社会保障とすることが必要である」ということも書かれています．

　そうしたこれまでの経緯を考慮すると，次のスライドのような考えもできるかと思えます．

　つまり，年金保険，医療保険，介護保険という，主に人の生涯の高齢期の支出を社会保険の手段で賄っている制度が，自らの制度における持続可能性，将来の給付水準を高めるために子育て支援連帯基金に拠出し，この基金がこども子育て制度を支える．

　公的年金保険，医療保険，介護保険の存在理由を今さら論じる必要はないかと思います．これらの制度は重要です．そしてこうした

図表 19　子育て支援連帯基金

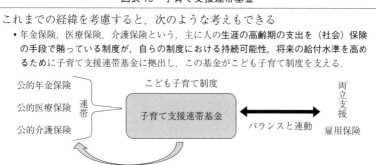

これまでの経緯を考慮すると，次のような考えもできる

- 年金保険，医療保険，介護保険という，主に人の生涯の高齢期の支出を（社会）保険の手段で賄っている制度が，自らの制度における持続可能性，将来の給付水準を高めるために子育て支援連帯基金に拠出し，この基金がこども子育て制度を支える．

制度の将来の給付水準は，積極的な子育支援によって高まる．だから連帯して支える．

　このあたりの考え方については，東京新聞でのインタビューを配布していますので，ご笑覧ください[56]．

　先日，同じような問題意識をもった堀田力〔つとむ〕先生が，次のように書かれていました．

- 疑問は，保険制度になじむかというものである．子育ては介護と異なり，誰にでもありうること（リスク）ではないから，保険事故とはいえず，制度になじまないというのは，そのとおりであろう．しかし，子ども・子育てに用途を限定した費用を，社会連帯の考え方に立ち，社会保険の制度を借りて拠

56　この配布資料は，「子育て支援の財源，誰が負担？　社会みんなで支える」（『東京新聞』2017 年 6 月 24 日 4 面）のインタビュー記事．この記事は，権丈（2018）に知識補給「子育て支援連帯基金構想」として所収．

　　　　出する仕組みを新設することは，憲法違反でも何でもなく，
　　　　国会の議決でできることである．
　　　　……

- 　　この制度はあくまでも「子の最善の利益」の確保のために設
　　　計すべきであろう．親は政策の実施に伴う反射的利益を得ら
　　　れればよしと考えたい．

　すばらしいですね．そして私のいう「子育て支援連帯基金」は，
社会保険料の流用であって憲法違反であると批判する人もいたので，
堀田先生には感謝です．
　以上，アダム・スミスから，いわゆるこども保険まで，250 年に
わたる話をいたしました．
　本日の話は，このあたりで終わらせていただこうかと思います．
　ありがとうございました．

◇　　◇　　◇

　さてさて，この第1章は，人事院から頼まれて，課長さん以上の人たちに話したことでした．人事院からは，2020年に，国家公務員の若い人たちに図書を推薦してくれないかと頼まれたので，一文を書いてみた．関連文書として知識補給としました……どうぞ！

 知識補給・若手行政官への推薦図書　347頁へ

理論編

第2章　社会保障と関わる経済学の系譜序説
——サミュエルソン[57]の経済学系統図と彼のケインズ理解をめぐって

　第2章と第3章は,『週刊東洋経済』2012年10月27日号の巻頭言「経済を見る眼」に「消費税の運命は,まだ予測がつかない状況にある」を書いていた頃——次の「知識補給　税収の推移と見せかけの相関」に所収——と,同じ時期に考えていたことをまとめたものである.

　ジャンプ　知識補給・税収の推移と見せかけの相関および国のガバナンス問題　322頁へ

　民主党政権が完全に行き詰まって国民のストレスがピークに達していた当時の政治経済の情勢の中,次に来る政策がおおよそ見えはじめていた頃である.

　来たるべき政策は社会保障とは相性が悪く,行政の主役も,しばらくは経産省が,社会保障・税一体改革をリードしてきた財務,厚労に代わることになる.そうした時代が始まらんとする頃の文章である.

　なお,第2章,第3章のオリジナルには,長い脚注があったりもしたのだが,それではこの本には馴染まないので,多くの脚注は削除し,いくつかの脚注は,知識補給に置き換えている.

57　「サムエルソン」と訳されることもあるが,本書では,サミュエルソンで統一しておく.

はじめに

　いまでは，どの国の経済も混合経済を採用しており，所得の再分配政策である社会保障を組み込んでいる．だが，その混合経済のあり方に関しては議論が絶えない．そしてその議論の根底は，論者たちの市場の働きへの認識の相違から生まれている．

　人々の市場観，資本主義観を強く規定しているのは，その人がどのような経済学を手にして，市場，資本主義を眺めているかに関わっている．経済学は，分析ツールとしての性格をもつ他に，市場，資本主義を眺める観察ツールのような性格ももっている．この観察ツールとしての経済学は，決して一つの大系があるような代物ではなく，いろいろな流派に分かれているのが実態である．そして，なにかの拍子に——たとえば大学やゼミの選択——で手にした経済学が異なれば，市場の働きに対する認識も変わってしまい，結果，社会保障に対する意識も大きく異なってしまうことになる．さらには，経済学は，社会科学がすべからく備えもつ思想性も強くもっている．ゆえに，ある種の経済学が，時に，現実や事実を歪めた像を人々の目の前に映し出す観察ツールの性格をもっていても，その思想性のために多くの，そして力強い方面からの支持を得て多数派，主流派を形成することもある．

　現代の社会保障政策論を眺め，理解するためには，この政策論に経済学がどのように関わっているのかを明らかにしておいた方がよい．市場，資本主義とはいかなる性格をもっているのか，そのことを問い続けてきた学問こそが経済学なのであり，この，多くの人にとってはただの分析ツールにみえる経済学，しかし，本当は，それを手にした人々の思想に影響を与える力，時に支配する力さえもっている観察ツールを，一段と高いところから俯瞰することが，一見

遠回りをしているようにみえても，市場経済というメインシステムを補整するサブシステムとしての社会保障を理解するための最も近い道となる．

　そのために，経済学の歴史を遡って，社会保障と関わる経済学の系譜を作ることを試みる．その第一歩として本章では，過去，相当に長い間，世界的にも経済学の標準的テキストとされてきたサミュエルソンの『経済学』に描かれた「経済学の系統図」を題材として検討する．特に，サミュエルソンが，どのようにケインズを誤解していたかを明らかにし，サミュエルソンたちのそうしたケインズ理解の誤謬が，サミュエルソンが若かりし日に無視することができていたフリードマンを総帥とする新古典派経済学の台頭を許してしまい，社会保障が厳しく敵対視される時代が到来したのみならず，挙げ句の果てには，リーマン・ショックを招いて，日本をはじめとした世界中の経済を混乱に陥らせてしまったことを論じていく[58]．

サミュエルソンが描く経済学の系統図とその問題点

　1953年，後に「何十万という疑いを知らない犠牲者を，経済学の過程に誘い込んだとされる」と，著者ハイルブローナー自身が得意のユーモアを込めて記すことになる *The Worldly Philosophers*（邦訳の書名では，『100万人の経済学』(1964)『経済思想の流れ』(1970)『世俗の思想家たち』(1989)．以下，『世俗の思想家たち』）が出版される．その直後の1955年には，1948年に初版が出されたサミュエル

58　本章とは別の視点——サミュエルソンを中心に現代経済学の潮流を鳥瞰した現代経済思想史として根井雅弘（2012）『サムエルソン『経済学』の時代』があり，サミュエルソン経済学を黒板経済学（blackboard economics）と呼んで批判した良書としてディアドラ・N・マクロスキー（1996）／赤羽隆夫訳（2002）『ノーベル経済学賞の大罪』などがある．

ソンの『経済学』第 3 版が公刊され，その序章に The Worldly Phi-
losophers という小見出しが置かれた．

　この見出しの中で，サミュエルソンは，「誰が経済学者なのか？」
と問いかけ，『世俗の思想家たち』に出てくる経済学者を，ハイル
ブローナーが綴ったエピソードを少しずつ取り上げながら 6 人紹介
する．アダム・スミス，マルサス，ジョン・スチュアート・ミル，
マルクス，そしてケインズである．彼ら 6 人を紹介したサミュエル
ソンは，「なぜ経済学を学ぶのか？」という設問に立ち返り，サミ
ュエルソン『経済学』がノードハウスとの共著になった 1985 年以
降，そして直近の 2010 年第 19 版でもなお紹介し続けている回
答——ケインズ『一般理論』からの長文の引用——を，1955 年段
階ですでに書いていた．

　　　経済学者や政治哲学者の理念は，それが正しい場合にも間違って
　　いる場合にも，ふつう考えられているよりは，はるかに強力なもの
　　である．事実，この世界はそうした理念によって支配されていると
　　言ってもよい．自分ではどのような知的影響とも無縁と信じ込んで
　　いる実際家たちも，すでに過去のものとなったいずれかの経済学者
　　の奴隷であるのが常である．権力の座にあって天来の声を聞くと自
　　称する気違いじみた連中も，実は数年前の三文学者の書いたものか
　　ら狂気を引き出しているのでしかない．私は，思想が次第にその効
　　力を発揮するのにくらべると，既得権益のもつ支配力はあまりにも
　　誇張されすぎていると思う．もちろん，思想の効力といっても，そ
　　れは直ちに発揮されるのではなく，ある一定の時間的間隔をおいて
　　のことである．なぜなら，経済学や政治哲学の分野では，25 歳な
　　いし 30 歳になったのちに新しい理論の影響を受けるものは決して

多くはなく，したがって官僚や政治家さらには扇動家たちさえが時局問題との関連でもちだす思想は最新のものでない可能性が強いからである．しかし，良きにつけ悪しきにつけ危険なのは，結局のところ，既得権益ではなく思想である[59]．

　さて，ここまでケインズの論を引用するサミュエルソンは，さぞかしケインズの考えをしっかりと継承し，ケインズに心酔しているのかと思われるところであるが，どうもそうではないようなのである．サミュエルソンのケインズ理解，ゆえに，サミュエルソンの教科書『経済学』を通じて世界中に広まったケインズ理解は，間違った理解であったと攻撃する者は，ケインズから直接教えを受けた者たちをはじめ，現在に至るまで数多くいる．その一人ポール・デヴィッドソンは次のように言う．

　　1936 年に『一般理論』を読んだ後でさえ，サミュエルソンは，その分析が「好みに合わず」理解できないものであることに気づいたと述べていることである．サミュエルソンはコランダーとランドレスとのインタビューの中で「最後にわたくしが納得したやり方は，ただそのことについて〔ケインズの分析を理解することについて〕くよくよ悩まないことでした．わたくしが自分に問いかけたのは，なぜ自分は 1933 年から 1937 年までの上向きのルーズヴェルト景気を理解するのを可能にしてくれる理論枠組みを拒否するのか，でした．……わたくしは，ワルラスに代わるケインズの分析を有効なものにするのに十分な程度の相対価格・賃金の硬直性があると想定す

59　サミュエルソン・ノードハウス『経済学』原著 13 版翻訳より引用（この訳文は，都留重人による初訳（1966）原書第 6 版時と同じである）．

ることに満足しました」と言っている．言い換えれば，サミュエル
ソンは，自分がケインズの分析を理解していなかったことを認めて
いる．それどころか，かれは，ケインズが賃金と物価の硬直性が失
業の原因であるような，伝統的な古典派の一般均衡モデルを提示し
ていると思い込んでいたのである[60]．

　ここで，サミュエルソンの経済学で学んだ多くの人たちは，なぜ，
ポール・デヴィッドソンは，サミュエルソンを「ケインズが賃金と
物価の硬直性が失業の原因であるような，伝統的な古典派の一般均
衡モデルを提示していると思い込んでいたのである」と批判してい
るのかと思うかもしれない．
　その理由は，ケインズは，貨幣を保蔵（hoarding）したいという
欲求がある社会，すなわち流動性選好理論や小野善康氏の言う資産
選好理論が成り立つ貨幣経済（monetary economy）を前提に置けば，
伸縮的賃金であっても硬直的賃金であっても失業は起こりうると考
えていたからである．このことは，ケインズの次の言葉が端的に示
している．

　　喩えて言えば，失業が深刻になるのは人々が月を欲するからである．
　　欲求の対象（貨幣）が生産しえぬものであり，その需要が容易には
　　尽きせぬものであるとき，人々が雇用の口をみつけるのは不可能で
　　ある[61]．

60　ポール・デヴィッドソン（2009）／小山庄三・渡辺良夫訳（2010）『ケインズ・
　　ソリューション』183頁．
61　ケインズ（1936）／間宮陽介訳（2008）『雇用，利子および貨幣の一般理論』上
　　巻，331頁．

図表20　ケインズの失業理論

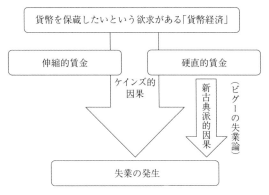

出所：筆者作成．

　これは，将来，すなわち歴史的な時間の流れの中での「不確実性」に備えて価値保蔵手段としての貨幣に対する選好，他にも諸々の理由により貨幣を保蔵したいという欲求，すなわち「金銭欲」が尽きず，この「金銭欲」が「物欲」に優る場合には失業が起こると言っているのである．ケインズの論の中では，失業発生の原因として硬直的賃金という条件は重要ではない．

　『一般理論』19章「貨幣賃金の変化」では，図表20に要約しているように，硬直的賃金ゆえに失業が起こっていると説くピグーの『失業の理論』（1933年）──ケインズの言う「古典派経済学」（今で言う「新古典派経済学」と考えても可）に基づく失業論──を批判している．

　ケインズは，ピグーの『失業の理論』を，次のように論難する．

　　　貨幣賃金の切り下げはなるほど一部の労働者については購買力を引き下げ，よってある程度の影響を総需要に及ぼすかもしれない．

　しかし貨幣所得が切り下げられなかった他の労働者について見ると，その現実の需要は物価の下落によって促進される．そして，貨幣賃金の変化に対する労働需要の弾力性が一を下回ることがなければ，雇用量が増える結果，労働者全体の総需要は大なる可能性で増加するだろう．こうして新たな均衡においては……雇用は貨幣賃金が切り下げられなかった場合に比べて増加していることになろう．

　私が根本から袂を分かつのはこの種の分析である．というより，以上のような所見の背景にあると思われる考え方だといった方がいいかもしれない．……

　……総有効需要が以前と変わりがない場合には貨幣賃金の切り下げは雇用の増加をもたらすという命題であれば，誰も否定しようとは思わないだろう．だが，いま問題にしているのはまさしくこの点，貨幣賃金の切り下げは貨幣表示の有効需要を以前のままにするのかしないのか，あるいは少なくとも，総有効需要は貨幣賃金の切り下げに完全に比例して減少することがない（すなわち賃金単位で測った総有効需要はいくぶん増加する）のかどうか，ということだからである．古典派のように個々の産業での結論を類推によって全産業に拡張することは許されない．としたら，彼らの流儀で貨幣賃金の切り下げが雇用にどのような影響を及ぼすかという問いに回答を与えることは到底不可能である．すなわち古典派は問題を攻撃するための分析方法を何一つもっていない．ピグー教授の『失業の理論』は私には古典派理論の神髄だと見える．さればこそ本書は，現実の雇用を全体として決めるものは何かという問題に古典派理論が適用されても寄与するところは何一つないことの，この上ない証明となっているのである [62]．

62　ケインズ（1936）／間宮訳（2008）『一般理論』上巻，6-9頁．

　この文章は，ミクロ経済学しかもっていなかったケインズ以前の経済学者たちに対して，「個々の産業での結論を類推によって全産業に拡張することは許されない．……古典派は問題を攻撃するための分析方法を何一つもっていない」として，ミクロ経済学とはまったく異なるマクロ経済学が誕生する瞬間の描写とみることもできる．マクロ経済学は，『一般理論』全体を流れる基調的な思考方法である「合成の誤謬」から生まれてくる――すなわち，個々には妥当しても，全体を合計すると妥当しないという考え方から，マクロ経済学は誕生したのである．

　さらにケインズは，不況下では，伸縮的に賃金が下がるよりも，賃金は硬直的で高止まりしていた方が望ましいとまで言う．その理由として次のように論じる．

　　賃金と物価の下落が行き過ぎると，重い負債を抱えた企業者は返済に喘ぎ，ほどなくして債務不履行にまで行くこともありうる．これは投資に対して重大な負の効果をもたらす．しかも物価水準の下落が国債の実質的負担に，それゆえ課税に対して及ぼす影響は，事業の各人にとって極めて有害となる可能性が高い[63]．

　日本の小渕，小泉政権下での使用者側の言い分を聞き入れすぎた労働市場政策や[64]，巡り巡って民間給与の引き下げにつながり兼ねない民主党政権下での公務員給与の引き下げ，さらには広く唱えられる引き下げ平等主義的な素朴な国民感情に基づく「ねたみ・そねみの経済政策」はデフレ政策であると私が言うのも，賃金の変化が

63　ケインズ（1936）／間宮訳（2008）『一般理論』上巻，15頁．
64　「知識補給　合成の誤謬考」を参照．

総需要に与える影響，「合成の誤謬」を考慮してのことである．

　さて，サミュエルソンは，1955 年の第 3 版から新古典派総合（neoclassical synthesis）という言葉を使い始める．第 3 版の 11 頁に，この言葉は最初に出てくるのであるが，次のように定義されている．

　　われわれは，後の章で幾度となく，新古典派総合（neoclassical synthesis）と呼ばれるものに出会うことになる．この言葉によれば，もし，現代経済学（modern economics）がうまく機能して，その結果，失業とインフレーションがこの民主主義社会から追い出されてしまえば，その時には，新古典派総合の重要性は消えてなくなり，そこではじめて，伝統的な経済学が〔その関心は賢い資源配分（wise allocation）にある〕その役割を引き継ぐことになる[65]．

　しかしながら，サミュエルソンは新古典派総合（neoclassical synthesis）という言葉を，1967 年の第 7 版で使うのを止める．こうしたサミュエルソンの変化は，1958 年の第 4 版から登場する経済学の系統図からみることができる．

　先ほども述べたように，ハイルブローナーの『世俗の思想家たち』が 1953 年に出された直後 1955 年のサミュエルソン『経済学』の改訂第 3 版から，Worldly Philosophers という見出しが設けられ，そこに，ハイルブローナーの経済学説史観の影響を受けたサミュエルソンの学説史が説明されている．その 3 年後の 1958 年第 4 版に，図表 21 が掲載されることになる．そこには，経済学がたどり着いた先として，新古典派総合が，誇らしげに描かれていた．

　サミュエルソンは，1935 年にシカゴ大学を 20 歳で卒業する．彼

65　Samuelson (1955), *Economics*, 3rd ed., p. 11.

図表21　サミュエルソンの経済学の系統図（1958年　第4版）

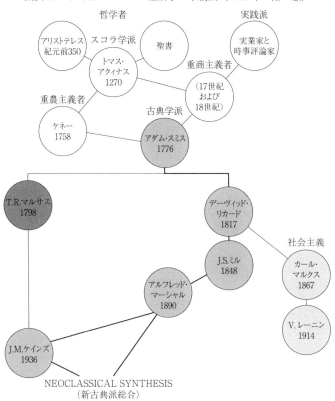

が得ていた「社会科学研究評議会」の特別奨学金は，卒業した大学とは別の大学院を選ぶことが給付の条件となっていたため，彼はハーバードを選択して大学院に行く．早熟のサミュエルソンは，後に『経済分析の基礎』（*Foundations of Economic Analysis*）として1947年に出版される彼の博士論文（1941）を，大学院進学の2年後の1937年には「ほとんど書き上げてしまっていた[66]」そうである．

66　サミュエルソン『経済学』の訳者都留重人氏による「訳者まえがき」参照．

『経済分析の基礎』は，今で言う新古典派経済理論を数学的にエレガントに示したものである．そういうふうに，新古典派経済学で満たされていたサミュエルソンの頭脳を，『一般理論』のロジックが襲うことになる．先のケインズの「「好みに合わず」理解できないものであることに気づいた」という戸惑いは，そういう理由によるものであろう．

　さらに言えば，アメリカという国は，1950年から吹き荒れるマッカーシズム以前にも，ケインズを異端，共産主義，「赤」とみる者が影響力をもつ国であった．ロリー・タースィスが1947年に出し，一時期人気を博していた『経済学入門』は，ケインズ理論を紹介していたために，「アメリカの単科・総合大学の理事たちやそれへの寄付者たちがその本を異端の経済学を説いているものであると攻撃するにつれて，その本は急激に売り上げが落ち込んだ[67]」．そして，1950年にレッド・パージがはじまった直後には，「タースィスの教科書をめぐる狂乱は，ウィリアム・F・バックリーが，1951年の自身の本，『イェールにおける神と人』の中で，共産主義にそそのかされてイェールで用いられているタースィスの教科書を攻撃するのに，その丸々1章を割いた時，最高潮に達した[68]」．こうした環境の中で——この頃のアメリカの様子を描いた映画に『真実の瞬間（とき）』(1991)，『グッドナイト&グッドラック』(2005) がある——サミュエルソンは教科書『経済学』を書いている．

　サミュエルソンは，かれが「タースィスへの攻撃に潜む激しい悪

67　デヴィッドソン (2009)／小山・渡辺訳 (2011)『ケインズ・ソリューション』
　　180頁．
68　デヴィッドソン (2009)／小山・渡辺訳 (2011)『ケインズ・ソリューション』
　　180頁．

意」を感じ取っていたので，自分の教科書，『経済学』は「注意深く法律家のようなやり方で」書いたし，ターシスの教科書が攻撃された時，自分の分析を新古典派総合ケインズ主義と呼び始めた，と答えている．サミュエルソン流のケインジアンの経済学が伝統的な古典派経済理論の想定と総合され（そしてそれに基づか）なければならないという，彼の主張と信念は，かれ流のケインズ主義を，大学の経済学の教科に異端の経済学を持ち込んだという非難にさらされにくくしたように思われる．というのも，サミュエルソンは，かれ流のケインズ主義の基礎が，物価と賃金が伸縮的であるかぎり自由市場は完全雇用を保証する正統派の新古典派理論であると，述べていたからである．したがって，失業の原因は，賃金の硬直性ないし固定性であるとされた．そしてこの貨幣賃金の硬直性はつねに，労働組合や，最低賃金を設定している政府のせいにすることができたのである[69]．

しかしながら，先述したように，サミュエルソンのこうしたケインズ理解は，あくまでサミュエルソン流のケインズ理解であって，それはケインズではない．

　ケインズの『一般理論』が刊行されて50年経過後の1986年に，サミュエルソンは依然として，「われわれ〔ケインジアン〕はケインズの不完全雇用均衡が管理価格と不完全競争という基礎の上に成り立っていると常に想定している」と主張していた．そもそもこの賃金・物価の硬直性の必要であることがケインズの著作の中で明確

69　デヴィッドソン（2009）／小山・渡辺訳（2011）『ケインズ・ソリューション』180-181頁．

な形で述べられているのかどうかに関して，コランダーとランドレスに問い詰められたときの，サミュエルソンの返答は，「その必要はなかった」というものであった．しかしながら，もし粘着的な賃金と物価が失業を引き起こすのならば，ケインズの分析になんら革命的なものはないことになる．なにしろ，19世紀の経済学者たちはすでに，もし賃金がワルラス的な古典派理論のモデルにおいて硬直的であるならば，結果として失業が生じることを論証していたからである[70]．

こうした，サミュエルソンによって理解されたケインズが，1960年代後半から70年代にかけての，いわゆる「ケインズの死」，その実態は「サミュエルソンが理解したケインズの死」と「新古典派経済学の興隆」を招く大きな理由となる．

サミュエルソンは，新古典派総合（neoclassical synthesis）という言葉を捨てた後，経済学の系統図を次のように修正している．

ここで言う New Economics とは，

　ケネディ大統領がアメリカの公共政策に「新しい経済学」（new economics）をとりいれた．「この国を再び前進させる」という公約で1961年に大統領の地位に就いた彼は，そのために，言葉だけではなく，財政面での行動が必要であることを承知していた．1960年代の初頭において，合衆国政府はその歴史のうえでも初めて，高水準雇用と成長率改善のために景気後退期の赤字をふやすことを意識的に試みたのである．

70　デヴィッドソン（2009）／小山・渡辺訳（2011）『ケインズ・ソリューション』183-184頁.

図表 22　サミュエルソンの経済学の系統図（1970 年　第 8 版）

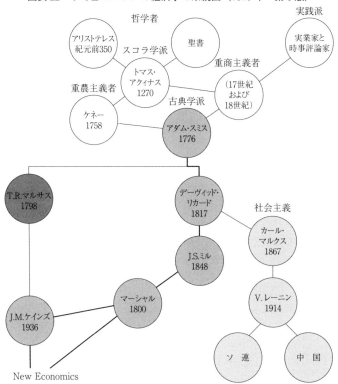

　最初は，いわゆるニュー・フロンティア的な財政面での行動は，
主として政府支出増加の形をとった．しかし，1962 年の終わりご
ろになると，ケネディ大統領はアメリカが大幅の減税を必要として
いるという点に確信をもったのである．すでに財政の赤字があると
きに減税をするということこそ，まさに「新しい」経済学（new
economics）であった[71]．

71　New Economics の説明に関しては第 8 版と同文が第 9 版にもあるため，邦訳
は原著第 9 版邦訳上巻 594 頁より引用．

　もっとも，1973年刊の第9版からは，系統図上の New Economics は，Post-Keynes Mainstream Economics に改定された．ここでサミュエルソンは Post Keynes を Mainstream Economics とみなしているのであるが，彼のいう Post Keynes とは，

　　最近年にはアメリカの経済学者の9割が，「ケインズ派」でも「反ケインズ派」でもなくなった．現代の経済学者は，いわば「ケインズ学校」を卒業しているのであって，経済の現実に照らして維持できないような理論は，どんどん見捨てていく．かくして1970年代の今日では，ケインズ後学派（Post Keynes）ともいうべき人たちは，所得決定の過程において貨幣の役割を重んずるという点では，ケインズの最初の弟子たちを驚かすくらいなのである（と言っても，あの天才的な金融通ケインズを驚かすところまではいかないだろう）[72].

　さて，問題はここである．
　サミュエルソンは，ケインズの論を一時的な不均衡状態とみなし，均衡時においての経済は新古典派にしたがうとする新古典派総合（neoclassical synthesis）という言葉を，確かに捨てた．しかし彼の意識する，「ケインズ後学派」（Post Keynes）は，「所得決定の過程において貨幣の役割を重んずるという点では，ケインズの最初の弟子たちを驚かすくらいなのである」というものであった．
　サミュエルソンが1973年に『経済学』第9版で Post Keynes を唱えて40年ほど経った今となってみれば，「ケインズの最初の弟子たちを驚かす」方向へのケインズ経済学の発展は，正しい方向への発展ではなかったことが多方面から指摘されている．むしろ，サミ

72　サミュエルソン『経済学』原著第9版邦訳342頁.

ュエルソンが言う方向にケインズ経済学が進んでしまった，否，サミュエルソンたちがその方向にケインズ経済学を歪めてしまったから，いみじくもフリードマンが言ったように「我々は今，皆ケインジアンなのである」という状況になるのであるが，その結果こそが，後に，フリードマンを総帥とする新古典派経済学の台頭を許すことになったのであろう．このあたりを伊東光晴氏は次のように言う．

　　「今日，われわれは，みなマネタリストである」というモディリアーニの言葉は，1970 年代以後のマネタリストの代表であり，貨幣数量説を復活させたフリードマンの「今日，われわれはみなケインジアンである」という言葉と同一である．なぜなら，両者とも，IS-LM を頭に描き，それがケインズ理論を体系化したという点でケインジアンであり，貨幣量が外から与えられ，そのコントロールに経済政策をゆだねるという点でマネタリストそのものだからである．それゆえに本章では，ヒックスの流動性選好理論がケインズとは異なり，原因と結果とを逆転する貨幣数量的理解であると書いたのである[73]．

　ヒックスが考案した IS-LM モデルについては，それが発表された 1936 年当初から，ケインズとともに『一般理論』に込められたアイデアを考えてきたリチャード・カーンやジョーン・ロビンソンは批判をしていた．そして，ジョーン・ロビンソンが次のように語ったことは，森嶋通夫氏の自伝を通して，今は広く知られている——森嶋氏の本をたどると，1981 年にロビンソンが森嶋氏に語ったことが分かる．

73　伊東光晴（2006）『現代に生きるケインズ』185-6 頁．

　ジョン（ヒックス）はついに IS-LM 曲線の誤りを認めた．あれ
は間違いだったとこの頃言っているが，世界中の学生の頭に 2 つの
曲線をたたき込んだあとで，あれは間違いだと告白するのは，ちょ
っと無責任すぎる[74]．

　IS-LM モデルに対して，ケインズはどのように考えていたか？
ミンスキーが言うように，「ケインズ主義革命の純粋に学問的な側
面へケインズ自身が加わることは，『一般理論』出版直後の 1937 年
のはじめに起こった彼の心臓発作によって終わりを告げた．……心
臓発作と戦争のためケインズは，『一般理論』に書かれているあら
っぽい叙述からもっと巧妙に整理されたケインズ理論を抽出すると
いう作業に十分に着手することができなかった[75]」のである．
　ゆえに，ここでは，ケインズ以外の論を整理するしかないのであ
るが，IS-LM モデルへの批判は，少なくとも 5 つの角度から行わ
れてきた――もっとも，次の 5 つは，ケインズが 1937 年に *Quarterly Journal of Economics* 論文で強調した「不確実性」からひと
つひとつが派生されるものである[76]．

74　森嶋通夫（2001）『終わりよければすべてよし』45 頁.
75　ミンスキー（1975）／堀内義昭訳（1999）『ケインズ理論とは何か』21 頁.
76　Keynes（1937）論文は，Viner（1936）による『一般理論』の書評 "Mr. Keynes
　　and the Causes of Unemployment" への反論である．ミンスキーは，ヴァイナー
　　に対するケインズの反論は，Hicks（1936）への反論を含んでいるとみている.
　　　ヒックスの議論の趣旨は，『一般理論』においてケインズは古典派理論の
　　念入りな大系を修正したのであって，それを論駁したわけではないというこ
　　とである．後に見るように，このヒックスの見方は，その趣旨においてヴァ
　　イナー教授が彼の書評において示した『一般理論』解釈に極めて似ている.
　　『一般理論』についてのヴァイナーの書評は，ケインズから長い論評を引き
　　出すことになった唯一のものであり，その書評の中でケインズ派『一般理
　　論』における論理構造についてのヴァイナー解釈をはっきりと批判した.

1.　IS-LM モデルは，ケインズ経済学の核心である「不確実性」を無視している．

2.　IS-LM モデルは，「理論的時間」の上に構築された一般均衡論的モデルであり，「歴史的時間」を含むケインズ経済学とは異質なものである．

3.　IS-LM 曲線は与えられた期待の下で描かれたものであって，もし期待に変化が生じる場合には，両曲線を同時に変化させるために，モデルでは明確な予測ができない[77]．

4.　IS-LM モデルの LM 曲線は，『一般理論』でケインズが否定していた「貨幣数量説」を内在している[78]．

5.　IS-LM モデルはフローとストックの決定を独立に定義しながら，一つのグラフで処理しようとしている．

ヒックス自身による IS-LM モデル評価は，晩年になるほど──

――――――――――

　　　　　　Minsky（1975）／堀義昭訳（1999）『ケインズ理論とは何か』50 頁
　ミンスキー同様，Keynes（1937）論文に着目している Young（1987）も，ケインズは，ヒックスたちの解釈について，次第に愛憎相半ばする感情を抱き，ケインズの論を一般均衡論的に解釈する人々に対する回答として，Keynes（1937）論文で不確実性と期待の重要性を強調したと考えている〔Young（1987）／富田洋三・中島守善訳（1994）『IS-LM の謎──ケインズ経済学の解明』〕．

77　この点は，モグリッジ（1976）／塩野谷祐一訳（1979）「補論　一般理論の標準的説明についての覚書」が端的に示している〔モグリッジ（1976）／塩野谷訳（1979），208-212 頁〕．

78　第 1 章における「貨幣数量説と還流の法則」（49-50 頁）参照．銀行券の還流現象は，日本での 2000 年代始めの量的緩和政策下でも起こっており，これを評して，伊東光晴氏は次のように指摘している．
　　　IS-LM やマネタリストの主張である「通貨は供給すれば使われる」という仮定は現実に崩れ，経済内部の活動にもとづく通貨需要量を重視するケインジアンの主張通りになったのである．
　　　　　　　　　　伊東光晴（2006）『現代に生きるケインズ』188 頁．

途中，若干の揺り返しもあるようだが[79]——否定的になるようである．そこで，彼が85歳で亡くなる1989年に最も近い記録である，1986年12月ヒックス82歳時のインタビューから引用をしておこう．

> この二つの曲線を一緒に処理することはできない．一つはフロー均衡であり，もう一つはストックだ．これらを同じグラフの中で取り扱うには無理がある[80]．

IS-LMモデルがもつこうした欠陥，特に4の欠陥である貨幣数量説を内在するIS-LMモデルを，サミュエルソンはケインズ理解の中心に据えていたのである．もっとも，サミュエルソンたちの新古典派総合も，1958年にフィリップスが発表したフィリップス曲線が安定して観察されていた時代は，まだよかった．というのも，失業率とインフレーションがトレードオフの関係にあるということは，貨幣ヴェール観に立つフリードマンたちの新古典派と矛盾しているからである．ところが，1960年代の後半から，失業率とインフレーションの間のトレードオフの関係が薄れ，そして1967年には，サミュエルソンは『経済学』第7版において新古典派総合という言葉を使うのを止めていた．そうした中，フリードマンが，1967年12月のアメリカ経済学会会長演説で，「自然失業率仮説」を発表した瞬間から，様相が一変する．フリードマンが自然失業率仮説を発表した会長演説時の会場の様子は，アカロフ，シラー（2009）に

---

79 ヒックス（1977）／貝塚啓明訳（1999）『経済学の思考法』ix頁，カーン（1984）／浅野栄一・地主重美訳（2006）『ケインズ「一般理論」の形成』246頁等を参照.
80 Arjo Klamer（1989），"An Accounting among Economics: Conversations with Sir John R. Hicks," *Journal of Political Perspectives* 3(4), p. 175.

図表23　サミュエルソンとノードハウスの経済学の系統図（1985年　第12版）

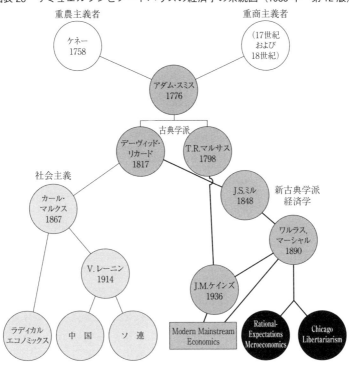

は，次のように記されている.

　　流れがかわり，こうした〔失業とインフレーションの〕トレードオ
　フの認識はいまや薄れた. 実はこうした出来事ではなかなか珍しい
　ことだが，これには決定的な瞬間があった. それはミルトン・フリ
　ードマンが1967年12月29日にワシントンDCで行われたアメリ
　カ経済学界で会長演説をしたときだ. ……この小手先の議論で，フ
　リードマンはマクロ経済学を永遠に変えてしまった. ……この通称

　自然失業率理論は，ほとんど一夜にして普及した[81].

　こうして，サミュエルソンが教科書『経済学』を一人で書いている時代にずっと無視することができていた新古典派経済学の系統をサミュエルソンも無視できない状況が到来し，ノードハウスとの共著となるサミュエルソン『経済学』1985年第12版は，ワルラス，マーシャルの一般均衡理論の継承としてのシカゴ大学系の，Rational-Expectations Macroeconomics（合理的期待形成学派）とLibertarianism（リバタリアン経済学）を書き加えざるを得なくなった——もっともこの二つとも1992年第14版で消される.

　さて，ここで今，サミュエルソンが単著として書いていた図表21に戻ろう.

　18世紀半ばの産業革命から19世紀後半までの市場経済，資本主義経済の性質を根本的に変え，混合経済，福祉国家に変質させた主役である所得再分配政策，社会保障政策を論じる立場からすれば，残念ながら，サミュエルソンがイメージした経済学の系統図を受け入れることは難しい．大きな理由は次である.

1.　サミュエルソンがこの系統図をまとめた時代においても，ヒックスの考案によるIS-LMモデルに基づくサミュエルソンらのアメリカ・ケインジアンには問題があった.
　　『一般理論』執筆に最も強く関わったケインズ・サーカス，すなわちケインズの嫡流の一人ジョーン・ロビンソンは，IS-LMモデルに基づくサミュエルソンらのアメリカ・ケイン

81　アカロフ，シラー（2009）／山形浩生訳（2009）『アニマルスピリッツ』東洋経済新報社，63-65頁.

ジアンを「ケインズ経済学の庶子（Bastard Keynesian）」と呼び，
アメリカ・ケインジアンはケインズではないとみなしていた.
そして，30代半ばでIS-LMモデルを提示したヒックス自身も，
晩年にはIS-LMモデルがケインズの考えを反映していないこ
と，のみならずIS-LMモデルが経済モデルとしては無理があ
ることを認めていた.

　このIS-LMモデルに依拠したアメリカ・ケインジアンは，
ケインズが1930年『貨幣論』から1936年『一般理論』に考え
を移行する際に強く意識した「不確実性」，その不確実性を前
提とした貨幣経済論を軽視していたのであり，そうしたアメリ
カ・ケインジアンの経済観で，市場経済というメインシステム
を補整する役割としてのサブシステムである社会保障の役割を
論じるには無理がある.

2.　図表21が描かれた1958年，サミュエルソンは，ケインズ以
　降の主流派経済学に新古典派総合があると考えていた. ところ
　が歴史はそういうふうには流れなかった. サミュエルソン流の
　アメリカ・ケインジアンは，1960年代後半から1970年代の二
　つのオイルショックにかけて輝かしさを失ってしまった. そし
　てサミュエルソンがこの系統図を描いた1950年代には無視で
　きていた「シカゴ系の経済学」を中心とする新古典派経済学が，
　1970年代に台頭しており，これが，その頃から今日までの社
　会保障政策を論じる一翼を担うようになる.

サミュエルソンの自信とノーベル経済学賞

　1969年に創設されたノーベル記念経済学スウェーデン国立銀行
賞，通称，ノーベル経済学賞の1970年第2回の賞はサミュエルソ

ンに与えられている．その年，つまり 1970 年のサミュエルソン
『経済学』第 8 版から，経済学は社会科学の女王（The Queen of the
Social Science）として紹介されるようになる．そこにはノーベル賞
の見出しが立てられて，次のような文章で，これから経済学の世界
に入る若い学徒に向けて経済学のすばらしさが称えられていた．

> 1969 年には新しく，経済学にかんしてもノーベル賞が設定された
> のである．第 1 回目の賞はノルウェーのラグナール・フリッシュ教
> 授とオランダのヤン・ティンバーゲン教授のふたりに共同で授与さ
> れた．……スウェーデン科学アカデミーがこのふたりの天才を表彰
> したことは，学問としての経済学の性格を要約するうえで最適の措
> 置であったといってよい．彼らに続く人たちも，彼らを範とするこ
> とを期待する！[82]

　もっとも，1969 年にノーベル経済学賞が開始されたことから分
かるように，経済学は，1895 年に書かれたノーベルの遺言にはな
かった．遺言には，物理学，化学，医学と生理学，文学，平和の 5
分野の賞しか書かれていなかった．ノーベル経済学賞は，1968 年
にスウェーデン国立銀行が設立 300 周年祝賀の一環として，ノーベ
ル財団に働きかけて設立された賞である．このノーベル経済学賞に
ついては，以前，次のような文章を書いたことがある[83]．

> 　混合経済，福祉国家というのは，経済界に負担を強いるために，

82　Samuelson（1970），*Economics*, 8th ed., p. 5. サミュエルソン『経済学』原著第 9
　版邦訳 13 頁より引用．

83　権丈（2012）「合成の誤謬の経済学と福祉国家」『日本医師会　平成 23・24 年
　度医療政策会議報告書』〔本書第 4 章に所収〕．

経済界が死力の限りを尽くして，福祉国家の生成，発展に抵抗を示すのはいずこも同じである．スウェーデンも例外でなく，スウェーデンの経済界は，当然の如く，高福祉高負担国家に抵抗する．しかし，スウェーデンの労働者組織は強い．強い労働者組織，そして徐々に普及してきた社会保障諸施策への生活者達からの強い支持のために，スウェーデン経済界の高福祉国家への抵抗は，なかなか思うようにならない．そこで……

　　最も効果があったのは，雇用者集団〔経済界〕によって遂行されたプロパガンダ運動だった．彼らは，ノーベル経済学賞に対して自分たちが持っている影響力を利用し，スウェーデン人の経済的思考のうちに新自由主義的な見方を確立しようとした．……雇用者側のシンクタンクであるビジネス政策研究は……経済の構造と展望に関する本格的研究に資金を提供し，政策担当エリートや市民に向けて，福祉国家が経済停滞の根本原因だと「科学的に」繰り返し繰り返し証明した[84]．

1976 年にノーベル経済学賞の栄冠に輝いたフリードマンは，後日，次のような冗談をいう．つまり，ノーベル経済学賞を調査すれば，次の傾向があることが分かると．

- 男性であること
- アメリカ国籍を持っていること
- なんらかの形で「シカゴ大学」に関係していること

1901 年にはじまったノーベル賞は，2001 年 12 月にちょうど 100

---

[84]　デヴィッド・ハーヴェイ（2005）／渡辺治監訳（2007）『新自由主義』157 頁.

周年を迎えた．その直前の 2001 年 11 月に，日本でも紹介された有
名な出来事があった．当時の新聞をそのまま引用しておく．

　　「ノーベルの子孫が経済学賞を批判 "遺志と賞本来の価値観にそ
　ぐわぬ"」『東京読売新聞』2001 年 11 月 29 日朝刊
　　経済学賞はノーベルの名にふさわしくない——．ノーベル賞制定
　百周年の記念式典を来月上旬に控え，賞の生みの親である発明家ア
　ルフレッド・ノーベルの子孫が，「ノーベル経済学賞」の名称に異
　を唱え，論議を呼んでいる．
　　批判の声を上げているのは，アルフレッド・ノーベルの兄弟のひ
　孫にあたるスウェーデン人弁護士ピーター・ノーベル氏らノーベル
　の血筋を引く四人．
　　四人は先週，スウェーデンの保守系紙スベンスカ・ダグブラデッ
　トに連名で寄稿し，「経済学賞は，ノーベルの遺書にも盛り込まれ
　ておらず，受賞者の多くは西側世界の価値観を体現する人々であ
　り[85]，『人類に多大な貢献をした人物を顕彰する』とした故人の遺
　志と賞本来の価値観にそぐわない」などと批判．「そもそもノーベ
　ルは，経済学やビジネスには疑問を抱いていた」とも主張し，賞の
　名称変更を求めている．

ノーベル経済学賞の廃止や改善は，永らく言われてきたことであ
る[86]．ノーベル経済学賞が創設されて 40 年以上経った今となっては，

85　ノーベル経済学賞は，ウェッブ夫妻の娘婿であり思想的には労働党よりのヒッ
　　クスに与えられたこともあったが，これがかえって，ヒックスの晩年には彼自身
　　が誤りを認めていた IS-LM 分析を経済学の標準的ツールにしてしまい，今も経
　　済学の講義の中で延々と教えられ，ケインズ理論の正しい認識を阻害してきた側
　　面がある．
86　たとえば，古くは伊東光晴（1992）「ノーベル経済学賞ゼロの裏側」（『THIS

多くの人がそう考えているようであるが，サミュエルソンが受賞した1970年に，「彼らに続く人たちも，彼らを範とすることを期待する！」と書いていたことは，当時の時代の雰囲気を知るためにも，特記しておくべきことだとは思う．そして，「社会科学の女王」という表現，およびノーベル賞の記述は，ノードハウスとの共著となる1985年原著第12版で消える．

社会保障と関わる経済学の系譜

　図表23（99頁）をみれば，ノードハウスとの共著になった第12版以降もなお，サミュエルソンたちは，自分たちの経済学が近代主流派経済学の中にあると考えていたようである．そうした経済学説史観に基づいて，現代の経済理論，経済政策思想，それに強く依拠した形で展開される社会保障を論じることは難しい．それに今では，社会主義の流れを，わざわざ一つの経済学の系統として考える必要もない．ゆえに，今という時代においては，社会保障論の中で視野に入れるべき経済学の系譜は，次のように考えられる．

　ジャンプ 図表1　社会保障と関わる経済学の系譜　5頁へ
　図表1の左側の系譜は，主に，ケインズの『一般理論』の第23

　IS読売』1992年8月号），近くはカリアー（2010）／小坂恵理訳（2012）『ノーベル経済学賞の40年』参照．後者の文献における次の言葉は特に印象深いものがある．

　　金融市場の規制緩和を支持したノーベル賞受賞者は大勢いるが，将来に対する懸念をはっきりした形で表明した人物はまったく選ばれていない．このような偏見，いや，いかなる偏見もノーベル賞の価値を損なってしまう．たとえばノーベル賞がポスト・ケインジアンの経済学者ハイマン・ミンスキーに与えられていれば，2008年に「フラジリティ」が金融市場を損なった経過について理解できたかもしれない．カリアー（2010）／小坂恵理訳（2012）『ノーベル経済学賞の40年』下巻，264-265頁．

章「重商主義，高利禁止法，スタンプ付き貨幣および過少消費論に関する覚書」に基づいている．もっとも，サミュエルソンも『一般理論』の第23章を読んでいたはずである．だが，彼は，自らの経済学を，ケインズ以降の主流派経済学に位置づけていた．しかしながら，図表1では，サミュエルソンの経済学は，ケインズからヒックスを経由したアメリカ・ケインジアン，新古典派総合の中に位置づけている．このアメリカ・ケインジアンは，ヒックスのIS-LMモデルが，『一般理論』のそれ以前の経済学とは異なる革新的含意を損なうものであることを意識しないグループであり，ケインズ経済学の嫡子に位置するジョーン・ロビンソンからは，ケインズ経済学の庶子（Bastard Keynesian）と呼ばれていた人たちである．

　サミュエルソンによる経済学の系統図，図表21（89頁），図表22（93頁）と同様に，図表1「社会保障と関わる経済学の系譜」（5頁）でも，リカードとマルサスで分離している．図表1を簡略化した図表13「経済政策思想の流れ」（56頁）の左側のマルサス系の経済学と右側のリカード系の経済学の相違は，経済規模を規定する主因を需要とみなすか，供給とみなすかで生まれることになる．

　図表1「社会保障と関わる経済学の系譜」（5頁），図表13「経済政策思想の流れ」（56頁）に描いているように，マンデヴィルからスミスまでは経済規模を規定する主因を需要と考える左側の考え方が明確に意識されていた時代であった．しかしスミスによって左側が消されてしまい，経済学の視野は供給が経済規模を規定する主因と考える右側に移ることになる．

　途中，スミスの論にマルサスが異を唱えるが，セイとリカードは，貨幣ヴェール観に覆われた物々交換経済観（ケインズの言葉によれ

ば「実物交換経済」real-exchange economy[87]）の視点に立って，「マルサスの着想に完全に背を向ける[88]」——後に，ケインズが，貨幣ヴェール観，すなわち貨幣数量説と物々交換経済観を否定するのであるが，それはマルサス対セイ＝リカード連合との論争から 100 年以上後のことである．

　そして右側が主流であった 19 世紀全般から 20 世紀初頭においても，ママリー，ホブソンの二人が書いた『産業の生理学』（1889）や，ゲゼルの『自由地と自由貨幣による自然的経済秩序』（1914）という左側の経済学，今では「過少消費論」と呼ばれる経済学を主張する書が登場するが，彼らは経済学界からはただの異端として冷遇されていた．

　経済学の主流であった右側が挫折するのは，両大戦間期，1929年の大恐慌時である．ここでケインズが，マルサス以降にあった左側の経済学の理論化を図る．ところが極めて残念なことに，ケインズの『一般理論』をヒックスが IS-LM モデルで曲解してしまうという不幸が経済学を襲うことになる．この不幸について，次のように表現された文章もある．

　　ヒックスの理論は，貨幣量を変化させることによって経済をコントロールするという考えを用意したのである．これは貨幣数量説の拡大であった．古い貨幣数量説であるフィッシャーのそれは，貨幣

87　Keynes（1933），"A Monetary Theory of Production", *The Collected Writings of John Maynard Keynes, Volume XIII , The General Theory and After Part I Preparation*, p. 408.

88　Keynes（1933），*"Thomas Robert Malthus," The Collected Writings of John Maynard Keynes, Volume X, Essays in Biography*（1972），Macmillan／大内忠男訳（1980）『ケインズ全集第 10 巻　人物評伝』．

数量の変化が物価水準を支配し，ケンブリッジのそれは所得を決定するのに対して，ヒックスのそれは，所得と利子率を決定するのである．それは拡張された貨幣数量説であり，ケインズが批判し，それから脱却をはかろうとした貨幣数量説の復活であり，ケインズ理論の貨幣数量説への包含である[89].

　そしてこのIS-LMモデルを軸に置くアメリカ・ケインジアンが，サミュエルソンのケインズ理解として，彼の教科書『経済学』とともに世界中に普及してしまった．そして，日本でも大学の授業の中で，そしてさらには日本の国家公務員やアクチュアリー（保険数理人）をはじめとした各種の資格試験などにも，頻繁にIS-LMモデルは登場してくる現状がある．

　もっとも，1960年代末になると，ブレトン・ウッズ体制が揺らぎはじめ，70年代のブレトン・ウッズ体制の崩壊，オイルショック期に，高失業率と高インフレーションが重なるスタグフレーションという脅威にさらされて，アメリカ・ケインジアンの考えは行き詰まりをみせる．このあたりは，次の知識補給を参照してもらいたい．

ジャンプ 知識補給・スキデルスキーのケインズ論　327頁へ

　そして経済学の主流派は，曲解していたとはいえケインズの論を部分的にでも受け入れていたアメリカ・ケインジアンから，シカゴ系の新古典派にシフトしてしまう．この流が2000年代のはじめまで続くのであるが，2008年のリーマン・ショックで新古典派が一般的であった経済学のあり方が強く見直されてくることになる．

　社会保障の展開を視野に入れると，大恐慌後，ケインズ経済学が

89　伊東光晴（2006）『現代に生きるケインズ』182頁．

図表 24　主要国・地域におけるリーマン・ショック後の景気刺激策

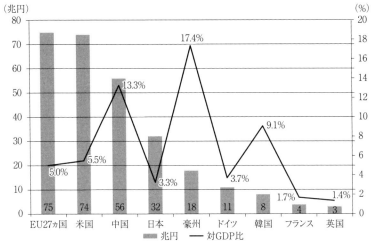

注：対象期間：2008 年 9 月の経済危機発生後から 2010 年 4 月まで.
　　為替レートについては 2010 年 4 月の月平均値.
　　日本の対 GDP 比 3.2% は，2008 年度 2.4%，2009 年度 4.2% の平均.
出所：『通商白書 2010』を基に筆者作成.

　影響力をもっていた時代，それがたとえ，ジョーン・ロビンソンが批判した「ケインズ経済学の庶子（Bastard Keynesian）」の時代であれ，社会保障には成長期と呼べる時代であった．しかし，1970年代に新古典派が経済学の主流を占めるようになると，小さな政府，規制緩和が時代の常識となり，市場への介入を伴わざるを得ない社会保障制度の存在は，強く敵対視されるようになる.

　もっとも，図表 24 に見るように，リーマン・ショックの後，各国は，税収の激減の上に極端な景気刺激策に走らされて，極度の財政難にまで追い詰められる.

　日本を例にとって図表 25 を眺めると，リーマン・ショック前年の 2007 年度には国・地方の基礎的財政収支の赤字は GDP 比 1% 程

図表 25　国・地方の基礎的財政収支の対 GDP 比（慎重シナリオ）にみる
2008 年リーマン・ショックの影響

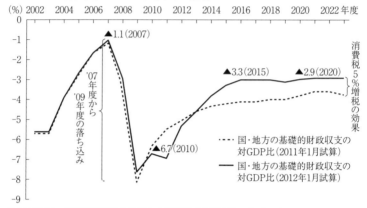

注：2014 年度は，復旧復興対策の経費および財源の金額を除いたベース．
出所：内閣府「経済財政の中長期試算」（平成 23 年 1 月 21 日，平成 24 年 1 月 24 日）より作成．

度であった．それが，2009 年度には 8% 台にまで落ち込む．消費税 1% の税収がおよそ 2.5 兆円で，GDP 比でみれば約 0.5% の規模であるため，リーマン・ショックの前後で，GDP 比 7% ポイント分，消費税 14% 以上の税収の落ち込みがあったことになる──もっとも，2007 年までの税収増が，中国の好景気のみならず，アメリカでの住宅バブルの影響を受けていたであろうが．

　いずれにしても，日本の財政は，リーマン・ショック後，それ以前にも増して，極度の財政難に陥ることになる．その観点からの社会保障縮小への圧力は高まるのであるが，同時に，経済学への不信感も高まってしまい，そのおかげか新古典派的視点からの社会保障敵対視も弱まってはきた．

経済学と政策との関わりを示す一例

　ところで，リーマン・ショックそのものは，極めて新古典派経済学的な市場観に基づいて展開された金融政策ゆえに生じたものである．

　グリーンスパン，バーナンキと続く連邦準備制度理事会（FRB）議長たちは，いわゆる FED ビューの主唱者であった．FED ビュー，すなわち連邦準備理事会の見解とは，バブルの生成・崩壊過程に対する中央銀行のあり方として BIS ビュー，国際決済銀行の見解と対局をなす見解である．前者の FED ビューは，資産価格は物価情勢への影響に照らして判断する．仮にバブルが発生しても，それが崩壊してから対応すればよく（clean up the mess strategy），バブルが崩壊してデフレ・リスクに直面すれば思い切った金融緩和で経済をソフトランディングさせることができると考える．一方，BIS ビューは，資産価格の上昇期における金融不均衡および金融システム問題の重要性を強調し，この時期に金融不均衡を緩和するような引き締め的な金融政策運営（資産価格に対する leaning against the wind 型の金利政策）を言う[90]．

　リーマン・ショックを始めとする世界金融危機の実態を，専門家や政治家へのインタビューなどを交えて描いていった 2010 年のドキュメンタリー映画『インサイド・ジョブ　世界不況の知られざる真実[91]』でインタビューに答えているミシュキン（コロンビア大，2006 年 9 月 – 2008 年 8 月の間 FRB 理事）の言葉は，当時の FED ビ

---

[90]　翁邦雄（2009）「バブルの生成・崩壊の経験に照らした金融政策の枠組み――FED VIEW と BIS VIEW を踏まえて」吉川洋編『デフレ政策と金融政策』．

[91]　原題：Inside Job は，第 83 回アカデミー賞では長編ドキュメンタリー映画賞を受賞．

ューを代弁している.

　　資産価格バブルの崩壊が金融システムの不安定性をもたらすことは
　　ほとんどない．しかし，住宅価格バブルの崩壊が金融システムの不
　　安定性をもたらすことは，もっと考えにくい．90 年代に日本を含
　　む多くの国で見られた金融システム不安は住宅価格でなく商業地価
　　格の崩壊が不良債権問題をもたらしたことによる．多くの人は日本
　　の経験を読み違えている．問題はバブルの崩壊ではなくその後の政
　　策対応である．
　　　　翁邦雄（2009）「バブルの生成・崩壊の経験に照らした金融政
　　　　策の枠組み──FED VIEW と BIS VIEW を踏まえて」吉川洋
　　　　編『デフレ政策と金融政策』12 頁.

　ミシュキンが，リーマン・ショックとどのように関わっていたか
は，映画『インサイド・ジョブ』が見事に描いている──映画開始
1 時間 27 分 26 秒，1 時間 31 分 32 秒からのミシュキンのインタビ
ューを参考のこと[92].
　ミシュキン，グリーンスパン，バーナンキたち FED ビューの支
持者は，新古典派経済学が根底に置く貨幣数量説──伊東光晴氏が
指摘するように IS-LM モデルの中にも内在されている貨幣数量

---

[92] 映画『インサイド・ジョブ』の 1 時間 23 分 33 秒，1 時間 30 分 35 秒からの 2
　　度インタビューに答えているフェルドシュタインは，「1970 年代初頭，年金・医
　　療に関して，政府の介入を非とする論文を立て続けに書いていった．この時期，
　　フェルドシュタインを指導教授とする大学院生のひとりにコトリコフがいた．彼
　　は，フェルドシュタインによる公的年金のサプライサイドへの悪影響・世代間格
　　差を論じた 1974 年の研究を目にして，感銘を受ける．そして彼は，80 年代初め
　　に一般均衡モデルにより世代間格差を論じ，90 年代に入ると世代会計論を確立
　　した」〔権丈（2006 Ⅲ巻），178 頁〕.

説[93]——を考えの基礎にもっており[94],たとえバブルが崩壊しても,その後の金融政策の展開で,バブル崩壊の弊害を取り除くことができると考えていた.しかし,1987 年から 2006 年までの 19 年間に亘って FRB 議長としてアメリカの経済を演出してきたグリーンスパンの,2008 年 9 月 11 日のリーマン・ショックからおよそ一月後の 10 月 21 日の国会証言は,市場に信を置きすぎる新古典派経済学がデッドロックに乗り上げた状況を示している.

　　2008 年 10 月 21 日　国会証言
　　自由市場の自己調整力への過信があったため,無茶な住宅ローンの
　　自己破滅的な力を予期することに失敗したことを,慎ましいグリー
　　ンスパン氏は認めた.

Greenspan Concedes Error on Regulation

The New York Times, 23rd October, 2008

　グリーンスパンは,わずかな利上げでは株式ブームを抑止できないし,大きな利上げでは,「資産価格バブルは崩壊するだろうが,その場合には,経済も崩壊する[95]」と考えていて,金融的不均衡に対する,BIS ビューに基づく政策 leaning against the wind の有効性を否定していた.
　そうしたグリーンスパンは,リーマン・ショックの前年 2007 年

93　伊東（2006）『現代に生きるケインズ』第 4 章「ヒックスによるケインズ理解
　　——IS/LM 分析の誤り」を参照.
94　吉川（2009）「デフレーションと金融政策」吉川洋編『デフレ政策と金融政策』
　　147 頁.
95　翁邦雄（2009）「バブルの生成・崩壊の経験に照らした金融政策の枠組み——
　　FED VIEW と BIS VIEW を踏まえて」吉川洋編『デフレ政策と金融政策』,11 頁.

に自伝 *The Age of Turbulence: Adventures in a New World* をまとめており，同年，訳書『波乱の時代――わが半生とFRB』が日本で刊行された．そして翌年2008年の1月1日から，『日本経済新聞』の「私の履歴書」でグリーンスパンの生涯が誇らしく語られはじめた．その年の9月15日にリーマン・ショックが起こり，10月21日には，国会で市場に信頼を置きすぎていたことへの反省を告白するにいたる．

　図表13「経済政策思想の流れ」（56頁）にみるように，このリーマン・ショックを機に，それまで全盛を誇っていた新古典派経済学は反省を余儀なくされ，と同時に，世間一般からの経済学全般への信頼が大きく揺らいでしまった．そのことは，社会保障も進むべき方向が，従来と違った問いの形で強く問われる時代を迎えたことを意味する．市場，資本主義とはいかなる性格をもっているのか，そのことを問い続けてきた学問こそが，経済学なのであり，それを観察することにより，市場経済というメインシステムを補整するサブシステムとしての社会保障を理解する助けとなる一番の近道なのである．図表1「社会保障と関わる経済学の系譜」（5頁）における右側の経済学と左側の経済学について説明していくことにより，過去，現在，そして未来の社会保障に関する深層部分での問題を考察していくことができる．

　サミュエルソンが描いた図表21でも，スミスの教えをリカードとマルサスが継承するのであるが，リカードとマルサスのところから，経済学の系統は二つに分かれている．それはその通りで，リカードは，右側の経済学をその後ずっと特徴付けることになる大前提，「供給はそれ自らの需要を作る」という販路法則（the law of outlet），通称，セイの法則に基づいて持論を展開しているのであるが，マル

サスは，これを認めなかったからである．マルサスは，経済は生産
された財・サービスをさばくことができない状態，つまり，一般的
過剰供給（universal glut）に陥る可能生があり，経済規模は，生産
力ではなく有効需要によって決まることを説いた．この考えは，セ
イの法則を信奉するセイやリカードに受け入れられず，過剰供給論
は，19 世紀前期の経済学——貨幣の経済特性には考えが及ばなか
った経済学——の主流の世界からは消え去っていく．そして，およ
そ 100 年の後に，マルサスの有効需要理論（「有効需要」という言葉
は，なお「決して十分明確にではないが[96]」，50 歳代に入った後期マル
サスの中に頻繁に登場する）に基づく一般的過剰供給論を，流動性
選好という貨幣，利子理論を基礎に据えた有効需要理論に基づく過
少消費論として復活させたのが，ケインズだった．右側の経済学は，
アダム・スミス以来「見えざる手（invisible hand）」のもとに「私
的利益と公共善の間の神の摂理による予定調和という思想[97]」と一
体なのであるが，ケインズは「見えざる手」を「合成の誤謬（fallacy
of composition）」に置き換えて左側の経済学の理論化を図っていっ
た．そして，私的利益と公共善の間に合成の誤謬が生まれることを
説き，公共の利益を優先するために従来の自由放任の終焉を論じ，
資本主義経済を全面的崩壊から救い個人の創意工夫を守るためには，
政府介入もやむを得ないとする考え方を作っていったのである．

　サミュエルソンの経済学の系統図でも，私が図表 1「社会保障と
関わる経済学の系譜」（5 頁）で示した経済学の系譜の中でも，
経済学が右と左に分かれるリカードとマルサスの間の分岐は，スミ

96　ケインズ（1933）／大内訳（1980）『人物評伝』119 頁.
97　ケインズ（1926）／宮崎義一訳（1981）『ケインズ全集第 9 巻　説得論集』237
　　頁.

スの資本蓄積に関する考えのマルサスによる批判という形であらわれることになる.

　ただし，1800年代の初頭に経済学がセイの法則を信奉する右側と，セイの法則を否定する左側に分岐する伏線は，1700年代のはじめに出てきたマンデヴィル，その論をスミスがどのように受け止めたかに源をみることができる．次ではマンデヴィルから説明を始めることにしよう.

第3章 社会保障と関わる経済学の系譜

　第2章に続いて，2012年後半から2013年前半にかけて書いていた文章である．本章144頁の「ケインズからカーンへの手紙」までは，当時公刊していた文章であるが，その後「ケインズのゲゼル評」からは，当時書き留めていた文章を掲載している．

　というのも，2012年11月末に「社会保障政策国民会議」がはじまり，2013年に入ると，この会議に集中せざるを得なくなったからである．その詳細は，権丈（2015 VI巻），（2015 VII巻）や権丈（2018），（2020）をご笑覧あれ．

　なお，第2章に続き，オリジナルにあった長い脚注の幾つかは，知識補給に置き換えている．

はじめに

　前章「序説」でも述べたように，図表1の左側の系譜は，主に，ケインズの『雇用，利子および貨幣の一般理論』の第23章「重商主義，高利禁止法，スタンプ付き貨幣および過少消費論に関する覚書」に基づいている．この経済学の系譜の説明を，マンデヴィルからはじめよう．

マンデヴィルとスミス

　オランダ系イギリスの医師兼文人バーナード・マンデヴィルの誕生は 1670 年であり，希代の風刺家であったスウィフトの誕生 1667 年の 3 年後のことである．スウィフトの『桶物語』は 1704 年，『ガリヴァー旅行記』は 1724 年刊であり，マンデヴィルやスウィフトが世を賑わせていたのは，イギリスで風刺文化が全盛であった 18 世紀前半の啓蒙時代の最中であった[98].

　マンデヴィルの『蜂の寓話』の紹介は，上田辰之助氏の味わい深い文章からはじめよう．

　　ゆえあってか名を秘めた一作者の筆になる四ッ折本 26 頁，売価半ペニーの歪詩（ドッガレル）『ブンブン不平を鳴らす蜂の巣，またの題名「悪漢化して正直者となる」』がロンドンで発売されたのは 1705 年の春のこと，たちまち人気を呼んで，半ペニー 4 ページ綴りの偽版さえあらわれ，当時の習慣にしたがって，都の街々に読売された．

　98　マンデヴィルは，ベンジャミン・フランクリンが 1724 年に渡英した際に会っており，フランクリンの『自伝』に次の形で登場している．
　　「彼はまた，チープサイドのある小路にあったホーンズという見栄えのしない居酒屋へ私（19）をつれてゆき，そこで『蜜蜂物語』の著者のマンデヴィル博士（55）に私を引き合わせてくれた．マンデヴィル博士はこの居酒屋にクラブをもっており，彼自身がこのうえなくおどけた愉快な人物で，そのクラブの中心人物であったのだ．さらにライアンはバトソンのコーヒー店で，私をベンバートン博士に紹介してくれたが，そのベンバートン博士が，今度は適当なおりに，私がサー・アイザック・ニュートン（83）に会うために機会をこしらえてあげると約束するのだった．それで私はこのニュートンに会える日を楽しみにしていたが，これはついに実現せずに終わった」
　　　　　　　　　　Franklin（1771）／渡辺利雄訳（1980）『自伝』128 頁
　　（　）内は，フランクリンがロンドンに滞在した 1724 年から 1726 年の中央値 1725 年 を基準として，それぞれの生年を引いた値である〔マンデヴィルに関しては洗礼年〕．

　1714 年には同じく著者無名の単行本として再版されたが，詩篇のあとに『徳操起源論』と題する散文の補論が加わり，さらにつづいて 20 編から成る著者注解が載せられていた．書名は改められて『蜂の寓話，またの題「私人の悪徳・公共の利得」』となった．しかし，著者の名前が書中にはっきり記されるようになったのは 1723 年版以後のことで，それ以来バーナード・マンドヴィルはイギリス文壇の名物男となった[99]．

　マンデヴィルの文章は，江戸の瓦版のようにロンドンの街で読まれていたようである．『蜂の寓話』が世間から注目されるようになるのは，1714 年の版に「注釈」が付され，「慈善と慈善学校についての試論」「社会の本質についての考究」「索引」が新たに書き加えられた 1723 年版の出版からである．この 1723 年版から，轟々たる勢いの非難がなされるようになり，ハイエクが評する「あれほどまでに世の顰蹙を買う離れ業をやってのけた[100]」マンデヴィル，「道徳的激怒をよびおこした[101]」マンデヴィルは，自著への批判に対

99　上田辰之助（1987〔底本（1950）〕）『上田辰之助著作集　4　蜂の寓話──自由主義経済の根底にあるもの』5-6 頁.
100　ハイエク（1966）／田中真晴・田中秀夫訳（1986）「医学博士バーナード・マンデヴィル」『市場・知識・自由』100 頁.
　ハイエクによるマンデヴィル，およびマンデヴィルに対するケインズの評価に関する感想は次のようなものである.
　　かれ〔マンデヴィル〕の経済学的著作の他の部分にたいしてケインズ卿ほどの権威者が大いに称賛したのだけれども，しかし私がかれにすぐれた意義を認めなければならないと主張するのはこうした理由からではない．……マンデヴィルが専門的経済学について述べなければならなかったことは，かれの時代に広く流布していたどちらかといえばありきたりの，あるいは少なくとも独創的でない思想であって，ずっと広い関連をもった概念を説明するためにかれはその思想を用いただけのように私には思われる.
　　　　Hayek（1966）／田中・田中訳（1986）『市場・知識・自由』101 頁

する反論を続けていき，1729 年には『蜂の寓話』の下巻にあたる
第2部を出版している．著者は生前に 1732 年第6版まで出してお
り，1733 年に 62 歳[102]で他界しているので，50 代初頭に 1723 年版
の『蜂の寓話』を出して以降の彼の晩年は，反論，反論，また反論
に追われたことになる．

　『蜂の寓話』は，1723 年版が世に現れて間もなく，「ミドルセッ
クス州大陪審が『蜂の寓話』を公共の秩序を乱す不穏書として摘発
するに及んで著者の評判は一層高くなり，反駁者が相ついで出現す
るに至った[103]」．

　マンデヴィルの著書は，当時の美徳である正直や倹約を否定し，
それら普通に考えられている美徳は社会にとっては悪徳であって，
通常，悪徳とみなされている詐欺や贅沢，奢侈のおかげで一国の経

　ケインズがマンデヴィルを認めたから，ハイエクはマンデヴィルを素直に認め
たくなかったのかもしれないのだが，では，ハイエクが認めたマンデヴィルの意
義は？

　　私がマンデヴィルのために主張したいと思うのは，かの機知の戯れに導かれ
　てかれが辿り着いた思索は，進化と秩序の自生的形成という双生児的観念に
　ついての近代思想上の決定的な突破口を開いたということである．
　　　　Hayek（1966）／田中・田中訳（1986）『市場・知識・自由』102 頁

　もっとも，ハイエクによれば，「マンデヴィルは何が自分のもっとも重要な発
見であったのかをたぶん十分には理解していなかった」〔ハイエク（1966）／田
中・田中訳（1986）p.103〕，「現代の読者にしてもマンデヴィルが何を目論んで
いたのかを十分に理解しているだろうか．そしてマンデヴィル自身もどこまで理
解していただろうか」〔同 105 頁〕ということであるため，ハイエクの思想的個
性ゆえの，マンデヴィルへの独自性の高い評価であるのかもしれない．

101　ハイエク（1966）／田中・田中訳（1986）『市場・知識・自由』106 頁．
102　洗礼日 1670 年 11 月 20 日を誕生日として計算．
103　上田（1987〔底本（1950）〕）『上田辰之助著作集 4　蜂の寓話——自由主義経
　　済の根底にあるもの』6 頁．

済社会の繁栄はもたらされると説く本であった．彼の論は，当時の，いわゆる通念（conventional wisdom[104]）――聴衆に人気のある観念――とはかけ離れていた．

『蜂の寓話』の本体である詩篇は次のように始まる――以下，本章で言いたいことを，マンデヴィルがほとんど言い尽くしていたことを理解してもらうために，433 行に達する大詩から，主要な箇所の引用――泉谷治訳（1985）――を行っておく〔「……」は省略マーク〕．なお，上田辰之助訳（1987〔底本（1950）〕）の方がわかりやすい箇所もあるので，そこは脚注に示しておいた．

ある広々とした蜂の巣があって
奢侈と安楽に暮らす蜂でいっぱいだった
　　　　……
この虫けらどもは人間並みの生活をし
小規模ながら人間の行為とそっくりで
町で行われるあらゆることから
軍人とか学者の職務まではたしていた
　　　　……
人間の器械にも労働にも
船舶にも城塞にも武器にも細工人にも
技芸にも学術にも仕事場にも道具にも
相当するものがみなそこにあった
　　　　……
おたがいの渇望と虚栄とを
満たそうとして何百万もが努力し
他方さらに何百万もの仕事は
製作物の破損をめざすことであった

　　　　……
詐欺を知らない商売や地位はなくて
いかなる天職にも詐欺があったのだ
弁護士はいつもきまって打つ手は
＊不和をかもして事件をこじらせることで
　　　　……
医師は名声や富のみを重んじ
＊腕前や弱った患者の健康はあとまわしで
彼らの大部分が研究したのは
医術などというものではなく
＊厳粛に考え込んだ顔つきやのろい動作で
薬剤師に引き立てられるとか
産婆や僧侶や出産とか葬式があるときに
立ち会う人すべてに賞賛されることとか
　　　　……

104　Conventional wisdom（邦訳　通念）は，ガルブレイスが『ゆたかな社会』の中で，社会意識の惰性を示すために定義した概念であり，時代と社会によって受け入れられている思想，観念――ガルブレイス流に表現すれば「通念の試金石は人気である．通念は聴衆の賛同を得ている」〔ガルブレイス（1976（1st ed. 1958）／鈴木哲太郎訳（1978）『ゆたかな社会』13 頁〕ということになる．

天から祝福を得るため雇われた
ジュピター神信仰の数ある僧侶のなかに
博学で雄弁な者も少しはいたが
あとの何千かは激しやすく無学だった
でも怠惰や色欲や強欲や自負を
隠すことができる者はみな合格で *

その悪名高さは仕立屋のごまかし服地や
船乗りのブランデーと並んでいた
……
戦をしいられた兵士たちは
生き残るとそれで名誉を獲得した
……
大臣たちは国王に仕えていたが
悪者よろしく詐欺をはたらいた
……
かように各部分は悪徳に満ちていたが
全部そろえばまさに天国であった.

……
これこそ国策というものであって
各部分の不平も全体ではよく治めた
ちょうど音楽のハーモニーのように
いろいろ不協和音を基調に合わせた
……
あの呪わしく意地悪く有害な悪徳で
悪の根源をなす強欲が
奴隷としてつかえた相手は放蕩であり
あの気高い罪であった.
他方で奢侈は貧乏人を百万も雇い
いとわしい自負はもう百万雇った.
羨望そのものや虚栄は
精励の召使いであった.
彼らお気に入りの愚かさは
あの奇妙でばけげた悪徳の
食べ物や家具や衣服のきまぐれで
これは商売を動かす車輪になった.

ところが蜂たちは自らの悪徳を互いに攻撃しはじめる. それがジュピター神の耳に届く……

だれもが「詐欺はダメだ」とさけび
自分の詐欺は知りながら他人だと
まるでがまんしないむごさだった

主人や国王や貧乏人をごまかして
王侯のような財産を築きあげた者が
「つのる詐欺のため国家が滅びるぞ」と
なんら臆することもなく大声でさけんだ *
……
いささかなりと不都合があったり
公務に差し支えがあろうものなら
「ああ, 正直にさえしてもらえたら」と
悪党どもはみなずうずうしくもさけんだ
マーキュリー神は厚かましさにほほえみ
自分で好きなことをいつも非難するとは

無分別な話だという者もいた
だがジュピター神は憤りで身を震わせ
「わめく蜂の巣から詐欺を一掃する」と
ついに怒って誓うや実行した
するとたちまち詐欺はうせて
だれの心にも正直がみなぎる
……
だが, おお神よ, なんたる驚愕だ
なんと大きく急激な変化だったことか
半時間もたつと国のいたるところで
肉は1ポンドで1ペニーも下落した
偽善の仮面はかなぐり捨てられて
偉大な政治家は道化師に変わった
……
法廷はその日から静かになった

貸し手が忘れた分までもいれて
今や借り手はすすんで借金を支払い
貸し手は支払えない者を許したからだ
　　　……
訴訟で繁盛する者といえばただ
正直な蜂の巣の弁護士だけなので
お金がうんとある者のほかは
矢立てを小わきに立ち去った
　　　……
さて輝かしい蜂の巣に注意し
正直と商究が一致するさまを見よ
見せかけは消えてみるみる薄れ
まったく別の顔のように思える.
莫大な金額を毎年使う
人々が絶えたのみでなく
それで暮らした大勢の者もやむなく
毎日それにならうことになったからだ.
ほかの商売に飛びつくがだめで
どこも同じく人があまっていた.

土地と家屋の値段はさがる.
テーベの場合と同じく
その壁が演奏によって建てられた

あっというほどの豪華な劇場も貸家だ.
かつてはなやかにましました守護神は
卑しい表札が扉の上につけられて
もとの気高い碑銘をあざ笑うのを
みるよりは炎にのまれて死にたかろう.
建築業はまったくだめになり
職人たちには仕事がない.
技巧でならす絵師はなく
＊　　石工や彫刻師の名も聞けない.

教訓
＊　　……
欺瞞や奢侈や自負はなければならず
そうしてこそ恩恵がうけられるのだ
　　　……
＊
悪徳にも同じく利益がある
いや国民が偉大になりたいばあい
ものを食べるには空腹が必要なように
悪徳は国家にとり不可欠なものだ
美徳だけで国民の生活を壮大にできない
黄金時代をよみがえらせたい者は
正直と同じようにドングリにたいしても
自由にふるまわなければならない

　最後の「教訓」の斜字の箇所は，ケインズも『一般理論』で引用している．そして，ケインズは，マンデヴィルの「注釈」を紹介する．

　　物語〔すなわち『蜂の寓話』〕に続く注釈から2ヶ所引いておこう．これを読めば，上の詩が理論的基礎なしに書かれたものでないことがわかるだろう．
　　　貯蓄と呼ばれることもあるこのつつましい節約が個々の家庭では財産を殖やす最も確かな方法であるように，同じ方法は国全

体に対しても，その国が不毛の国であれ多産の国であれ，それ
があまねく追求されるなら（これは実行可能だと考えられている），
同じ効果を発揮する，と想像する人がいる．たとえば，イギリ
ス人がいくつかの近隣国民のように質素になれば，いまよりは
はるかに富裕になるだろう，というように．だがこれは誤りだ
と思う（＊）．

（＊）この文章を古典派の先駆けでもあるアダム・スミスの次の文
章と比較せよ．「家を斉えるさいの思慮分別が，一大王国を治める
場面では愚行となる．まさかこんなこと，ありうるわけもなかろ
う[105]」——おそらくこれは，上のマンデヴィルの一節を念頭におい
たものであろう[106]．

　スミスは『道徳感情論』の中で，マンデヴィルを強く批判する．
その理由の一つは，マンデヴィルが，Private vices を広く捉えて，
普通には，vices と呼ぶにはふさわしくないものまで含めていたか
らであろう．スミスによる，マンデヴィル批判は次のようになされ
る．

　すべての公共精神，私的利害関係にたいする公共的利害関係のすべ
ての優先は，かれ〔マンデヴィル〕によれば，たんに人類にたいす
る詐欺であり欺瞞なのである．そして，あれほどおおいに誇りとさ
れ，人々のあいだにあれほどおおくの競争をひきおこす，人道的な
徳は，おだてが誇りと野合したことからできた子孫にすぎないので

105　スミス（1776）／山岡訳（200）『国富論』下巻，32頁．
106　ケインズ（1936）／間宮訳（2008）『一般理論』下巻，157-158頁．

ある[107].

　あらゆる情念を，いかなる程度においてもいかなる方向においても，
まったく悪徳なものとしてえがかれていることは，マンドヴィル博
士の本の大きな誤謬である．このようにしてかれは，すべてのもの
ごとを虚栄としてあつかうのであり，虚栄は，他の人びとの諸感情
がどうであるかに，あるいはどうであるべきかに，なんらかの依拠
関係をもつのである．そしてこの詭弁を手段として，かれは，私的
な諸悪徳は公共的な諸利益であるという，かれの好きな結論を確立
する[108].

　スミスがマンデヴィルの論に不満を抱いたのは，マンデヴィルが
わざと中世的道徳観，神学的道徳観にもとづいてパンフレット「ブ
ンブン不平を鳴らす蜂の巣」を書いたことも原因であろう．そして，
スミス自身は，self-interest を両義的な視点でながめており，これ
を人間の弱さの表れであるとみると同時に，この self-interest を彼
が考える諸徳（sentiments）のうちの一つともみなしていたからで
ある．したがって，マンデヴィルの論に関しては，次のような評価
も行っていた．

　　〔マンデヴィルたちの〕諸見解は，ほとんどあらゆる点でまちが
　　っているとはいえ，しかしながら人間本性におけるいくつかの現象
　　は，一定のやり方でみられたばあいには，一見したところでは彼ら
　　を支持するように思われる．これらが，最初はロシュフーコー公の

107　スミス（1759）／水田訳（2003）『道徳感情論』下巻，319 頁.
108　スミス（1759）／水田訳（2003）『道徳感情論』下巻，328 頁.

優雅な繊細な正確さをもって，かるく素描され，あとでマンドヴィル博士の粗野でいなか風ではあるがいきいきとしてユーモアのある雄弁をもって，もっとくわしくえがかれ，彼らの学説に，不熟練者をたいへん欺きやすい真理ともっともらしさの雰囲気をあたえていたのである[109].

　そして，スミスは，マンデヴィルの私利（self-interest）が公益をもたらすという思想は受け継ぐ．マンデヴィルから受け継いだ考え方は，スミスの中では，1759年の『道徳感情論』の中で既に使われていた「見えざる手 invisible hand[110]」を経て，『国富論』における用い方にまで——self-interest が予定調和的に公益をもたらすという考え方の中での用い方にまで——昇華していくことになる．

　　もっとも，各人が社会全体の利益のために努力しようと考えているわけではないし，自分の努力がどれほど社会のためになっているかを知っているわけでもない．外国の労働よりも自国の労働を支えるのを選ぶのは，自分が安全に利益をあげられるようにするためにすぎない．生産物の価値がもっとも高くなるように労働を振り向けるのは，自分の利益を増やすことをしているからにすぎない．だがそ

109　スミス（1759）／水田訳（2003）『道徳感情論』下巻，316頁.
110　スミス（1759）／水田訳（2003）『道徳感情論』下巻，24頁に「かれは，見えない手に導かれて（led by an invisible hand）」の使用例がある．訳者である水田の注によれば，
　　　スミスは「見えない手」という表現を，このほかに2度使っている．最初は本書〔『道徳感情論』〕より早い青年期の著作（『哲学論文集』のなかの「天文学史」）において，自然現象の背後にあるものとして古代人が考えた「ユピテルの見えない手」であり，最後は，『国富論』において，経済活動における個人の意図と社会的結集とのくいちがいの説明としてである．
　　　　　スミス（1759）／水田訳（2003）『道徳感情論』下巻，25頁.

れによって，その他のおおくの場合と同じように，見えざる手
(invisible hand) に導かれて，自分がまったく意図していなかった
目的を達成する動きを促進することになる．そして，この目的を各
人がまったく意図していないのは，社会にとって悪いことだとはか
ぎらない．自分の利益を追求する方が，実際にそうした意図してい
る場合よりも効率的に，社会の利益を高められることが多いからだ．
社会のために事業を行っている人が実際に多いに社会の役に立った
話は，いまだかつて聞いたことがない[111].

　最後の一文は，スミスの鋭い洞察力に基づく，なかなか辛辣な言
葉ではあるが，このように，スミスは，マンデヴィルの考え方の重
要な側面を受け継いではいる．しかしながら，他方，貯蓄や節約が
国民経済に与える影響については，マンデヴィルとスミスは意見を
異にし続けた．『国富論』の中でのスミスの重要な命題は，次であ
ろう．

　　浪費家はみな社会の敵であり，倹約家はみな社会の恩人である[112].

　この論は，どのようなロジックで導き出されるのか．
　スミスは，国富を，『国富論』冒頭で次のように定義する．

　　どの国でも，その国の国民が年間に行う労働こそが，生活の必需品
　　(necessaries) として，生活を豊かにする利便品 (conveniences) と
　　して，国民が年間に消費するもののすべてを生み出す源泉である．

111　スミス（1776）／山岡訳（2007）『国富論』下巻，31-32 頁.
112　スミス（1776）／山岡訳（2007）『国富論』上巻，349 頁.

消費する必需品と利便品はみな，国内の労働による直接の生産物か，そうした生産物を使って外国から購入したものである[113]．

この，必需品と利便品からなる国富は，生産的労働（productive labour）から生み出され，そうでない労働は非生産的労働（unproductive labour）と定義される．

労働には，対象物の価値を高めるものと，そのような効果がないものとがある．前者は価値を生み出すので，生産的労働と呼べるだろう．後者は非生産的労働と呼べるだろう[114]．

スミスにとっての非生産的労働は，具体的には次のようにイメージされる．

国王や，国王に仕える裁判官と軍人，陸軍と海軍の将兵の労働はすべて非生産的である．全員が社会の使用人であり，他人の労働による年間生産物の一部によって維持されている．……これ〔軍人〕と同じ種類には，とくに権威がある重要な職業と，とくに地位が低い職業がどちらも入る．一方には，聖職者，法律家，医者，各種の文人があり，もう一方には役者，芸人，音楽家，オペラ歌手，バレエ・ダンサーなどがある．これらのなかでとくに地位が低い職業の労働にも価値があり，すべての種類の労働の価値を決めているのと同じ原理によって価値が決まる．
　これらのなかで特に地位が高くとくに役立つ職業の労働も，後に

113　スミス（1776）／山岡訳（2007）『国富論』上巻，1頁．
114　スミス（1776）／山岡訳（2007）『国富論』上巻，338頁．

同じ量の労働を購入できる商品は何も生み出さない．役者の朗読，
弁士の熱弁，音楽家の演奏がそうであるように，これらの職業では
仕事の成果が，生み出された瞬間に消える．

　生産的労働者も非生産的労働者も，さらにはまったく労働しない
人も，すべてその国の土地と労働の年間生産物で維持されているこ
とに変わりはない．年間生産物はどれほど多くても無限ではなく，
かならず限界がある．このため，ある年の生産物のうち，非生産的
労働者の維持に使われる部分が少ないほど，生産的労働者の維持に
使われる部分が多くなり，翌年の生産物の量が多くなる．逆に，非
生産的労働者の維持に使われる部分が多いほど，生産的労働者の維
持に使われる部分が少なくなり，翌年の生産物の量が少なくなる[115]．

　今日のようにサービス産業をはじめとした各種経済活動の付加価
値のすべてを国民経済計算の基礎に置くわれわれからみれば，スミ
スの非生産的労働のイメージには，違和感がある．しかし，そうし
た，われわれのイメージとは異なる国富の認識に基づいて，スミス
の成長論，すなわち資本蓄積論は展開されていく．

　スミスの資本蓄積論をうまくまとめた堂目氏の図式を，図表 3 に
紹介しておこう．

ジャンプ　**図表 3　アダム・スミスの資本蓄積の仕組み　12 頁へ**

堂目氏の図式は，スミスの次の文章をうまく要約している．

　　個人の資本は，年間の収入，年間の利益のうち貯蓄にあてた額し
　　か増加せず，社会の資本は，社会を構成する個人の資本の合計だか
　　ら，同じ方法でしか増加しない．

115　スミス（1776）／山岡洋一訳（2007）『国富論』上巻，339 頁．

　生産的労働ではなく倹約が，資本の増加をもたらす直接の要因である．確かに倹約によって蓄積されるものを生み出すのは生産的労働である．しかし，生産的労働によって何が獲得されても，倹約によって貯蓄され蓄積されなければ，資本が増加することはない．

　倹約によって，生産的労働者の維持に使われる資金が増え，生産的労働者が増加し，その労働によって，労働対象の価値が高まる．このため倹約は，その国で土地と労働による年間生産物の交換価値を増やす要因になる．生産的労働の量が増えるので，年間生産物の価値が高まる[116]．

　こうしたロジックを辿った末に，スミスは，「浪費家はみな社会の敵であり，倹約家はみな社会の恩人だといえるだろう」に達する．

　このような考えをもつスミスにとって，マンデヴィルの言うように，

<blockquote>
悪徳は国家にとり不可欠なものだ
美徳だけで国民の生活を壮大にできない
黄金時代をよみがえらせたい者は
正直と同じようにドングリにたいしても
自由にふるまわなければならない
</blockquote>

という言葉は，受け入れがたいものであったであろう．そして先に触れたように，スミスは，「家を斉えるさいの思慮分別が，一大王国を治める場面では愚行となる．まさかこんなこと，ありうるわけもなかろう[117]」という，マンデヴィルに対する反論の言葉を『国

116　スミス（1776）／山岡訳（2007）『国富論』上巻，345-346頁．

富論』に書き込むことになるのである．

　スミスの反マンデヴィル観は，スミスの師であるフランシス・ハスチンの影響を受けていることは知られている[118]．スミスが，ハスチンの後を継いでグラスゴーで道徳哲学の講義をはじめた際には，ハスチンの『道徳哲学大系』を参考にして講義をすすめていた．この『大系』には，「贅沢や不摂生は大きな消費の原因となり，労働と製造業を奨励するから一国の富にとって必要だ」と強弁するのは空虚な話だとある．これは，あきらかにマンデヴィルを意識した言葉であった．ハスチンの師匠筋のシャフツベリー卿は，マンデヴィルと同時代にマンデヴィル自身と思想的に真っ向対立していた（『蜂の寓話』第2部に登場する性善説を信じるホレイショはシャフツベリー卿）．このシャフツベリー卿が，倹約を基礎に置く経済学思想の源流におり，シャフツベリー卿の家庭教師にジョン・ロックがいた．

スミスとマルサス

　国富のダイナミズムに対する考え方，すなわちスミスの成長論には，倹約家が貯蓄をし，その貯蓄が投資に回って，資本蓄積が進んで生産性が高まる，その結果，これらの財からなる国富という財の，必需品（necessaries）と利便品（conveniences）が増加するという考えが根底にある．

117　スミス（1776）／山岡訳（2007）『国富論』下巻，32頁.
118　関岡正弘（1995）の『日本経済新聞』1995年3月1日からのやさしい経済学
　　「マンデヴィルと経済学の源流」は，ロック，シャフツベリー，ハスチン，スミスへの思想の流れ，および，スミスが貨幣経済を視野に入れなかったゆえの欠陥が，現代の経済学にも引き継がれており，経済学が危機的状況にあることを，的確に要約している.

生産的労働ではなく倹約が，資本の増加をもたらす直接の要因である．確かに倹約によって蓄積されるものを生み出すのは生産的労働である．しかし，生産的労働によって何が獲得されても，倹約によって貯蓄され蓄積されなければ，資本が増加することはない[119]．

　こうした考え方の根底にあるのは，物的な生産性が高まって増加した生産物，つまり必需品や便宜品は，生産されれば必ず売れるという信念である．この考えを継承したのが，フランスのセイであり，イギリスのリカードであった．

　セイは，後に，セイの法則と呼ばれるようになる，次のような言葉を残している．

- 　国（国家の経済）は，支払いうるだけの販路を提供するのであって，より多くの支払いは，追加的な生産品に対して行われるのである．
- 　貨幣は相互の交換を一度に行うための仮の穴埋めであって，交換が終わってみれば生産品に対しては生産品が支払われている．
  　ジャン＝バティスト・セイ（1803）『政治経済学概論』第1巻第22章「販路」

　上記のうち，はじめの文が，後に，セイの法則「供給はそれ自らの需要を作る」と呼ばれるようになり[120]，二つ目の文は，セイの

119　スミス（1776）／山岡訳（2007）『国富論』上巻，346頁．
120　「供給はそれ自らの需要を作る」という文言については，ポール・デヴィッドソンによれば，セイのオリジナルではなく，1803年にイギリスの経済学者ジェームズ・ミルがセイの著作を翻訳する際にそのような要約が登場したとのことである．

法則と一対となる新古典派の貨幣ヴェール観である.

しかしながら, 果たして, セイの法則は, 本当に成立するのか？

セイの法則に異論を唱えたのが, マルサスであった. 彼は, セイの法則が成立しないことを念頭に置きながら, スミスの経済観に反論する.

> アダム・スミスは, 資本は節約 (parsimony) によって増加し, すべてのつつましい人は社会の恩人 (public benefactor) である……と述べている. ……貯蓄の原理は, 過度にわたるときには, 生産への誘因を破壊し去るであろうことは, まったく明らかである. もしすべての人がもっとも簡単な食物, もっとも貧弱な衣服, およびもっともみすぼらしい家屋で満足しているとするならば, そのほかの種類の食物, 衣服および住居が存在しなかったであろう, ということはたしかである. ……この両極端は明らかである. ……生産力と消費への意志との双方を考慮に入れた場合に, 富の増加への刺戟が最大になる中間点 (intermediate point) がなければならない, という結論となる[121].

マルサスのこの文章は, およそ 100 年後に, ケインズが人物評伝「マルサス」で引用し, その後, 1936 年の『一般理論』で再度紹介している箇所である. マルサスは, 50 代に入った後期においては,「彼 (マルサス) が——決して十分明確にではないが——「有効需要」という言葉[122]」を用いて, アダム・スミスの資本蓄積論に反論をしていた. そしてスミスの資本蓄積論を成立させる条件としての

121　マルサス (1820)／小林時三郎訳 (1968)『経済学原理』26-27 頁.
122　ケインズ (1933)／大内忠男訳 (1980)『人物評伝』119 頁.

「セイの法則」を否定し，この法則を唱えるセイとリカードと論争を行っていた．結果は，

> 勝利を占めたのはより魅惑的なリカードの知的構成物であり，しかもリカードは，マルサスの着想に完全に背を向けることによって，まるまる 100 年の間，経済学の主題を作為的な軌道に閉じ込めることになったのである[123].

これに嘆くケインズは，次のように言う．

> もしかりにリカードではなくマルサスが，19 世紀の経済学がそこから発した根幹をなしてさえいたならば，今日世界はなんとはるかに賢明な，富裕な場所になっていたことであろうか！　いかなるときにも常に明々白々であったはずのものを，われわれは苦労して再発見し，われわれの誤った教育からくるおおいを突き破らなくてならないのである．私は長らく，ロバート・マルサスをケンブリッジ経済学者の始祖だと主張してきた[124].

　現在を生きるわれわれ，すなわち新古典派経済学が社会経済政策への際だった影響力をもつ状況を目の前にみてきたわれわれも，今まさに「いかなるときにも常に明々白々であったはずのものを，われわれは苦労して再発見し，われわれの誤った教育からくるおおいを突き破らなくてならない」状況にある．ゆえに，本章のような文章を書く必要が生まれているのであるが……．

123　ケインズ（1933）／大内訳（1980）『人物評伝』119 頁.
124　ケインズ（1933）／大内訳（1980）『人物評伝』136-137 頁.

　さて，マルサスが説いたのは，彼と同時代を生きていたセイやリカードが主張した「供給はそれ自らの需要を作る」という販路法則，通称，セイの法則を否定して，経済は，生産された財・サービスをさばくことができない状態，つまり，一般的過剰供給に陥る可能性があり，経済規模は，生産力ではなく有効需要によって決まるということであった．この考えは，セイの法則を信奉するセイやリカードに「完全に背を向け」られ，過剰供給論は，19世紀前期の経済学——貨幣の経済特性には考えが及ばなかった当時の経済学——の主流からは消え去っていく．そして，およそ100年の後に，マルサスの有効需要理論に基づく一般的過剰供給論を，流動性選好という利子理論，貨幣理論を基礎に据えた有効需要理論に基づく過少消費論として復活させたのが，ケインズだった．

　先に引用したマルサスの「生産力と消費への意志との双方を考慮に入れた場合に，富の増加への刺戟が最大になる中間点（intermediate point）がなければならない」という論，およびマルサスを批判するセイとリカードの論は，図表8に要約できよう．

ジャンプ 図表8　セイの法則の世界と有効需要理論に基づく
過少消費の世界　39頁へ

　マルサスは，セイの法則を否定して，経済は，生産された財・サービスをさばくことができない状態，つまり，一般的過剰供給，逆に言えば過少消費に陥る可能性があり，経済規模は，生産力ではなく有効需要によって決まることを説いた．

　こうした考え方の萌芽は，マルサスの『経済学原理』の次の文に最初に出てくる——そして有効需要の論が芽生えた意識の中では，スミスのいう「非生産的労働」（unproductive labour）に対しても，マルサスにより異論が唱えられることになる．

もし個人的サービスを富と呼ぶにあたって，生産されるもの自体の性質にわれわれが目を向けないで，それとは別の富を刺激するためにそれと交換にうけとられる支払いの結果だけに注意するならば，それは，富の直接の生産とは何の関係もない新しい別個の考え方を持ち出すことである．

このような見解においては，わたしがアダム・スミスの不生産的労働者をきわめて重くみていることになるであろう．しかしこれは明らかに，生産者としてではなく，彼らのうけとる支払いに比例して需要を創出するというかれらの能力によって他人の生産を刺激するものとしてである[125]．

こうしたマルサスの論は，リカードの次のような考えを意識して書かれたものであった．

生産物はつねに生産物によって，または勤労によって購買される．貨幣はただ交換を行わせるための媒介物であるにすぎない．ある特定の商品があまりに多く生産されて，その商品に支出された資本を償わないほどの供給過剰が市場で起こることがあるかもしれない．しかし，こういうことは全商品については起こりえない[126]．

リカードは，貨幣が介在しない物々交換社会における貨幣ヴェール観，その帰結としてセイの法則をもってして，マルサスの過剰生産論に反論を加える——マルサス（1820）の出版後，リカードはマ

125　マルサス（1820）／小林訳（1968）『経済学原理』67 頁．
126　リカード（1817）／羽鳥卓也・吉澤芳樹訳（1987）『経済学および課税の原理』
　　下巻，113-114 頁．

ルサス（1820）批判のメモ「マルサス評注」を残しており，それは1919年にリカードの曾孫によって発見され，1928年に公刊された．

　付け加えれば，リカードたちの物々交換社会経済の想定は，セイやリカードの論，そしてスミスの論で重要な意味をもっている，消費の魅力が衰えることがない前提，すなわち，「貨幣の保蔵」という消費のライバルが人びとの中で意識され，人は，金銭欲と物欲の間の選択を強いられるようになる状況を無視した前提から導き出されている．すなわち，リカードは消費の飽和を否定する．

　　　アダム・スミスが次のように述べたのは，正しい．「食物の欲望は，
　　　誰の場合にも人間の胃の腑の狭い容量によって制限されている．け
　　　れども，建物，衣服，馬車および家具といった便宜品や装飾品の欲
　　　望にはなんらの制限も一定の限界もないようである」と．そうだと
　　　すると，自然はある一定の時点に，農業で有利に使用することがで
　　　きる資本量を必ず制限してはいるが，生活の「便宜品および装飾
　　　品」の取得に使用することができる資本量にはなんらかの制限を設
　　　けていない．これらの欲望を充たす物を最も豊富に取得することが，
　　　意図されている目的である[127]．

　経済学は，残念ながら，マルサスに対するリカード＝セイ連合の圧倒的勝利となって，100年を経ることになる．

　100年の後に，ケインズが，まだ，1930年の貨幣数量説が内在する『貨幣論』から1936年『一般理論』への脱皮の過程にあった1933年に，まさに物々交換社会を想定し，貨幣ヴェール観の下に

127　リカード（1817）／羽鳥・吉澤訳（1987）『経済学および課税の原理』下巻，
　　115-116頁．

あった人たちの経済学を，次のように評すことになる．

> 貨幣は使用してはいるが，実物財や実物資産の取引を結ぶ単なる中
> 立的な連鎖としてのみ使用し，貨幣が動機や意思決定に影響するこ
> とを認めない経済は，よい名称はないので，実物交換経済（real-
> exchange economy）とでもよんでおこう．私が切望する理論は，こ
> うした経済を否定して，貨幣がそれ自らの役割を演じ，動機や意思
> 決定に影響を及ぼすのである．端的にいうと，貨幣が状況に影響を
> 及ぼす要因となっている経済であり，はじめの状態と終わりの状態
> との間での貨幣の働きにかんする知識なくしては，長期あるいは短
> 期のいずれにおいても，事態のなりゆきは予測され得ないのである．
> そしてわれわれが貨幣経済（monetary economy）について語るとき
> に意味すべきは，まさにこのことである．……
>
> 　……好況と不況は，ここで正確には定義はしないけれども，ある
> 重要な意味において，貨幣が中立的でない経済に特有の現象なので
> ある．私が次に取り組むべき課題は，そうした生産の貨幣理論
> （monetary theory of production）を詳細に作り上げることになると
> 信じている．それこそ，私が，自分の時間を浪費していないという
> 確信をもって没頭している課題である．
>
> 　　　Keynes（1933），*The Collected Writings of John Maynard Keynes,*
> 　　　　　　　　　　　　　*Volume XIII*, pp. 408-411.

ママリー，ホブソンとケインズ

　ケインズが，図表1（5頁）における左側の経済学者として，
時代的にマルサスの次に認めたのはホブソンとママリーである．

マルサスの理論は論争の表舞台からあとかたもなく消え失せた．
……過少消費論は冬眠状態にあった．だが，1889年に至るや，J・
A・ホブソンとA・F・マムマリー（Mummery）の『産業の生理学』
が忽然と世に現れた[128]．

ママリーは，実業家であり登山家であり冒険家であり，ホブソン
は，ひょんなことからママリーに出会うのであるが，その経緯をホ
ブソンは次のように回顧している．

　私はマメリー（Mummery）という一人の実業家と知り合うよう
になった．彼は当時からマッターホルンの新登攀路を開拓した大登
山家として知られ，1895年に有名なヒマラヤ山脈ナンガ・パルバ
ットの試登中に遭難死した[129]．

ジャンプ　知識補給・大登山家ママリーとマッターホルン，
　　　　　そしてアルプスとマーシャル　330頁へ

ここでママリーの話に戻れば，彼は，1895年6月，39歳で『ア
ルプス・コーカサス登攀記』を出す．出版から1週間後……
ここは，ママリーの妻，メアリ・ママリーの文章を借りよう．

　本書の出版から一週間後に，夫はヘイスティングス氏とノーマン・
コリー氏を伴い，ヒマラヤ登山を目指してインドへ旅立っていった
のです[130]．

128　ケインズ（1936）／間宮訳（2008）『一般理論』下巻，164頁．
129　ホブスン（1938）／高橋哲雄訳（1983）『異端の経済学者の告白』27頁．
130　ママリー（1908）〔初版1895〕／梅津正彦訳（2007）『アルプス・コーカサス登
　　攀記』334頁．

　旅先で，ママリーは遭難し，メアリのもとに戻ってくることはなかった．

　『アルプス・コーカサス登攀記』の第2版が出された1908年，ホブソンは序文「ママリー頌」を書くことになる．その序文には，『産業の生理学』を書くことになる経緯が述べられている．

　　はじめて彼の存在を知ったのは，私たちの共通の友人にこう言われた時のことだった――知り合いに頑固一徹なビジネスマンがいて，その男は自分の商売をつづけているうちに，消費と貯蓄について型破りな理論を編み出し，それについて誰かと議論したがっている，と．それから1，2年，私たちは書簡の遣り取りを中心に，たまに顔を合わせながら問題点の検討を繰り返すようになり，そのうちに，彼の粘り強い説得と巧みな立論のおかげで，私が事前に呈した反論はことごとく押さえ込まれてしまった．

　　その時から，私たちは緊密に協力し合って，私たちが新機軸と判断する「現代の工業システムにおける生産と消費の相関関係」に関する諸説を発展させていった．その一部には，消費過少＝貯蓄過剰が失業をもたらし，ひいては商業不信の主要因となるという分析をも含んでいた[131]．

　ママリーは，当時の伝統的経済学の教えるセイの法則を受け入れることができなかった．しかしホブソンは，なお，伝統的経済学の世界にいた．このあたりのことは，ホブソンの自伝が語ってくれている．

　131　ママリー（1908）〔初版1895〕／梅津訳（2007）『アルプス・コーカサス登攀記』
　　　3頁．

この人物が過剰貯蓄にかんする議論で私を混乱に陥れた——彼はそれが不況期の資本と労働の過少雇用の原因だとしたのである．長い間私は正統派経済学の武器を使って彼の議論を反駁しようと試みた．しかし，ついに彼は私を説得し切り，私は彼に協力して過剰貯蓄論を精密化し，それは『産業の生理学』という題で1889年に公刊された[132]．

『産業の生理学』には，後にケインズが理論化していくことになる内容がふんだんに盛り込まれている．

貯蓄は個人のみか社会をも裕福にし，そして支出は貧しくする．
……〔本書58頁〜59頁における引用箇所と同じ〕……
現在のたいていの経済学者は消費が不足する場合のあることを否定している．
……社会をこのような〔貯蓄の〕超過状態に至らしめる経済的な力の作用をわれわれは見出すことができるだろうか．仮にこのような諸力があるとした場合，経済メカニズムの中に〔超過貯蓄を制する〕有効な抑止力は存在しないのだろうか．……第1に，高度に組織化された産業社会ではどこでも，過剰貯蓄を自然と引き起こす力が恒常的にはたらいているということ，第2に，経済メカニズムの中に存在するとされる抑止力は全く作用しないか，さもなければ重大な経済的害悪を阻止するには不十分であるということ，これらは明らかであろう．……マルサスとチャルマーズの主張に対してリカードが与えた短い回答を後生のたいていの経済学者は文句なしに受け入れてきたように思われる．「生産物はいつでも生産物あるいは

132　ホブスン（1938）／高橋訳（1983）『異端の経済学者の告白』27頁．

サービスによって購われる．貨幣は交換を実行するための媒体にすぎない．それゆえ，生産が増えると必ずそれに応じて生産物を獲得し消費するための能力も高まるのであって，過剰生産というものは存在するわけがない」[133].

Mummery and Hobson (1889), *Physiology of Industry*,

pp. 100-101.

　もっとも，ホブソンが，ママリーの誘いに応じて，異端の世界に足を踏み入れたとき，相応の代償を社会から求められることになった．

　これは私の異端の生涯の最初の公然たる一歩であって，私はその重大な結果をまるで理解していなかったのである．というのは，まさに私は（パブリック・スクールの）教職をすでに辞めていて，大学の公開講座の経済学と文学の講師としてのあたらしい方面の仕事に進もうとしていたほどなのだから．最初のショックはロンドン公開講座委員会が私に政治経済学の講座の提供を認めないというかたちで訪れた．のちに知ったことだが，これはある経済学の教授の介入によるものであり，かれは私の本を読んでそれが理性の働きにおいて地球が平面であることを証明しようという企てにひとしいと考えたのである[134].

　この「ある経済学教授」が，『数理心理学』を書いて契約曲線や

133　邦訳は，ケインズ (1936)／間宮訳 (2008)『一般理論』下巻，173-174 頁による．

134　ホブスン (1938)／高橋訳 (1983)『異端の経済学者の告白』27-28 頁.

エッジワース・ボックスを説いた──そして 20 世紀はじめの福祉国家形成に大きく関与したビアトリス・ウェッブ（夫のシドニー・ウェッブとともにウェッブ夫妻として知られる）が若い頃にプロポーズしたことで，知る人ぞ知る──経済学者エッジワースである（図表 1（5頁）にはホブソンの右側に描いている）．そして，正統派経済学者たちによる，アカデミズム界からのホブソンの追放は徹底していたようで，ホブソンは，大学における非常勤の小さな講座からも永久に閉め出され，その後半生を，ジャーナリストとして生きて行くことになる．

　それほどまでに過少消費論というのは，正統派経済学，および正統派経済学の思想性と軌を一にしていたヴィクトリア女王期の通念に反したものであった．

　そして，このホブソンを，彼よりも 25 歳年下のケインズが，経済学の表舞台に立たせることになる．

　ホブソンは，最晩年──80 歳で他界する 2 年前の 1938 年に，自伝『異端の経済学者の告白』を出す．それは，ケインズが 1936 年に『一般理論』を出した 2 年後のこと．その自伝で，ホブソンは，ケインズに触れている．

　　J. M. ケインズ氏は私の分析に完全に同意したわけではないが，私の初期の形態の過剰貯蓄の異端説に惜しみない賛辞を送ってくれ，アメリカではブルッキンス研究所の刊行物が国民所得の分配と国民消費率の関係を突っ込んで調査し，そこに循環的不況の起因を発見している[135].

135　ホブスン（1938）／高橋訳（1983）『異端の経済学者の告白』174 頁.

エッジワースをはじめとした正統派経済学者たちにより，アカデミズムの世界から追放されたホブソン——その人生の最晩年に，ケインズから惜しみない賛辞が贈られるというわけである．

　もっとも，ケインズが，『一般理論』執筆中に，リチャード・カーンに宛てた手紙にあるように，ケインズはホブソンというよりも，ママリーを人物として認めていた．

　1935 年 7 月 30 日　ケインズからカーンへの手紙
　ママリーに関して労をとってくれてありがとう．ホブソンはママリーを十分に理解していなかったね．ママリーが死んでから，道を外してしまったみたいだ．しかし，ホブソンがママリーを助けて書いた『産業の生理学』はすばらしい作品だ．私はこの本について詳細に述べようと思う．しかし，老ホブソンは，あまりにも不当な扱いを受けてきたから，私はママリーの功績が際立っているということには触れないつもりでいる[136]．

ケインズのゲゼル評

　「将来，人々は，マルクスよりもゲゼルの精神からより多くのものを学ぶだろう，そう私は信じている[137]」——しばしば引用されるケインズの言葉である．「スタンプ貨幣」のアイデアで著名なゲゼルは，次のようなロジックで，スタンプ貨幣の必要を論じる．

　新聞はすぐに古くなってしまう．ジャガイモはすぐに腐ってしまう．

136　Keynes (1935), *The Collected Writings of John Maynard Keynes, Volume XIII*, p. 634.
137　ケインズ (1936)／間宮訳 (2008)『一般理論』下巻，147 頁.

……交換手段としての貨幣を改革したいならば，われわれは商品よりも貨幣を劣化させなければならない．……

　供給は，商品所有者の意志を超越した事柄である．したがって，需要も貨幣所有者の意志を超越した事柄にならなければならない．……われわれは強制的需要という前代未聞の革命的な提案をもっと詳細に吟味する必要があるだろう．以下，このような強制的需要を付着させている自由貨幣を考察しよう[138]．

　ゲゼルが，「強制的需要を付着させている自由貨幣」の必要性を説くのに用いているロジックは，ケインズが『一般理論』で最も難解とされる「第17章　利子と貨幣の本質的特性」で論じていることとほぼ同じである．ケインズは，この第17章で，流動性プレミアムを定義し，続いて「喩えて言えば，失業が深刻になるのは人々が月を欲するからである．欲求の対象（貨幣）が生産し得ぬものであり，その需要が容易には尽きせぬものであるとき，人々が雇用の口をみつけるのは不可能である[139]」という有名な文章を記すのであるが，ゲゼルは，貨幣保蔵の価値，ケインズの言葉で言えば貨幣の流動性プレミアムを減じる策として，スタンプ貨幣を提案する．

　スタンプ貨幣とは，たとえば，100マルクの価値で紙幣を使うために小額印紙紙幣のスタンプを自由貨幣100マルクの週ごとの升目に貼らなければならない，そういう貨幣のことである（次頁図表26）．

　スタンプ貨幣についての評価は，ケインズの論で十分であろう．

138　シルビオ・ゲゼル（1920）／相田慎一訳（2007）『自由地と自由貨幣による自然的経済秩序』416頁．

139　ケインズ（1936）／間宮訳（2008）『一般理論』上巻，331頁．

図表 26　ゲゼルのスタンプ貨幣

自由貨幣

この紙幣は、その所有者によって印紙が貼られた後に、すべての帝国国庫と裁判所において100マルクとして流通する。

100マルク

帝国通貨局

9月1日	10月6日	11月3日	12月1日	
8月11日	9月8日	10月13日	11月10日	12月8日
8月18日	9月15日	10月20日	11月17日	12月15日
8月25日	9月22日	10月27日	11月24日	12月22日
—	9月29日	—	—	12月29日

出所：ゲゼル（1916）／相田慎一訳（2007）『自由地と自由貨幣による自然的経済秩序』419頁.

　スタンプ貨幣の背後にある考え方はまっとうである．そればかりか，それを適切な規模で実行に移す手段を見出すのも可能である．けれども，ゲゼルが直視しなかった多くの問題があることもまた事実である．なかんずく彼は，貨幣は流動性プレミアムをもつ唯一のものではないこと，貨幣と他の多くの商品との違いはたかだか程度の差にすぎず，貨幣が重要性を獲得するのは，他のどんな商品よりも大きな流動性プレミアムをもっているからだということを知らなかった．貨幣がこのようなものだとしたら，スタンプ制度によって流通紙幣から流動性プレミアムが剥奪されたとしても，長い一系列の代替品――銀行貨幣，要求払い債権，外国通貨，宝石，貴金属類一般など――が，貨幣の後釜に座るであろう[140].

ゾンバルトの『恋愛と自由と資本主義』

　こうした流れの中で『一般理論』が形成され，1936 年 2 月に刊行される．そして，同年 9 月にオックスフォードで計量経済学会が開催される．そこでヒックスが，翌 1937 年に *Econometrica* に掲載される，Mr. Keynes and the "Classics": A Suggested Interpretation を報告し，IS-LM モデルを示す．この IS-LM モデルが，『一般理論』の標準的解説としてアメリカに渡り，サミュエルソン流には新古典派総合，ジョーン・ロビンソンにはケインズ経済学の庶子 Bastard Keynesian に見えてしまう学派が形成されることになる．

　図表 1（5 頁）に戻ってもらいたい．ママリー，ホブソンとゲゼルの間に，ドイツ歴史学派の最後の経済学者と称されるゾンバルトを挿入している．彼は，1912 年に『恋愛と自由と資本主義』の中で，贅沢こそが資本主義の生みの親であり牽引車であることを，それこそ歴史学派らしく，事例をひとつひとつ示しながら論証している．そして，彼の本は，次の文章で閉じる．

　　こうして，すでに眺めてきたように，非合法的恋愛の合法的な子供である奢侈は，資本主義を生み落とした[141]．

　この学説をどう評価するかは，読者に任せるとして，ゾンバルトも，マンデヴィルを高く評価しており，そのマンデヴィルの紹介の仕方が，ゾンバルトが考える「問題の正しいとらえ方」を示している．

140　ケインズ（1936）／間宮訳（2008）『一般理論』下巻，150-151 頁．
141　ゾンバルト（1912）／金森誠也訳（1987）『恋愛と贅沢と資本主義』176 頁．

（前期）資本主義の発展にとって，奢侈がどんなに意味があったかについてのいくつかのきわめてセンスのある考え方は，『商業にしたがう貴族』に関するアベ・コワイエの含蓄のある第二の書の中に見出される．

「奢侈は暖め，燃焼する火に似ている．奢侈が富裕な人々の屋敷をのみこむとき，奢侈は商売に活を入れてくれる．奢侈が道楽者の財産を吸収するとき，奢侈は労働者を養ってくれる．奢侈は，少数者の富を減少させるが，その半面，大衆の収入を何倍にもしてくれるのだ．……」
……

奢侈はたしかに害悪であり，罪であるけれども，産業を促進することによって全体の利益をもたらすものであるというこうした考え方は，イギリスにもひろまっていた．「浪費の悪徳は，個人にとって害はあるが商業にとってはそうはいえない」．倫理的色彩の強いデイヴィッド・ヒュームさえ次のような結論に達した．すなわち，良い奢侈はよい，悪い奢侈はたしかに悪徳ではあるけれども，悪い奢侈がなくなれば，おそらくその代わりに登場するであろう怠惰と比べれば，はるかにすぐれているというのだ．この考えは，社会哲学組織の一形式として，バーナード・マンデヴィルによって，「蜜蜂の詩」の中に表現された[142]．

高い生活水準を維持していくためには，価格競争ではなく製品差別化で勝負をする「独占的競争市場」で高い付加価値を稼ぐ勝者をめざすしか道がない先進国．

ジャンプ 知識補給・独占的競争という戦い方…… 333 頁へ

そして，現在にあっては，かなり広範囲な所得再分配政策という

---

142 ゾンバルト（1912）／金森訳（1987）『恋愛と贅沢と資本主義』185-187 頁．

政策手段をもつ先進国という視点から見れば，アベ・コワイエの言葉「奢侈が道楽者の財産を吸収するとき，奢侈は労働者を養ってくれる．奢侈は，少数者の富を減少させるが，その半面，大衆の収入を何倍にもしてくれるのだ」は，かなり強い政策インプリケーションをもっているようにみえる．再分配という政策手段を用いることができれば，奢侈という所得が流れるチャネルを通じずとも，直接，大衆の収入に働きかけることにより同じ効果を得ることができる．

　さて，20世紀初頭当時の「ほとんどすべての経済史家の思考がたどっている方向は，きわめて危険なものである[143]」と考え，「脱線した車両をふたたび正しい軌道にひきもどすためには，……18世紀の思想家が中断した糸をふたたび取り上げることである[144]」と考えるゾンバルトは，図表1における左側の経済学の系譜に沿って立っている．

経済政策思想の流れ

　第2章「社会保障と関わる経済学の系譜序説」でも述べたように，図表1の左側のマルサス系の経済学と右側のリカード系の経済学の相違は，経済規模を規定する主要な要因を需要とみなすか，供給とみなすかで生まれることになる．

ジャンプ 図表13　経済政策思想の流れ　56頁へ

　ゾンバルトの言うように，18世紀半ばまで，つまりスミスが登場する直前までは，経済規模を規定する主因を需要と考える左側の考え方が明確に意識されていた．しかしスミスによって，経済学の視野は供給が経済規模を規定する主因と考える右側に移ることにな

143　ゾンバルト（1912）／金森訳（1987）『恋愛と贅沢と資本主義』190頁．
144　ゾンバルト（1912）／金森訳（1987）『恋愛と贅沢と資本主義』190頁．

る.

　途中，スミスの論にマルサスが異を唱えるが，ケインズが述べた
ように「勝利を占めたのはより魅惑的なリカードの知的構成物であ
り，しかもリカードは，マルサスの着想に完全に背を向けることに
よって，まるまる100年の間，経済学の主題を作為的な軌道に閉じ
込めることになったのである[145]」.

　右側が主流であった時代にあっても，ママリー，ホブソンによる
『産業の生理学』（1889）や，ゲゼルの『自由地と自由貨幣による自
然的経済秩序』（1914）という左側の経済学，今では「有効需要理
論」と呼ばれる経済学に近い書が登場するが，彼らは経済学界から
は異端扱いをされて不遇をかこっていた.

　第2章の「社会保障と関わる経済学の系譜序説」で論じたように，
経済学の主流であった右側が目に見えて挫折するのは，両大戦間期，
1929年の大恐慌時である. ここでケインズが，マルサス以降にあ
った左側の経済学の理論化を図る. しかしながら，ケインズの『一
般理論』をヒックスがIS-LMモデルで曲解してしまうという不幸
が経済学を襲い，このIS-LMモデルを軸に置くアメリカ・ケイン
ジアンが，サミュエルソンのケインズ理解として彼の教科書『経済
学』とともに世界中に普及してしまった.

　ところが，1960年代末になると，ブレトン・ウッズ体制が揺ら
ぎはじめ，70年代のブレトン・ウッズ体制の崩壊，オイルショッ
ク期に，高失業率と高インフレーションが重なるスタグフレーショ
ンという脅威にさらされて，アメリカ・ケインジアンはつまづく.
その結果，経済学の主流派は，曲解していたとはいえケインズの論
を部分的にでも受け入れていたアメリカ・ケインジアンから，シカ

145　ケインズ（1933）／大内訳（1980）『人物評伝』119頁.

ゴ系の新古典派にシフトしてしまう．この流れが 2000 年代に入っても続くのであるが，2008 年のリーマン・ショックを機に，新古典派が一般的であった経済学のあり方が強く疑いの目をもってみられるようになる．

右側の経済学と左側の経済学の相違

　図表 11 は，図表 1 の「社会保障と関わる経済学の系譜」（5 頁）における，右側と左側の経済学における前提の相違をまとめたものである．

ジャンプ 図表 11　右側の経済学と左側の経済学の前提の相違　52 頁へ

　右側の経済学では，アダム・スミス以来の「見えざる手（invisible hand）」が前提とされている．対して，左側の経済学では，「合成の誤謬（fallacy of composition）」という，個々の経済主体が自らに都合の良いように動いていくと，全体として不都合が生じてしまう，したがって，政府は合成の誤謬の緩和・解消のために，積極的に動かざるを得なくなるという大前提が置かれていることになる．

　右側の経済学の下では，見えざる手のもとに公共善が予定調和的に導かれるのであるから，政府の存在ははじめからきわめて限定されたものになってしまう．したがって，次のような考えをもつ人物が，右側の経済学を社会に浸透させるために人生をかけるのも十分に理解できる．

　　　フリードマンがかつてまだ有名でない頃に日本に来て，「私はユダヤ人だ．ユダヤ人は，国家とか制度とか民族とかを否定する．それによってナチス治下のユダヤ人，スターリン治下のユダヤ人がどれだけひどい目に遭ったかを考えてくれ」といったことを覚えている．

そういうユダヤ人の発想として「人間行動について抽象的なものを
前提し，その上にたつ普遍原理をつくりたい．これは，私の血の叫
びですよ」と彼は言っていた[146].

　図表1（5頁）で右側に位置づけているハイエクも，祖国オー
ストリアがナチスに併合されるようすをイギリスからみていた．ハ
イエクは，第2次世界大戦中の1944年，勤務先のLSEが疎開先と
したケンブリッジの地で『隷従への道』を書きながら，政府の役割
を高めようとしていたケインズたちを批判的にながめていた．ハイ
エクにすれば，祖国オーストリアを例に，政府が国民生活に介入す
る，その行き着く先はファシズムしかみたことがなかったのである．
　そして，ハイエクにしろ，フリードマンにしろ，国家が大きな役
割を果たすようになるのではあるが，その帰結として，彼らが知っ
ている全体主義とは全く異なる姿である，いわゆる福祉国家という
ものを，彼らの思想形成期にはみたことがなかったのである．そう
いう意味で，当時の時代の動きに対する彼らの反応は，ある面，仕
方がなかったと言えば仕方がなかったのかもしれない．
　そして，ハイエクを，オーストリアから，ロンドンのLSEに招
いていたのがライオネル・ロビンズである．晩年のロビンズは，ケ
インズをはじめとした左側の人たちへの理解を示すようになるのだ
が[147]，学部長としてハイエクをLSEに呼んだ1920～30年代の年
齢30代のロビンズは，右側にいた．

146　伊東光晴（1992）「ノーベル経済学賞ゼロの裏側」160頁.
147　ライオネル・ロビンズ（1971）／田中秀夫監訳（2009）『一経済学者の自伝』参
　　照.

ジャンプ　知識補給・ポパー，ハイエク，ライオネル・ロビンズの
親和性　343頁へ

右側の経済学とモンペルラン・ソサイアティ

　右側の経済学の代表者であるハイエク，フリードマンたちは，両大戦間期に進んでしまった政府の拡大に危機を感じ，1947年にスイスのレマン湖東岸に位置する保養地モンペルラン（ペルラン山）に集まって「自由主義，自由経済，自由社会を信奉する経済学者を核とする集まり[148]」モンペルラン・ソサイアティを設立する．そして，初代会長にハイエクが選ばれる．このソサイアティから，後に，10人に近いノーベル経済学賞の受賞者が出てくることになる——フリードリヒ・ハイエク（1974年受賞），ミルトン・フリードマン（1976年受賞），ジョージ・スティグラー（1982年受賞），ジェームズ・M・ブキャナン（1987年受賞），ゲーリー・ベッカー（1992年受賞），バーノン・スミス（2002年受賞）．

　彼らは，経済の自由放任を理想とするのであるが，その考えが是認されるのは，市場が備えもっていると彼らが信じる「見えざる手（invisible hand）」の働きゆえである．見えざる手が働くと確信するから自由放任を信奉できるのである——この点，道徳哲学者であったアダム・スミスは，一定の留保条件の下でのinvisible handを論じていたのであり，スミスの後継者と自認する昨今の経済学者たちとは考えていた次元が大きく異なっていた．

　しかしながら，両大戦間期の政府の役割の拡大は，第1次世界大戦後の西欧経済，特に英国経済の停滞と1929年の世界規模での大

148　フリードマン，ブキャナン（1988）／佐野健一・田谷禎三・白石典義翻訳（1991）
　　『国際化時代の自由秩序——モンペルラン・ソサエティの提言』ii頁．

恐慌という市場のつまずきが露見したから起こっていたのであった. そうした経済的行き詰まりは，資本主義経済に見えざる手が働いていないことを示す明らかな証拠であったのであり，経済的行き詰まりの原因は，自由放任がもたらす「合成の誤謬」にあるとしたケインズの有効需要理論が，当時の経済政策として効果をもち，広く認められることになっていたのである.

　ケインズ以前の経済学では，「自由放任」が唱えられていた——つまりは，「私的利益と公共善の間の神の摂理による予定調和という思想149」が支配的であった．そこでケインズは，私的利益と公共善の間に合成の誤謬が生まれることを説き，公共の利益を優先するために，従来の自由放任の終焉を論じ，資本主義経済を全面的崩壊から救い，個人の創意工夫を守るために，積極的な政府介入を主張するに至っていた．ケインズは，40代前半で自由放任の終焉という処方箋を経験と直観に基づいて主張していたのであるが，その理論的根拠を，50代に入った1936年の『雇用，利子および貨幣の一般理論』で示す．この動きを，モンペルラン・ソサイアティの面々は，自由主義の危機と捉えていたのである．議論のスタート地点での前提が根本的に異なるのであるから，両者は永遠に平行線を辿らざるを得ない運命にある.

左側の経済学における不確実性とミンスキー，そして過少消費論

　さて，左側の経済学の核となる「合成の誤謬」の世界に，未来のことなど分からないというフランク・ナイトの不確実性の意味で

149　ケインズ（1926）／宮崎義一訳（1981）『ケインズ全集第9巻　説得論集』237頁.

「不確実性」の前提を置き，それに関連して，貨幣に対する流動性選好が生まれるという条件と人には資産選好なるものがあるという条件を組み込むことが，セイの法則が成立しない世界を描くためには必要となる．ところが，セイの法則は成立するとする右側の経済学の世界では，未来については，リスク分布を既知として将来予測は可能であると考えるわけで，数学の世界で言う，エルゴード性の公理[150]——過去からの標本データが将来からの標本データに等しいという想定——が置かれる．Bastard Keynesian と呼ばれた新古典派総合の創始者，1970 年のノーベル経済学賞の受賞者であるサミュエルソンも，「1968 年に，もし経済学者が，経済学を歴史学の領域から取り去り，科学の領域に移したいと思うのなら，「エルゴード性の仮説」を採択しなければならない，と書いている[151]」とのこと．

　さらに金融市場に関して言えば，現在の株価は将来に対するあらゆる情報を織り込んだ上で成立しているとする効率的市場仮説[152]は右側の経済学と強い関係をもち，一方，経済の不安定性は資本主義経済が生来的に備えている欠陥であるとする，ミンスキー流の金融市場不安定仮説[153]は，左側の経済学およびその前提と繋がりをもつことになる[154]．

150　デヴィッドソン（2009）／小山・渡辺訳（2011）『ケインズ・ソリューション』「第 6 章　貨幣と不確実性」参照．

151　デヴィッドソン（2009）／小山・渡辺訳（2011）『ケインズ・ソリューション』39 頁．

152　ジャスティン・フォックス（2009）／遠藤真美（2010）『合理的市場という神話』参照．

153　ミンスキー（1986）／吉野紀他訳（1989）『金融不安定性の経済学』参照．

154　将来の不確実性，金融市場の不安定性などを強く論じるグループをポスト・ケインズ派と呼ぶこともある．もっともその中において，不確実性をどの程度重視

　将来は「不確実」であるという前提を置かないことには，貨幣に対する強い需要は見出しがたく，貨幣は経済活動の中でのただのヴェールに過ぎないとする貨幣ヴェール観になり，貨幣需要の理論，利子理論である流動性選好の話にはつながらなくなる．

　こうした多面的な前提の相違を相互に抱えもつのが，右側の経済学と左側の経済学であり，これらは全く異なるものであって，それぞれの立場から導き出されるあるべき政策の姿も違うものになる．

　そして，これら両経済学の相違を，貯蓄と資本の成長からなる平面で示したものが，「図表8　セイの法則の世界と有効需要理論に基づく過少消費の世界」（39頁）となる．ここで今，左側の経済学の視点から見れば，市場による所得の分配が，過少消費に陥っていると判断される状況にあるとする．

ジャンプ　図表9　右側の経済学と左側の経済学の世界とそれぞれの経済政策　42頁へ

　この時，左側の経済学の立場からは，雇用を生み，富の増加をもたらす政策は，高所得者から低所得者への所得の再分配や，安定した生活を送ることができる自立した雇用者，すなわち中間層の創出を促すための労働市場の補整ということになる．そして，所得分配のあり方については，比較的，社会全体の消費性向が大きくなるように，ある程度の平等な分配は望ましいというストーリーでまとま

するかで違いがあったりするようで，容易に一つのグループにまとめるのは難しい．したがって，ここでは，そうした言葉を使わずに，ケインズが『一般理論』第23章「重商主義，高利禁止法，スタンプ付き貨幣および過少消費論に関する覚書」で論じた考え方に沿う経済学のグループを，単に，左側の経済学とだけ呼んでおくことにする．新古典派にも，シカゴ系リバタリアニズムであったり合理的期待学派であったりと，細かくみれば同一でないものも含まれるが，本章では，右側の経済学とだけ呼んでおく．

る．このストーリーは，「資本の成長は個人の貯蓄動機の強さに依存しており，しかもこの資本成長のかなりの部分について，われわれは富者の有り余る所得からの貯蓄に依存しているという信念[155]」，つまりはケインズが闘わなければならなかった右側の経済学の信念，そして今なお支配的な考え方とは真正面から対立している．

　一方，右側の経済学に基づけば，今なお，投資が足りず，供給サイドが弱いゆえに，経済が停滞しているという判断をすることになり，労働市場については，柔軟性を高める政策──経営者側の視点から見た柔軟な労働市場──を唱道し，そして，所得分配に関しては，社会全体で貯蓄が効率的に行われるように所得分配の不平等は成長のためにはある面仕方がないという，効率と公平のトレードオフが厳然として存在し，低所得者の生活を向上させるためには，経済全体の成長の結果として，その滴がしたたり落ちるかたちでのトリクルダウン（trickle-down）ではかっていくことが望ましいということになる．

　学問の怖いところである──人が，手にする学問によって，政策解がまったく異なってくる．そういうことはまったく知らない人たち，特に社会的弱者は，経済学の中での思想の闘いの流れに翻弄されてしまうことになる．

　左側の経済学からみれば，社会保障は，次頁の図表27，図表28にみるように，高所得者から低所得者に，中央から地方への所得の再分配を通じて，社会全体の消費性向を高めること，それ自体が意図される政策ということになる．

　まさに，左側の経済学の観点に立てば，ケインズの言う，「消費性向を高めそうな方向で所得の再分配政策」を展開するのが，社会

155　ケインズ（1936）／間宮訳（2008）『一般理論』下巻，176-179頁．

図表27 所得再分配による所得階級別の世帯員分布の変化（等価所得[156]）

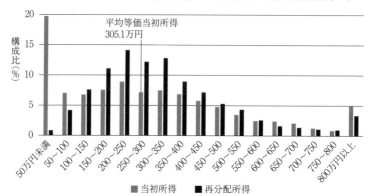

資料：厚生労働省「平成29年所得再分配調査報告書」
出所：筆者作成.

図表28 地域ブロック別所得再分配係数

地域ブロック別所得再分配係数(%) = 〔(再分配所得 − 当初所得)／当初所得〕× 100

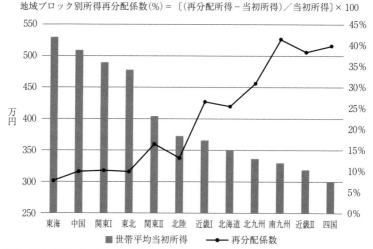

資料：厚生労働省「平成29年所得再分配調査報告書」
出所：筆者作成.

---

156 等価所得は，世帯の所得を世帯人員の平方根で除した数値．その意味について
　は権丈（2020）100頁参照．

保障なのであり，「個人の創意工夫がうまく機能するための条件」
として，資本主義経済の下では，所得再分配政策としての社会保障
が確固たる地位を得ることになる．

> 完全雇用が達成されるまでは，資本成長は低い消費性向に依存する
> どころか，かえってそれによって阻害され，低い消費性向が資本成
> 長に寄与するのは完全雇用状態の場合だけだ……．そのうえ経験の
> 示すところによれば，現状では，諸機関の貯蓄および償還基金とい
> う形をとった貯蓄は適量を超えており，消費性向を高めそうな方向
> で所得の再分配政策が採られれば，資本成長に断然有利に作用する
> ことになろう[157].

> 消費性向と投資誘因とを相互調整するという仕事にともなう政府機
> 能の拡大は，19世紀の政治評論家や現代のアメリカの金融家の目
> には，個人主義への恐るべき侵害だと映るかもしれないが，私はむ
> しろそれを擁護する．現在の経済体制が全面的に崩壊するのを回避
> するために実際にとりうる手段はそれしかないからであり，同時に
> それは個人の創意工夫がうまく機能するための条件でもあるから
> だ[158].

資本主義の成熟と社会保障

　資本主義が成熟してきて，時代時代の人々のライフスタイル，消
費スタイルを強く規定する主要な耐久財の普及率が高まり，消費需
要が飽和し始めると，資本主義経済は過少消費という病に陥ってし
まう．この時，国内に市場を求めることを諦めるとすると，ホブソ

157　ケインズ（1936）／間宮訳（2008）『一般理論』下巻，179頁.
158　ケインズ（1936）／間宮訳（2008）『一般理論』下巻，190頁.

図表 29　資本主義の深化と需要不足という病理

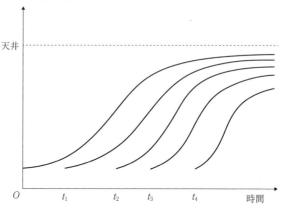

備考：t_1, t_2, t_3, t_4……は新しい財／産業が誕生した時点.
出所：吉川洋（2006）『いまこそ，ケインズとシュンペーターに学べ』136 頁.

ンが 19 世紀末から 20 世紀初頭に指摘したように，軍旗の下での輸出，すなわち帝国主義という道も視野に入れられてくることになるかもしれない[159].

　消費需要の飽和が経済規模の天井となることを明確に示した成長論として，青木＝吉川モデルがある[160].

　　　　ジャンプⅤ 知識補給・経済成長を需要サイドから見れば
　　　　　　　　　　　　　　　　　　　　──青木＝吉川モデル　350 頁へ

　彼らのモデルは，各財・サービスが S 字型成長をすることを「定式化された事実」として確認することから出発する．そして，新規商品の S 字型成長曲線は，財／産業の数だけ描かれることになる．

159　ホブスン（1902）．／矢内忠雄（1952）『帝国主義論』参照.

160　Aoki, M. and H. Yoshikawa（2002）, "Demand Staturation-Creation and Economic Growth," *Journal of Economic Behavior & Organaization*, 48, 127-154.

個々のＳ字の単年度の高さを足し合わせたものが，一国の生産＝所得＝消費規模であり，その変化率が成長率となる．飽和に近い産業ばかりをかかえている国の成長率は低く，成長期の産業を多くもっている国の成長率は高くなる．この社会の成長を抑制しているのは，需要の飽和と，その原因となる需要創出型のイノベーションの停滞である[161]．経済成長が持続して行われるためには，これから，導入，成長，飽和を迎える新しい財・サービス（過去における三種の神器など），もしくは産業構造の転換（過去における第1次産業から第2次産業への転換，現在進行中の第2次産業から第3次産業への転換）が図られ，新しい需要をもたらす市場の開拓（過去における帝国主義的政策等々）を行わなければならない．

　青木＝吉川モデルと同様に，需要の飽和を経済規模の天井と考えている小野善康氏は，しばしば主要耐久財の普及率を示して，資本主義社会の成熟を描写している．

　私が，時に引く例は，数年前にヒットした「ゲゲゲの女房」の話である．主人公たちが結婚したのは1961年，まさに高度経済成長スタート時期であった．新婚当初，彼らの家には，家財道具は悲しいほどになにもなかった．ところがその後，次の図表30に示されるようにカラーテレビ，クーラー，自動車などなど三種の神器がド

161　シュンペーターは，イノベーションを多次元で定義している．①新しい財の導入，②新しい生産方式の導入，③新しい市場の導入，④原材料の新たな供給源の開拓，⑤新しい組織の創造．このイノベーションと日本経済の現状について，吉川氏の次の言葉は，至言である．

　　「デフレは，日本企業のイノベーションに対して，そうした「プロダクト・イノベーション」からコストカットのための「プロセス・イノベーション」へと仕向けるバイアスを生みだした．」吉川（2013）『デフレーション』211頁．プロセス・イノベーションは②，プロダクト・イノベーションは①に相応する．

図表30　主要耐久財の普及率

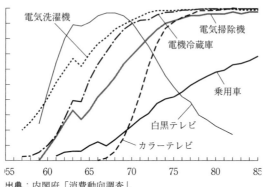

出典：内閣府「消費動向調査」.
出所：小野善康『成熟社会の経済学』3頁.

　ラマの中でも揃っていった．経済成長とは，人々が貨幣を保有して
おきたい欲求（金銭欲）よりも，ものを買いたいという欲求（物欲）
が勝り，消費者が購入したい財・サービスを手に入れて生活水準の
向上を実感できる変化なのである．一方，中国やインドをはじめと
した新興国には，この生活水準に到達していない人が数多くいる．
ゆえに，成長の余地は大いにあると見込むことができる．
　別の観点からみれば，経済成長とは，国富の計量単位たる付加価
値の増加のことである．たとえば，付加価値は，生産面から眺める
と生産額から中間投入額を控除した額であり，分配面から眺めると
営業余剰，雇用者所得，固定資本減耗からなる．ここで，企業が利
潤極大化の視点から労務コストを限りなく低く抑え雇用者所得の伸
びを落とせば，いずれは付加価値の総額たるGDPは縮小する．な
ぜならば，付加価値を支出面から眺めると，雇用者所得の低下は消
費の縮小，在庫投資の増加で調整され，ゆえに，早晩，固定資本形

成が減少していくからである．各企業のミクロ的な成長論としては労務コストの抑制は極めて合理的なのであろうが，マクロには「合成の誤謬」に陥ってしまう．企業の利潤極大化と，社会の付加価値極大化はまったく異なるのである．労働力の非正規化を進めた民間の経営者たちに，一国の経済政策を習うほど滑稽な話はない．

　新興国の賃金の低さに負けないようにと，労務コストを下げ続けていくと，行き着く先は新興国の生活水準にたどり着くだけである．

　時代時代の中で人々の消費スタイルを強く規定する主要な財・サービスの消費需要が飽和しているような成熟した資本主義社会においては，社会保障は国内消費の飽和を緩和させるために，消費が飽和していない人や領域に所得を再分配する役割をはたすことになる．いわば，社会保障は，市場問題と生活問題を同時に解決する策として意識され，利用されることになる．

　高所得者から低所得者に所得が再分配されたり，企業が貨幣の保蔵を減らして雇用者所得に回せば，社会全体の消費性向が高まる．

　次の図表31は，GDP比でみた国民負担率と相対的貧困率——年収が全国民の年収の中央値の半分に満たない国民の割合であり，貧困というよりは格差の指標——の相関図である．この図は，2009年10月に，当時の民主党政権下の厚労大臣が，日本の貧困率を算出するよう厚労省に「ご指示」した時に，私が作ったものであり，増税不要，国民負担率引き上げ不要を唱えて政権の座についたこの内閣の論理矛盾を示すために描いたものであった．

　日本の格差の大きさ，相対的な貧困率の高さが言われて久しいが，その主な原因は，国民負担率が小さく，結果，高所得者から低所得者への所得再分配の規模が小さいからである．

　大陸ヨーロッパは再分配政策を重視した経済運営を行い，アメリ

図表 31　国民負担率と相対的貧困率

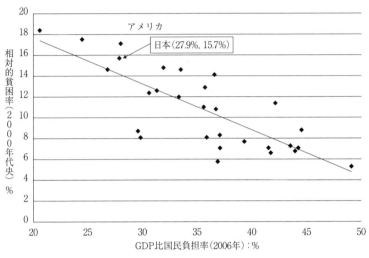

資料：OECD. Stat.
出所：筆者作成.

カは小さな政府のままバブルを続けてあまり品の良くない消費や住
宅投資を煽って需要不足を補ってしのぎ，日本は合成の誤謬に気づ
かずに経営者に政策形成を委ねて，労賃の引き下げを進め，社会保
障のための負担増を回避し続けてきた．そして，皆，アメリカ戦略
の破綻に巻き込まれていったのが，2008 年リーマン・ショックと
いう歴史の分岐点であった．
　また，右側の経済学と左側の経済学は，図表 11「右側の経済学
と左側の経済学の前提の相違」（52 頁）にまとめたように，市場
の働きについての認識が全く異なっている．市場の働きに対する認
識の相違が，医療保障論を展開するにしろ，公的年金保険論を展開
するにしろ，個別具体的な政策フィールドに関しても，右と左では

完全に異なることになる.

　医療に関しては, 右側を新古典派医療経済学, 左側の経済学を制
度派医療経済学と呼んで論じている権丈 (2006 VI巻) に収めた「医
療経済学の潮流――新古典派医療経済学と制度派医療経済学」(『医
療経済学の基礎理論と論点』(2006) 第 1 章としても所収) を参照され
たい. 年金に関しては, 私がはじめて年金の論文を書いた権丈
(2009〔初版 2004〕II巻)「第 1 章　年金改革論議の政治経済学」の
中で, それまで右側の経済学の観点からなされてきた日本の年金研
究を批判的に検討している. 私のその年金の論文の冒頭――つまり
は, 私が年金に関して文章を書いた第 1 文目――は, 次の文章から
はじまっている.

　　　シカゴでミルトン・フリードマンから直に薫陶を受けた「シカ
　　ゴ・ボーイズ」たちが, 祖国チリの民営積立方式の公的年金をデザ
　　インしたとされている. この年金は, 1990 年代に一世を風靡し, 2
　　階部分の民営積立方式を推奨する World Bank (1994) からは年金
　　改革のお手本のように引き立てられていた[162].

　1990 年代後半から 2000 年代のはじめ, 日本の経済学者たちは,
World Bank が 1994 年に出した報告書を根拠に, 公的年金保険の
民営化だとか積立方式化だとかを主張し, 日本の公的年金保険を抜
本改革してチリのような年金に変えるべしと論じていた. しかしな
がら, その頃すでに, 私は, World Bank が, 右側の経済学の総帥
であるフリードマンや, IMF と手を組んで, 経済界, 特にウォー
ル街の意向を汲んで動いていたり, シカゴ大学の経済学教員たちが,

162　権丈 (2009〔初版 2004〕II巻) 7 頁.

チリのピノチェト政権やアルゼンチンのビデラ政権のもとでどのようなことをやっていたのかをおおよそ知っていた[163]．ゆえに，私は，右側の経済学を当てはめただけの論を言う World Bank の提言には慎重になってしまい，結果，私の年金論は，その出だしから当時はやりの日本の年金経済学者たちとは違った道を進むことになる[164]．

　自分が手にしている学問がどのような性格をもっているものなのかを常に意識して，手にしている経済学を一段と高いところから眺めて相対視するだけの余裕をもっておかなければ，それを手にした人たちにとっては，自分で操作する分析ツールであったはずのものが偏見，先入観を植えつける一種の色メガネに変質し，分析者の目に入る映像の姿・かたちを変えてしまって，結果，彼の思想は，学問に支配されてしまうことになりかねないのである．しかも，科学，学問の名の下に，当人たちが意識しないうちに考え方を支配してしまうのであるから，経済学がもつそうした性質はあまり誉められたものとはいえない．

　右側に染まるにしろ左側に染まるにしろ，経済学とはそういうものだということは分かっておいてもいい話だと思っている．

163　シカゴ大学と南米のクーデター政権との関わりについては，ナオミ・クライン（2007）／幾島・村上訳（2011）『ショック・ドクトリン』が詳しい．

164　「第5章　公的年金保険の政治経済学」参照．

応用編　Ⅱ

応用編　Ⅱ

応用編Ⅱでは，医療・介護，年金，社会保障論に，政策思想，経済学がどのように関わってくるのかを論じていく.

第4章 合成の誤謬の経済学と
　　　 福祉国家[*]

> 　経済学は，その発祥の頃から，経済活動の公と私の境界線をどこに
> 引くかに焦点を当ててきた学問である．今日的に，その境界線は，ど
> のあたりに引かれるべきなのか．とは言え，この問に対する答えも，
> 手にした経済学が異なれば変わる．そして，福祉国家は，どういうロ
> ジックの上に成り立っていて，社会保障は国民経済の中でどのように
> 位置づけられるべきなのか．

合成の誤謬と自由放任の終焉

　現代の市民社会にあっては，人々が不幸せなときにどうしても必
要となる基礎的な財・サービスや，子どもなどの，本人たちの経済
的責任や意思決定の責任を問うことができない人たちが必要とする
基礎的な財・サービス，特に外部便益の大きい財・サービスについ
ては，できるだけ彼らの必要性に基づいて利用できるようにするこ
とをねらった制度が準備されている．前者の代表例が，医療・介護

　＊　日本医師会「「医療を営利産業化していいのか」について」『平成22・23年度
　　医療政策介護報告書』（2012年3月）所収論文「医療保障政策と医療団体の政治
　　経済学的位置」を本書用に一部略して掲載．

であり，後者の例として保育・教育などが挙げられる．これら基礎的消費の社会化が目的を十分に達成できるかどうかは，各制度の財源調達力に依存するのであるが，目指そうとする方向は，どの制度も同じで，必要性に基づいて利用できるサービスを，市場社会の中に組み込むことである．

市場社会では，消費者の意思と能力——所得や資産に裏打ちされた支払能力——に基づいて，生産される財・サービスを利用できる権利が分配される．逆に言えば，市場の原則とは，消費者に相当に強い必要性があったとしても，支払能力がない人には必要となる財・サービスを利用できる権利は与えないことでもある．

市場社会にあっても，所得や資産に基づく支払能力だけに依存しないで，ある特別な財・サービスについては必要に応じて利用できる機会を平等に保障する方針を，「特殊平等主義」という．これは，「能力に応じて働き，能力に応じて分配する」結果としての純粋資本主義とも，「能力に応じて働き，必要に応じて分配する」結果としての社会主義とも異なる，現代的な国家の形態である．

こうした，純粋資本主義のなかに部分的に特殊平等主義を取り入れた国家は，修正資本主義国家と呼ばれることもあり，福祉国家と呼ばれることもあり，社会主義と資本主義が混じり合ったことを意味する混合経済と呼ばれることもある．

この混合経済の必要性を資本主義に強く自覚させたのが，両大戦間期の経験であった．そこでは，第1次世界大戦後の西欧経済，とくに英国経済の停滞と1929年の世界規模での大恐慌という市場のつまずきが露見した．そうした経済的行き詰まりの原因が，個々の経済主体には妥当しても全体を合計すると妥当しないという「合成の誤謬」にあるとしたケインズの有効需要理論が，当時の経済政策

として効果をもち，広く認められることになったのである——なお，現代ではケインズと並ぶ経済学者と称されるシュンペーターやハイエクの経済理論は，当時の経済を完全に見誤っていた.

　ケインズ以前の経済学では，「自由放任」が唱えられていた——つまりは，「私的利益と公共善の間の神の摂理による予定調和という思想[165]」が支配的であった．そこでケインズは，私的利益と公共善の間に合成の誤謬が生まれることを説き，公共の利益を優先するために，従来の自由放任の終焉を論じ，資本主義経済を全面的崩壊から救い，個人の創意工夫を守るために，積極的な政府介入を主張した.

　ケインズは，40 代前半で自由放任の終焉という処方箋を経験と直観に基づいて主張していたのであるが，その理論的根拠を，50 代に入った 1936 年の『雇用，利子および貨幣の一般理論』で示す．ケインズは，そこで次のように言う.

　　今日の状況においては，富の成長は，富者の節欲にかかっている——とふつう考えられている——どころの話ではなく，むしろそれによって阻害される可能性のほうが大きい，ということである．したがって，富の大きな不平等を社会的に正当化する主要な理由の一つは除去されることになる[166].

　　消費性向と投資誘因とを相互調整するという仕事にともなう政府機能の拡大は，19 世紀の政治評論家や現代のアメリカの金融家の目には，個人主義への恐るべき侵害だと映るかもしれないが，私はむ

165　ケインズ (1926)／宮崎義一訳 (1981)『ケインズ全集第 9 巻　説得論集』237頁.
166　ケインズ (1936)／間宮訳 (2008)『一般理論』下巻，180 頁.

しろそれを擁護する．現在の経済体制が全面的に崩壊するのを回避
するために実際にとりうる手段はそれしかないからであり，同時に
それは個人の創意工夫がうまく機能するための条件でもあるから
だ[167]．

　ケインズの言う有効需要の理論は，古くは，『人口論』（1798）で
有名なマルサスが『経済学原理』（1820）のなかで説いた．彼は，
同時代を生きていたセイやリカードが主張した「供給はそれ自らの
需要を作る」という販路法則，通称「セイの法則」を否定して，経
済は，生産された財・サービスをさばくことができない状態，つま
り，一般的過剰供給に陥る可能性があり，経済規模は，生産力では
なく有効需要によって決まることを説いた．この考えは，セイの法
則を信奉するセイやリカードに一笑にふされ，過剰供給論は，19
世紀前期の経済学——貨幣の経済特性には考えが及ばなかった経済
学の主流からは消え去っていく．そして，およそ100年の後に，マ
ルサスの有効需要理論（「有効需要」という言葉はマルサスのなかに頻
繁に登場する）に基づく一般的過剰供給論を，流動性選好という貨
幣理論を基礎に据えた有効需要理論に基づく過少消費論として復活
させたのが，ケインズだった．
　ケインズは『一般理論』のなかで（そして，『一般理論』よりも10
年以上前にケインズが書いた『人物評伝 マルサス』のなかでも），マル
サスがリカードへ宛てた手紙やマルサスの『経済学原理』から，長
文の引用を行っている．その長文の引用箇所の中から部分的にピッ
クアップすれば——

167　ケインズ（1936）／間宮訳（2008）『一般理論』下巻，190 頁．

私たちは世界中のほとんど至るところで，膨大な生産能力が活動させられていないことを知っています．また私はこういう現象を説明するのに，現実の生産物の適当な分配が欠けているために，生産を継続する十分な動機が与えられていないからだと主張します[168]．

〔もし消費が生産を越えるならば，その国の資本は減少するにちがいないし，またその富は次第にその生産力の不足のために破壊されるにちがいない．もし生産が消費をはるかに越えるならば，消費の意志の不足のために，蓄積や生産の誘因は消え去ってしまうにちがいない[169]〕．この両極端は明らかである．そこで経済学の力ではそれを確かめることができないかも知れないが，生産力と消費への意志との双方を考慮に入れた場合に，富の増加への刺戟が最大になる中間点（intermediate point）がなければならない，という結論となる．

　要するに，マルサスが言っていること，およびマルサスを批判するセイやリカードの言っていることは，図表8に要約できよう．

ジャンプⅣ　**図表8　セイの法則の世界と有効需要理論に基づく**
過少消費の世界　39頁へ

　まず，セイやリカードが信じる「セイの法則」（＝販路法則）が成立する世界では，貯蓄された貨幣は保蔵（hoarding＝貨幣によってなされる価値の貯蔵）されることなく富の増加にもれなく使われる．限界生産力逓減の影響を受けるために，貯蓄は富の増加とは直線的

168　「マルサスからリカードへの手紙　1821年7月7日」ケインズ（1933）／大内忠男訳（1980）『ケインズ全集 人物評伝』135頁.

169　マルサス（1820）／小林時三郎訳（1968）『経済学原理』9頁. なお，〔　〕内はケインズによる引用箇所ではないが，マルサス『経済学原理』より筆者が挿入.

な関係ではなく凹型の関係となるが，生産活動に有効利用され，「供給はそれ自らの需要を作る」ため，自由放任下でも生産物はさばかれることになる．

こうした世界では，貯蓄は多ければ多いほど望ましいものとみなされる．そして，社会全体で貯蓄を大きくするための社会的仕組み，具体的には，限界貯蓄性向が高い高所得者に所得が偏り，それが低い低所得者には所得があまり分配されない「所得の不平等分配」が正当性をもつことになる．これがまさに，ケインズが論駁すべきターゲットとした社会の信念，「資本の成長は個人の貯蓄動機の強さに依存しており，しかも資本成長のかなりの部分について，われわれは富者のあり余る所得からの貯蓄に依存しているという信念[170]」であった．この信念が，1980年代，「富める者が富めば，貧しい者にも自然に富が浸透（トリクルダウン）する」という，確かに政治思想とは言えようが，歴史のなかでは経験的には確認されたことがないために，とても経済理論とは呼べないトリクルダウン理論とセットになって，大いに復活することになる．

これに対して，マルサスは，自由放任下では「生産物の適当な分配が欠けている[171]」ために，富の増加を極大化させるのに必要な額以上の貯蓄がなされてしまい，経済は過剰供給に陥ってしまうおそれがあると説く．これをケインズは，19世紀後半からホブソンたちが用いていた言葉，過少消費論と呼んで議論していた．

170　ケインズ（1936）／間宮訳（2008）『一般理論』下巻，179頁.

171　マルサスは，本来，「所得の分配が適切さを欠いているため」と書かなければ
　　ならないところなのであるが，マルサスやリカード，セイたちは，理論構築の際
　　には貨幣の介在がない物々交換社会を想定していたようで，ゆえに，マルサスの
　　文章は「生産物の分配が……」となっている．ここにもマルサスが，リカードや
　　セイを論駁できなかった原因がある.

　過少消費論に基づく経済への処方箋は，貯蓄を減らして消費を増やすことであり，消費が飽和していない人や領域や地域に所得を再分配することにより，消費の中心的な担い手としての中間層を厚くしていくことである．その 1 つの手段が，ケインズの言葉を借りれば，「消費性向を高めそうな方向で所得の再分配政策が採られれば，資本成長に断然有利に作用することになろう[172]」ということになる．他にも，再分配政策に頼らずとも，今日のように，企業が投資先を見つけることができずに企業貯蓄を肥大化させている環境では，賃金を引き上げて営業余剰を減らすことも，社会全体の消費性向を高める手段となり得る．

　高所得者から低所得者に所得が再分配されたり，企業が貨幣の保蔵を減らしたりして雇用者所得に回せば，社会全体の消費性向が高まる．消費性向が高まれば消費が増え，消費が増えれば，企業は生産設備の拡張のために投資を増やす．この流れをハンセン＝サミュエルソン・モデルを用いて，辻村江太郎はシンプルに示しているので，それを紹介しておこう[173]．

　ハンセン＝サミュエルソン・モデルには，景気変動の源を消費の変動とする J. M. クラークの加速度原理が組み込まれている．これにより，ハンセン＝サミュエルソン・モデルは，ケインズの有効需要の原理ならびに消費性向を調整する政府の政策効果を象徴的に示すことに成功している．

172　ケインズ（1936）／間宮訳（2008）『一般理論』下巻，179 頁.
　　高所得者から低所得者への所得の再分配が国民所得に与える影響への考察は，
　　小野善康（2009）『金融　第 2 版』97-98 頁.
173　辻村江太郎（2001）『はじめての経済学』227-235 頁.

所得の定義式　　Y_t　$=$　　C_t　　$+$　　I_t　　$+$　　G_t

　　　　　　　国民所得　　　民間消費　　民間投資　　政府支出

消費関数　　　　C_t　$=$　αY_{t-1}

　　　　　　　今期の消費　（消費性向）（前期の所得）

投資関数　　　　I_t　$=$　$\beta (C_t - C_{t-1})$

　　　　　　　今期の投資　（投資誘因）（前期から今期の消費増加）

これら3式より，次式を得る．

$$Y_t = \alpha(1+\beta)Y_{t-1} - \alpha\beta Y_{t-2} + Gt$$

　この式は，消費性向αと投資誘因βが与えられれば，前々期 $t-2$と前期の$t-1$国民所得と，今期tの政府支出Gtのいかんによって今期の国民所得が決まることを表している．

　現実の経済は，消費性向αや投資誘因βは安定していないために，過去のデータに基づいて消費性向αや投資誘因βを推計し，その値を固定して，将来を予測することはできない．しかし，ハンセン＝サミュエルソン・モデルに基づいて，消費性向の変化が投資量に影響を与え，それが国民所得にどのような影響を与えるのかを見ることはできる．

　辻村は，簡略化のためにβを2，$Gt=0$とし，消費性向αが0.89から0.95まで変化するのに応じて，初期条件$Y_{t-2}=90$，$Y_{t-1}=100$から後の各期間での動向がどのように変化するのかを見た数値例を示している（図表32）．

　このシミュレーションから，辻村は次を読み取る．

　　$\alpha=0.95$のときは名目需要の拡大が早すぎてインフレを招くケース，
　　$\alpha=0.89$のときは景気の急落で恐慌を招くようなケースで，消費

図表32　ケインジアン・マクロモデルのシミュレーション

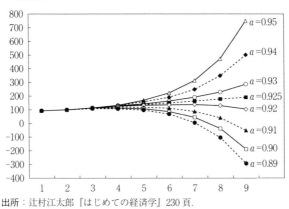

出所：辻村江太郎『はじめての経済学』230頁.

性向 α の値のわずかな差が景気動向に敏感にひびく事が例示されている[174].

　ケインズは，『一般理論』で，消費性向 α が固定された消費関数を定義したために，民間投資を与件とした場合の需給ギャップは，政府投資で調整すべしと受け止められる傾きを，彼の後世代の経済学者に残した．だが，『一般理論』のなかでは，消費性向の調整にも触れており，ケインズは一般的過剰供給を唱えたマルサスを『人物評伝』のなかでケンブリッジ経済学の始祖として称えていたことも記憶しておいていいだろう．もっとも，今日の日本では，消費性向に着目するばかりでなく，貯蓄残高というストックのフロー化も視野に入れて消費を拡大する問題も考えなければならないことも付け加えておく．

　ヴェブレン，ミッチェルなどの制度学派の流れを汲むJ. M. クラ

174　辻村（2001）『はじめての経済学』231頁.

ークは，景気変動の原因は消費の変動にあると見ており，その視点
からケインズ経済学を支持し，当時のアメリカのケインジアンたち
も，J. M. クラークと同じ視点からケインズの有効需要理論を支持
しいていた．このあたりを，以前，わたくしは次のようにまとめた．

　『ケインズ革命』を記したクラインは，その中で，「高水準の消費経
　済こそじつに資本主義にとって長期にわたる宿望である．〔中略〕
　高水準の消費を達成する最大の可能性は，現在では社会保障計画の
　なかに見出される」という形で社会保障をケインズ理論の中に位置
　づけた．さらには，当代一流のテキスト・ライターであったハンセ
　ンはケインズ理論の拡大解釈とも言える〈補整的財政政策〉という
　持論の中で，社会保障に重要な役割を担わせた．すなわち，「社会
　保障と社会福祉の広範かつ包括的な体制が，有力な安定化要因とし
　て着実かつ永続的に作用する．それは不況に底入れをする．それは
　あたかも，購買力を広く全国にわたって分配する大きな灌漑組織の
　ような役割をする」[175].

　私の言う「積極的社会保障政策論[176]」のなかで「灌漑政策とし
ての社会保障」という言葉を使うのは，高所得者から低所得者，喫
緊の消費の必要性のない人・時期から喫緊の必要のある人・時期に
所得を再分配する政策として，社会保障を位置づけているというこ
とであり，医療も然り．今後，灌漑施設の水路の幅を広げる分だけ
医療介護は成長産業であり，毎年その水路に水が安定的に供給され
るのであれば，医療介護は安定産業でもある．そして，灌漑施設の

175　権丈（2009〔初版2004〕II巻）213-214頁.
176　権丈（2009〔初版2004〕II巻）.

おかげで田畑が潤い農作物が生産されるようになるという意味で，医療介護は経済成長に資することになる．しかしながら，社会保障という灌漑政策で潤った田畑で何を育てるかは，政府の仕事ではなく民間の仕事である．

　日本の国内総生産は約500兆円であり，社会保障給付費は100兆円を超え，年金50数％，医療は30％強，介護は7％を占めている．この社会保障は，「ミクロには貢献原則に基づいて分配された所得を，必要原則に基づいて修正する再分配制度であり，マクロには，基礎的消費部分を社会化することにより，広く全国に有効需要を分配するための経済政策手段である[177]」．社会保障は混合経済の中心的な構成要素であり，企業や高所得者に負担を求めて，日本国内での中間層の創出に大きく期待されている[178]．

　しかしながら，日本経済の現状を考えれば，社会保障による中間層の創出は十分とはいえない．それどころか，日本における労働市場の非正規化と低賃金化は，消費を支える中間層の厚みを薄くする方向に強く作用してきたのであるが，日本の社会保障は所得分配面でその傾向に抗する力をもっていなかった．その結果，長期にわたって，日本の消費は非常に弱く，これが，消費単位である人口減少と相まって企業の期待収益率を引き下げ，積極的な投資を思いとどまらせてきた．つまり消費と投資からなる有効需要の不足が，デフレを長期化させてきた．国民経済における中間層が薄くなるなか，貨幣を消費・投資に回さずに，手元に保蔵している層が厚くなると

177　権丈（2009 V巻）63頁.

178　最近，中間層論議が盛り上がっているが，市場が中間層の創出を苦手としていることは昔から当たり前のことである．「"地方を活性化する"とか"中産階級を生む"とかいうのは，意図的にやらないとできっこないです」権丈（2009 V巻）123-142頁参照.

ともに，購買力が弱い低所得層が厚くなっていることは日本のデフレを加速することになる．

　一方，日本の政策レベルでは，需要不足は投資不足ゆえとみなして，多くの投資促進政策を展開した．しかし，それが効果を生まなかったのも当然で，過少消費の状況下で供給サイドに向けて民間投資を促すだけの政策は，無人島で商売を強要しているようなものだからである．バブル崩壊以降の生活自己責任原則の徹底のもと，社会保障を削減して将来の生活不安を増幅させながら，国民に自助努力を促して貯蓄に走らせるのは，過少消費論の視点から見れば，必要な経済政策とはまったく逆のことをしていたとも言える．そこに，当時野党であった民主党は，年金をはじめとした社会保障を政争の具として将来不安をかき立て，過少消費を加速した．大罪である．

合成の誤謬に基づく政策に抗う経済界

　市場における個々の主体が私的利益を求めると，国民経済は過少消費という合成の誤謬に陥って，経済成長という公共善を失うことになる．したがって，政治過程を通して市場活動に規制をかけ，私的利益の追求を制限することにより，国民全般が公共善を享受できるようにする政策が，再分配政策としての社会保障である．

　企業家であっても，過少消費という合成の誤謬に陥るメカニズムを理解している者はいた．たとえば，ヘンリー・フォードである．フォードの理解を，次の言葉は端的に示している．

　　雇用の削減とか賃金カットによる国家利益などという言葉をよく耳にする．賃金カットは結局購買力を低下させ，国内市場，国内需要にブレーキをかけることになるのだが，なぜそれが国家利益になる

のだろうか[179].

　　我が社が本当に発展しだしたのは，1914 年に日給を 2 ドルから 5
　　ドルに引き上げ，最低賃金を定めてからであり，それによって従業
　　員の購買力は増加し，他社の製品を買う力もますます向上していっ
　　た．わが国が繁栄する背景には，高い賃金を払い製品価格を下げて，
　　大衆の購買力を向上させるという考え方がある．これは我が社の基
　　本的な考え方であり，我々はこれを賃金指向と呼ぶ[180].

　フォードは，上のように考え，そして実行した．しかしながら，
それは，フォードの奇特な人柄に帰する希な話である．経済学の始
祖アダム・スミスが 18 世紀後半にも言っているように，「雇い主が
団結することはめったにないと考えるのであれば，雇い主について
知らないというだけでなく，世間を知らないというべきだろう．雇
い主はいつでもどこでも，暗黙のうちにではあるが必ず団結して，
労働の賃金をひきあげないようにしている」[181].

　私的利益と公共善の予定調和を否定して，合成の誤謬論に基づい
て，公共利益に重きを置いた政策を展開するということは，実に理
に叶った考え方ではある．しかしながら，合成の誤謬論の裏の意味
は，私的利益を追求する当の本人たちは，公共善のために協力する
ことを，負担としか思っていないということである．
　個別の資本や 1 人ひとりの高所得者から見れば，混合経済の拡大

179　ヘンリー・フォード／豊土栄訳（2000）『ヘンリー・フォードの軌跡』87 頁.
180　ヘンリー・フォード／豊土訳（2000）『ヘンリー・フォードの軌跡』146 頁.
181　アダム・スミス（1887）／山岡洋一訳（2007）『国富論』上巻，71 頁.

や最低賃金法をはじめとした労働者保護の政策は，自分たちの税や
社会保険料負担の増加や営業余剰と株式配当の低下を意味するだけ
にしか見えない．彼ら資本家や高所得者から見れば，自分の資本や
所得を高めるためには，当面の利潤，すなわち当面の営業余剰を増
やすこと，目の前の累進課税から逃れることが，合理的な政策に見
える．したがって，彼らは，合成の誤謬論に基づく政策を支える理
論，思想の反転の機を虎視眈々とうかがうことになる．ここで重要
な役割を演じるのが，経済学である——混合経済論の誕生にケイン
ズ経済学が関わったように．

> 経済学がよく政治にまきこまれてしまうことも覚えておいたほうが
> いい．多くの問題について有力な利益団体が存在し，自分たちが聞
> きたい意見を知っている．彼らはそういう意見を表明している経済
> 学者を探し出し応援して，学者仲間の間でも群を抜く地位と名声を
> 与えて自分たちの立場を有利にしようとするのだ[182]．

そして，混合経済の在り方に不満をもつ者にとっては，打ってつ
けの存在があった．

> 自由放任経済を否定するケインズ革命は，企業部門に多大な代償を
> 強いるものだった．企業の失地回復のためにはケインズ主義に対抗
> する「反革命」を起こすこと，つまり大恐慌以前よりさらに規制の
> ない資本主義体制に戻ることが必要なのは明らかだった．だがウォ
> ール街自らが行動に出ることは，当時の情勢からいって無理だった．

182　クルーグマン，ウェルス／大山道広他訳（2009）『クルーグマンマクロ経済学』
　　45頁．

……そこで，まさにその役割を担ったのがシカゴ学派だった[183].

　シカゴ学派とは，ミルトン・フリードマンを総帥とする新自由主義者の集団である.

　　シカゴ学派の経済学者は，マルクス主義者を真の敵とはみなしていなかった．問題の根源は，アメリカにおけるケインズ学派，ヨーロッパにおける社会民主主義，そして当時第三世界と呼ばれた地域における開発主義の考え方にあるとされた．これらの人々はユートピアではなく混合経済を信じているのだ，と．……彼らが希求したのは厳密には革命ではなく資本主義的「改革」であり，汚染されていない純粋な資本主義への回帰だった[184].

　これから分かるように，福祉国家を是とするか，それとも，それを非とするかは，深層のところでは，企業や高所得者に費用負担を求める者と，それを拒む者の相克，つまりは分配問題そのものなのである.
　そして，混合経済の維持拡大は，経済界や高所得者から阻まれ，のみならず，経済界や高所得者から，絶えず縮小の圧力がかけられる宿命にある.

183　ナオミ・クライン（2007）／幾島・村上訳（2011）『ショック・ドクトリン』77
　　頁.
184　ナオミ・クライン（2007）／幾島・村上訳（2011）『ショック・ドクトリン』73
　　頁.

経済界のプロパガンダと規制緩和圧力

　混合経済，福祉国家というのは，経済界に負担を強いるために，経済界が死力の限りを尽くして，福祉国家の生成，発展に抵抗を示すのはいずこも同じである．スウェーデンも例外でなく，スウェーデンの経済界は，当然の如く，高福祉高負担国家に抵抗する．しかし，スウェーデンの労働者組織は強い[185]．強い労働者組織，そして徐々に普及してきた社会保障諸施策への生活者達からの強い支持のために，スウェーデン経済界の高福祉国家への抵抗は，なかなか思うようにならない．そこで……

　　　最も効果があったのは，雇用者集団〔経済界〕によって遂行されたプロパガンダ運動だった．彼らは，ノーベル経済学賞に対して自分たちが持っている影響力を利用し，スウェーデン人の経済的思考のうちに新自由主義的な見方を確立しようとした．……雇用者側のシンクタンクであるビジネス政策研究は……経済の構造と展望に関する本格的研究に資金を提供し，政策担当エリートや市民に向けて，福祉国家が経済停滞の根本原因だと「科学的に」繰り返し繰り返し証明した[186]．

　図表33は，2001年に出した『再分配政策の政治経済学』に書いていたものである．第Ⅱ期の1980年代前後から1990年代はじめまでに影響を与えた知的巨人に列挙しているハイエク，フリードマン，

185　なぜ，北欧の労働者組織が強くなるのか，その理由が，一国の「貿易依存率」　　あたりにある話は，権丈（2005〔初版2001〕Ⅰ巻）「第3章　社会保障と経済政　　策──平等イデオロギー形成の事実解明的分析」．

186　デヴィッド・ハーヴェイ／渡辺治監訳（2007）『新自由主義』157頁.

ブキャナン，タロック，スティグラーは，全員がシカゴ大学と関係
しており，シカゴ大学ロー・スクール出身のタロックを除いて，全
員がノーベル経済学賞を受賞している．

図表33　経済政策思想と知的巨人

区分	時代	経済成長を保証する経済政策を肯定するための経済思想	影響を与えた知的巨人
第Ⅰ期	大戦後から1980年前後	福祉国家政策思想	ケインズ，ウェッブ夫妻
第Ⅱ期	1980年前後から1990年代はじめ	ニュー・ライト 政府の失敗（公共選択学派）規制緩和	ハイエク，フリードマン，ブキャナン，タロック，スティグラー
第Ⅲ期	1990年代はじめより	—	—

出所：権丈（2005〔初版2001〕Ⅰ巻）72頁.

　特筆すべきは，1982年にノーベル経済学賞を受賞したスティグ
ラーである．彼は，1971年に，"*The Theory of Economic Regula-
tion*"（経済規制の理論）という論文を発表する．そこでは，従来，
公共善を増進するために行われると考えられていた「規制」を，利
益集団が，自己利益のために政府の権力を利用して作ったのが「規
制」であるという捕囚理論（capture theory）の方向に考え方を切
り替えた．この捕囚理論は，スティグラーが論文を発表して10数
年後の日本では，ほぼ常識として受け止められるようになり，「規
制緩和」の主唱者が，利益集団から国民を守る正義の徒とみなされ
るような環境ができあがることになる．

　大学院をイギリスのケンブリッジ大学で学んだスティグリッツ
は[187]，シカゴ学派の動きに一貫して批判的である．そのスティグ

　187　権丈（2005〔初版2001〕Ⅰ巻）には次のように書いている──「彼〔スティ
　　グリッツ〕は，1965-66年，1969-70年の2度にわたってケンブリッジ大学に学
　　んでおり，ミードを囲む若い研究者たち──A・セン，J・マーリーズ，A・B・
　　アトキンソン，P・ダスグプタ──とともに，研究者としての訓練の時代を過ご
　　している」（29頁）．この学窓で育まれた友情が後に，Atkinson and Stiglitz

リッツによれば，「資金豊富な保守系のシンクタンクは，規制のコストがどう見積もっても法外であることを証明する研究を，各分野で次つぎにひねりだしていた．その数字に充分な信頼性があれば，規制緩和は生産性を大いに向上させるに違いなかった．だが残念ながら，カーター政権，レーガン政権，ブッシュ政権を通じた規制緩和の時代の生産性向上率は，その前後とくらべてはるかに低かった[188]」．スティグリッツが言うように，この時期必要だったことは，「規制緩和ではなく，規制の修正であった[189]」のである．しかし，スティグラーによる捕囚理論は，いつものことながら（スティグラーの狙いどおりに？）世の中を極端に走らせた．混合診療の禁止も，民間企業に対する規制と言える．必要な議論は，混合診療全面禁止から全面解禁の間にある，保険外併用療養費制度の適切な運営にあるはずなのだが，現状に対する「規制緩和」という錦の御旗を掲げれば，国民の意識のなかでは，医師の利益集団から患者を守る論が展開されていると見えるのかもしれない．

　のみならず，捕囚理論は，図表33の第II期に記しているブキャナンとタロックを開祖とする公共選択論（public choice）という政治の経済学の領域にも影響を与えていく．公共選択論は，ひたすら「政治の失敗」を説く学問なのであるが，この公共選択論のなかにニスカネンの官僚行動に関する「予算極大化モデル」などが出てくる．これは，官僚を従来の「公益」のために奉仕する行政の専門家

（1980）, *Lectures on Public Economics* を生み，この本を読んで，僕らはジェームズ・ミード流の思想に触れることになる？　「オンラインへGO !!　がんばれ⁉　ベーシックインカム」参照．

188　ジョセフ・E・スティグリッツ／鈴木主税（2003）『人間が幸福になる経済とは何か』136頁．

189　スティグリッツ／鈴木（2003）『人間が幸福になる経済とは何か』125頁．

というイメージから，自らの権限を極大化させるために予算極大化
行動をとり，公益を損なう主体というイメージに切り替えることに
成功していく．こうした思想の切り替えは，時間と共に大きな流れ
になる．ちなみに，ニスカネンはシカゴ大学大学院の出身である．

　先に触れたように，スウェーデン経済界のノーベル経済学賞を用
いたプロパガンダの効果もあってか，経済学徒の多くは，フリード
マン系の経済学を「経済学」として「覚える」ようになり，フリー
ドマンたちが敵視した混合経済にまつわる諸々の事象を敵視するよ
うに教育されていく．つまり，彼らの論は，市場に対する政府介入
を否定することが正しいことだと信じる傾きをもっている．そうし
た経済学者は，経済界の利害を代弁していることにもなるために，
経済界や経済界に近いメディアが大いにサポートする．

成長政策と戦略的貿易論

　過少消費論に基づけば，福祉国家は，資本主義経済を行き詰まり
から救い，個人の創意工夫をうまく機能させるための体制であり，
混合経済の適正な充実は，十分に成長政策でもある．しかし，他の
視点から見れば，福祉国家は反成長政策にも見え，そうした視点か
らは成長戦略として，たとえば，医療を株式市場に解放せよとか，
直近では医療ツーリズムのような戦略的貿易論の話が出てくること
になる．

　戦略的貿易論は，キャッチアップ段階にある途上国が，先進国の
基幹産業に「追いつけ追い越せ」を行っている時には効果が出る可
能性はある．『世界経済を破綻させる23の嘘』でハジュン・チャン
が第12の嘘として「政府が勝たせようとする企業や産業は敗北す
る」を挙げ，これが嘘であることを，いくつかの産業政策の成功例

を示して反証している．たしかに彼が例を示しているように，産業
政策が成功している例はある．しかし，チャンが挙げている例が示
唆しているように，それは，キャッチアップ段階にある国における
産業インフラの整備のような成功例であり，技術のフロンティアに
到達した国におけるフロンティアの拡張に，戦略的貿易論が成功し
た例は，ほとんどないのではなかろうか．

　戦略的貿易論というのは，一見すれば，QWERTY 経済学に基づ
いて新しく構築された国際経済学との整合性をもつかのように見え
る．QWERTY とは，キーボードの一列目の文字の配列である．タ
イプライターが生まれた 19 世紀には，あまり早く打つと文字を打
ち付けるアームが絡まるという問題があり，少しゆっくりと打ち付
けるほうが好ましかったため，打ち辛いキーボードの配列 QWERTY
は決まった．しかし，その配列は，アームが絡まる問題が技術的に
は解決されている今日も続いている．キーボードの標準配列は偶然
に採用されたものだが，いつの間にか，その配列が固定化されてし
まったのである．タイプライターのキーボード配列に類似した話は
社会経済のいたるところに見いだされることが分かり，この理屈を
技術選択や貿易論に応用したのが QWERTY 経済学である．
QWERTY 経済学は，市場経済が必ず最善の答えを出すという見方
を否定するものであり，その代わりに，市場経済の結果はしばしば
歴史的偶然に依存していることを示唆している．この新しい知見を，
クルーグマンは貿易論・経済地理学に応用し，経済理論に規模によ
る収穫逓増を持ち込んで，産業発生の初期条件に差がない国同士，
地域同士で，初期の小さなゆらぎから比較優位が生じて，貿易や交
易が起きることを上手くモデル化することに成功した．

　クルーグマンたちの新しい貿易論に基づけば，一見，政府主導の

産業政策が，経済成長の牽引役を育てることを推奨するかのように
思える．しかしながら，そうではない．クルーグマンは，戦略的貿
易論を唱える者を見ると，「医学研究者が指圧師と同等に扱われた
り，あるいは天文学者が占星術と間違われたりすると憤慨するよう
に，経済学者は戦略的貿易論が真面目に受け入れられていることに
腹を立てていた[190]」という．

　かといってクルーグマンたちが何も試みていないということでは
ない．「1980年代には戦略的貿易政策の目標について，いくつかの
産業についてシミュレーションが行われた．誰もこれらのシミュレ
ーションを信じるものはいなかったし，私も何度かこのようなシミ
ュレーションを行ってみたが，私はこれを現実のケースに合わせた
産業政策演習（Industrial Policy Exercises Calibrated Actual Cases），
略してIPECACSと呼んで揶揄した．それにしても，できることと
いえば，これぐらいのことしかなかったのである．これらのシミュ
レーションが価値があるとすれば，積極的貿易政策を遂行すること
によって国益が大いにあがることはないように見えるという点を指
摘したことであろう[191]」．要するに，クルーグマンたちは，成長す
る産業を事前に選択する政治的・技術的難しさ，および仮に戦略的
貿易政策を積極的に展開しても国富への貢献がほんのわずかにしか
ならないことを指摘しており，それゆえに彼らは，戦略的貿易政策
は利益集団に支えられた旧来型の保護貿易政策に利用されるだけだ
として，この政策に強く反対したのである．

　付け加えれば，大衆のライフスタイルを大きく変えるくらいのイ
ンパクトをもたないかぎり，国民経済への寄与は大きく出ない．

190　クルーグマン／伊藤隆敏監訳（1995）『経済政策を売り歩く人々』297頁.
191　クルーグマン／伊藤監訳（1995）『経済政策を売り歩く人々』281頁.

2011 年 2 月に自民党の国家戦略本部の分科会「成長戦略」で話し
ているように（図表 34），かつての洗濯機の発明は，女性たちに時
間の余裕を与え，彼女たちのライフスタイルを変えたことを通じて
成長に大きく寄与したと評されているわけだが，この洗濯機の発明
と，今日の日本の女性の社会進出を阻害している税・社会保険の見
直しや子育て支援政策の展開などは，女性たちのライフスタイルを
大きく変え，新しい消費者，新しい価値評価者を創造するという波
及効果をもつ意味で，成長論的には似たような効果がある（図表
34）．こうした大衆規模での変化と比べて，医療ツーリズムのよう
な局所的なものが，国民経済に大きく寄与することはない[192]．

　もっとも，経済界は，国民経済への寄与などは抜きにして，自社

図表 34　ライフスタイルの変化に起因するイノベーションを引き起こす力を持つ
　　　　　税・社会保険の見直し

　　かつての洗濯機の発明と今日の税・社会保険の見直し，子育て支援政策の展開は，女性の
　　ライフスタイルを変え，新しい消費者を創造するという意味で，成長論的には似たような効果．

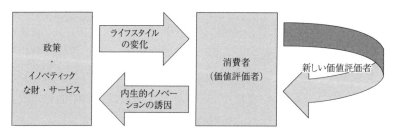

出所：筆者作成（自民党国家戦略本部第 1 分科会「成長戦略」（2011 年 2 月 15 日）における
　　　講演「潅漑政策としての社会保障──呼び水政策と潅漑政策との相違」の配布資料）.

192　途上国が先進国富裕層の客を見込める場合は少し状況が異なる．生活水準に大
　　きな開きがあるために，提供国から見れば法外な価格設定が実現可能となり，自
　　国の小さな経済規模の中で，外貨獲得のひとつの効率的な手段として視野に入れ
　　られることはあり得る．

や自産業の私的利益を求め政治活動を続ける．そして，日本の国内
には，彼ら経済界の利害を代弁する人たちは常に存在する．

　このあたりについては，以前，次の文章を書いているので，参考
にしてもらいたい[193]．

　　日本の国家公務員の総定員数は，1969 年度施行の「総定員法」
　が規定している．同法施行以降，日本の政策環境は激変した．……
　総定員法に基づいて各省からの定員要求の査定を行う総務省行政管
　理局に期待されていることは，「社会経済状況の変化に対応して，
　スクラップ＆ビルドの原則の下，行政需要の減退しつつある部門を
　廃止，縮小して，新しい行政課題に対応した組織を新設する」こと
　であろう．しかし，府省間の仕事の軽重を計る作業が，「言うは易
　く行うは難し」であることは容易に想像がつく．勢い，府省間の人
　員配置は「現状」が強い基準となり，スクラップ＆ビルドは各府省
　内に任される傾向が生まれる．結果，行政需要が増えゆく府省の人
　員は余裕を失っていく一方，行政需要が減少する府省では人員が余
　り，仕事を求めて活発に動き始める……．

　この種の問題は，仕事量に見合ったマンパワーの配分に向けた霞
が関の人事改革を行わない限り，継続する．

＊　　　＊　　　以下略　　　＊　　　＊

───────────────

193　権丈「不磨の大典 "総定員法" の弊」『週刊東洋経済』2010 年 10 月 16 日号.
　　権丈（2018）に知識補給として全文を所収.

第5章 公的年金保険の政治経済学

年金綜合研究所の設立記念シンポジウムでの講演を本書用に一部略して掲載. 時, 2012年12月10日――少し前の10月30日,「社会保障審議会年金部会・年金財政における経済前提と積立金運用のあり方に関する専門委員会」にて,「世代間重複モデル (OLG)」が議論されていた.

そのモデルを手にした瞬間に答えは決まってしまうのにという思いもあり, OLGを論評する意図もあって, 当日の講演は, 経済学の話をベースに行っている.

本日は, 年金綜合研究所の設立記念シンポジウムにお招きいただきましてありがとうございます. 伺えば, 年金を自由に語るサロンを作りたいとのこと, 本当にすばらしい話ですね.

私は, 2004年改正の直前に年金の世界に入ったわけでして, 本日のフロアのご出席者から見れば, まったくの新参者であります. そしてですね, この世界に入った頃に思ったのは「年金の世界は, なんとも根暗な世界だな」というものでした (笑). 人前で妙に官僚との対立ポーズをとりたがる年金経済学者たちの独壇場で, とく

に研究者と呼ばれるくらいの人ならば，普通，日本で展開されていた官僚バッシングはヨーロッパでの移民排斥と同じようなもので，ポピュリズム政治の現れだと理解するくらいの人物でいて欲しいのに，日本の年金経済学者を見ると，テレビに出ては，大衆レベルの司会者の話に合わせて一緒にバッシングをやっている．一方，どう考えても年金批判をする人たちの方が間違えている場合も，霞が関は反論もせずにいる．そういう官の態度も暗いですね．

そうした根暗な世界は，私にはあまり向きません．この年金綜合研究所が，年金を語るサロンとなって，大いに明るく，賑やかな議論の場となってくれますことを，心より願っております．

さて，本日は好きな話をしてよいとのことでしたので，日頃から「公的年金制度の最大の課題は年金経済学者だよ」と言っている私から年金論議の過去からこれまでを眺めてみて，思うところの四方山話を自由に，そして遠慮ぎみに——今日は研究所開設シンポジウムというおめでたい日だから少し控えめにと，家を出る時に言い聞かせられましたので，らしくなくおとなしめに，すでに遅いか（笑），話をさせていただこうかと思います．

＊　　＊　　＊

年金界とのかかわりのきっかけ

さて，私が年金の世界にかかわるようになってから，わずか10年しか経っていません．先ほどご講演された吉原さん（吉原健二元厚生事務次官）の皆年金創設以来50年以上という年金とのかかわりとは対照的でして，さて10年前に，なぜ，私が年金界にデビューすることになったのか？

郵　便　は　が　き

112-0005

東京都文京区

水道二丁目一番一号

勁　草　書　房

愛読者カード係行

（弊社へのご意見・ご要望などお知らせください）

・本カードをお送りいただいた方に「総合図書目録」をお送りいたします。
・HP を開いております。ご利用ください。http://www.keisoshobo.co.jp
・裏面の「書籍注文書」を弊社刊行図書のご注文にご利用ください。ご指定の書店様に
至急お送り致します。書店様から入荷のご連絡を差し上げますので、連絡先（ご住所・
お電話番号）を明記してください。
・代金引換えの宅配便でお届けする方法もございます。代金は現品と引換えにお支払
いください。送料は全国一律100円（ただし書籍代金の合計額（税込）が1,000円
以上で無料）になります。別途手数料が一回のご注文につき一律200円かかります
（2013 年 7 月改訂）。

愛読者カード

70120-9　C3036

本書名　ちょっと気になる政策思想　第 2 版

お名前 _{ふりがな}　　　　　　　　　　（　　　歳）

ご職業

ご住所　〒　　　　　　　　　　　　お電話（　　　）　　　ー

本書を何でお知りになりましたか

書店店頭（　　　　　　　　書店）／新聞広告（　　　　　　　新聞）
目録、書評、チラシ、HP、その他（　　　　　　　　　　　　　　）

本書についてご意見・ご感想をお聞かせください。なお、一部を HP をはじめ広告媒体に掲載させていただくことがございます。ご了承ください。

◇書籍注文書◇

最寄りご指定書店

市　　　町（区）

　　　　書店

（書名）	¥	（　　）部
（書名）	¥	（　　）部
（書名）	¥	（　　）部
（書名）	¥	（　　）部

　手帳で確認したところ，2002 年 12 月 10 日，まさに 10 年前に大学の研究室へ『年金改革の骨格に関する方向性と論点』〔以下，『方向性と論点』〕が送られてきます．その年の 3 月に城戸喜子先生が慶應商学部を退職される際のパーティを私が企画していまして，そこで偶然名刺交換をした，本日もご出席の井口直樹さん，当時の年金担当審議官が「ご参考までに」との直筆のメモ付きで『方向性と論点』を送って下さったわけです．あの頃は厚労省にはひとりも知り合いがいなかったものですし．

年金とのかかわり

- 2002 年 12 月 10 日　『年金改革の骨格に関する方向性と論点』が送られてくる
- 2003 年 3 月 11 日　シンポジウム「厚労省の方向性と論点をみる」（主催　社会保障・人口問題研究所）翁百合氏，高山憲之氏，山崎泰彦氏
- 2003 年 4 月 14 日　「年金改革論議の政治経済学──『方向性と論点』を読んで」〔II 巻 1 章所収〕
- 2003 年 5 月 17 日　「積極的社会保障政策と日本の歴史の転換」〔II 巻 3 章所収〕

　私，こう見えて結構律儀なので，礼状を書かなければいけないと思い，すぐに『方向性と論点』を読み上げました．そして，翌週には授業で，後に論文に書いたマクロ経済スライドに関する数式などを学生に示しながら，「僕はこの改革の方向性を支持するよ」という話をしています．そして『方向性と論点』に関するコメントをメールにして礼状として送っています．

　そうすると，それから一か月以上経った1月の終わり頃，「人生一度でいいから，年金のシンポジウムに参加してくれないか」という連絡が来ます．「人生一度だけですよ」とお断りして，結局，私は2003年3月11日に「厚労省の"方向性と論点"をみる」という社会保障・人口問題研究所（以下，社人研）のシンポジウムに参加することになります．その時には翁百合さん，高山憲之先生，山崎泰彦先生に私が参加し，こうして私が年金界にデビューすることになったわけです．

　後になって聞いた話ですが，本日ご出席の堀勝洋先生がお断りされて，その穴埋めに私に声がかかったということだったらしいです．今ですと堀先生がお断りされた理由が分からないでもないですけど（笑），あの時，もし堀先生が引き受けられていたら，私は2004年改革以降に大いに盛り上がることになる年金騒動を遠くから傍観するだけの静かな人生を送っていたかもしれません．私は，そういう運みたいなものを人よりもおもしろがるのですが，世の中，本当に不思議なもので，ちょっとしたきっかけで，私と年金とのかかわりが始まったわけです．

　ちなみに，あの2003年3月11日の社人研シンポジウムで，高山先生は，満を持して年金のバランスシート論を発表されます．その場にいた私は，「うんっ？　何かおかしなことを言っていないか」くらいの気持ちで聞いていたのですが，堀先生は，長年の経験でシンポジウムへの参加をお断りされていたのだと思います．

　社人研のシンポジウムに参加するために，私は，専門家のみなさんはどういう議論をしているのだろうかと思って，年金部会の傍聴に応募して出かけたりしていました．そこで，せっかくいろいろと考えたり，シンポジウム用に準備したりしたので，年金の論文でも

書いてみようかと思って書いたのが，論文「年金改革論議の政治経済学——『方向性と論点』を読んで」[194] です．私がはじめて書いた年金の論文で，およそ一年後に『年金改革と積極的社会保障政策——再分配政策の政治経済学II』に収めたものです．

右側の経済学と左側の経済学

　こうして私は，04 年改革以降大揺れに揺れた年金の世界に巻き込まれていくことになります．ただ，今から話すことは私にとってきわめて重要なポイントでして——実は，はじめての年金の論文を書き終えた 2003 年 4 月 14 日の 1 か月後 5 月 17 日に，「積極的社会保障政策と日本の歴史の転換」[195] という，資本主義論，混合経済論といいますか，経済成長論と社会保障の関係についての論文を書き上げています．年金の論文と積極的社会保障政策の論文とでは，脱稿日の間隔が 1 か月しかありません．

　このあたりの時間的経緯を正確に言いますと，「資本主義論，経済成長論，あるいは福祉国家，市場を理解するための経済学というものは一体どうあるべきなのか」というようなことをかなり長い間考えていた最中に，『方向性と論点』が私の手元に突然送られてきたわけです．したがって，あの時に私が書いた年金の論文は，日頃，「資本主義は国民生活とどのような関係をもっているのか」「世の中を正確に把握するためには，経済学とはどうあるべきか」などを考えている人間が書いた年金の論文だということになります．そうした経緯のなかで書いた論文でしたから，それまでの日本の年金論者とはぜんぜん違う観点に立つ論文になり，あの論文で批判した当時

194　2003 年 4 月 14 日脱稿——権丈（2009〔初版 2004〕II巻）第 1 章に所収．
195　2003 年 5 月 17 日脱稿——権丈（2009〔初版 2004〕II巻）第 3 章に所収．

の年金経済学者が査読したら，間違いなくリジェクト（掲載拒否）されそうな内容になったわけです（笑）.

　私が当時，年金の論文を書きながら，頭の片隅で考えていたことを図で示すと図表1になります．私はかなり以前から，この「社会保障と関わる経済学の系譜」という経済学全体のマップを意識しています.

ジャンプ 🖊 **図表1　社会保障と関わる経済学の系譜　5頁へ**

　この図にあるように，アダム・スミスから経済学が始まると考えていいのですけど，スミスの直後に，経済学は，ジャン＝バティスト・セイやリカード流の，この図で言えば「右側の経済学」と，マルサス流の「左側の経済学」に分かれます．そして，10年前に私が書いた年金の論文は，こうした経済学の系譜の左側にある流れに沿って展開していきました．ところが，日本では，この図の右側の流れに沿った年金論しか存在していなかった.

　この「経済学の系譜」の左側は，主に，ケインズの『雇用，利子および貨幣の一般理論』の第23章「重商主義，高利禁止法，スタンプ付き貨幣および過少消費論に関する覚書」に基づいています．今日は，18世紀前半の人マンデヴィルの説明は省略しますけれども，アダム・スミスから経済学が始まり，その後，右と左に分離しますが，主流はずっと右側の経済学です．ところが，1929年に大恐慌が起こる両大戦間期に，左側へ経済学の流れがドンと移っていきます．その時，ケインズが，100年前に自分と同じことを考えていたマルサスを高く評価するわけです.

　マルサスは，アダム・スミスに反論し，そしてスミスの考えを単純化して継承したリカードに対しても反論するのですが，残念ながらずっと無視されます．そして両大戦間期に，ケインズによってマ

ルサスは左側の経済学の開祖として位置づけられ，表に出てくることになります．

ケインズの嫡子たち

では，右側の経済学と左側の経済学のどこが違うのか．その違いは，経済規模を規定する主な要因を供給とみなすか，需要とみなすかで生まれます．右側は，経済は供給が規定すると考える．左側は，需要が経済の規模，そして成長力・推進力を規定すると考えます．もっと言えば，右側の経済学では，人は貨幣からは効用を得ることがなく貨幣そのものへの需要は想定されないのですが，左側は，人は貨幣から効用を得，貨幣そのものに対する需要があると考えます．

そして左側の経済学では，貨幣からの効用が追加的な財・サービスからの効用よりは大きいときは経済は停滞し，経済規模が拡大するのは，消費者にとっての追加的な財・サービスからの効用が，貨幣からの効用よりも大きくなるときに起こると考えます．したがって，ある時代ある時代において，既存の財・サービスが消費者の間に広く行き渡る，すなわちある程度需要が飽和すると経済は停滞することになり，新たな発展のためには，みんながどうしても手にしたくなる魅力的な新たな財・サービス——たとえば高度経済成長期の 3C（カラーテレビ，クーラー，カー）——の誕生が必要になると考えることになります．ここに需要創出型のイノベーション＝プロダクト・イノベーションの重要な役割がでてきます．

ここで，世の中が大きく誤解してしまっているのが，ケインズからヒックスを経て，アメリカ・ケインジアンに向かう流れです（図表 1）．

ヒックスの IS-LM モデルは，ケインズと一緒に『一般理論』を

考えていった若い経済学者たち——リチャード・カーンやジョーン・ロビンソンなど——から見ると，ケインズとはまったく異質のものに見えました．そのため，ジョーン・ロビンソンはアメリカ・ケインジアンを "Bastard Keynesian"（ケインズの庶子）と呼んで批判します．

　ヒックスの後半生は，自分で作った IS-LM モデルの否定だけでなく，若い頃（と言っても 30 代後半から 40 歳にかかる頃）に著した右側の経済学の代表作『価値と資本』などの研究を自己否定していきます．本日のご出席者のなかにも，学生の頃に『価値と資本』を懸命に勉強された方がいらっしゃるかもしれませんが，あの本は，そういうものです．考えますと，ヒックスは当時の経済学者と比べてやはり相当に賢かったのだと思います．素直に世の中を眺めていけば，右側の経済学には否定的となり，いずれは過去の自分と決別することになるはずなんですね．宇沢弘文先生もそうですが，多くの人が，ある年齢に達しますと右から左に移っていきます．それは相当に誠実さと勇気の要ることだとは思います．そして，ベルリンの壁ではないですが，逆方向に移動した人を，私はみたことがありません．

　私にとってしっくりくる経済学は——"Bastard Keynesian" があるのならばと，私が名づけたのですが——，"Legitimate Keynesin"（ケインズの嫡子）とでも呼びましょうか，「経済というものは不確実なものであり，将来というものは基本的にわからない．だからこそ，さまざまな困った経済現象が起こるのだ」と考えるグループです．先ほどの図表 1 における右側の経済学は，スミス以来の「見えざる手」が前提とされています．この前提のもとでは，「私的利益と公共善の間の神の摂理による予定調和[196]」という思想が帰結さ

れるため，基本的には政府の役割は否定され，レッセ・フェールが
尊重されます．

　対する左側の経済学では，大前提のところに「合成の誤謬」とい
う考え方が置かれます．そうした前提が置かれた世界では，個々の
経済主体が自らに都合の良いように行動すると，全体として不都合
が生じてしまう．したがって，私的利益に基づいて行動する民間ば
かりに任せてはいられない．公共の利益を優先するためにレッセ・
フェールは否定され，資本主義経済を全面的崩壊から救い個人の創
意工夫を守るためには，政府介入もやむを得ないと考えることにな
ります．

　ところが，セイの法則の成立を前提とする右側の経済学では，未
来については，リスク分布を既知として将来予測は可能であると考
えるため，数学で言うエルゴード性の公理，つまり過去からの標本
データが将来からの標本データに等しいという想定が置かれること
になります．"Bastard Keynesian" である新古典派総合の創始者，
1970年のノーベル経済学賞受賞者であるサミュエルソンも，経済
学が真の科学であるためにはエルゴード性の公理を置かざるをえな
いと論じていますね．

　したがって，右側の世界では，将来を非エルゴード的世界，すな
わち予測不可能な不確実な世界としてはみないので，将来の不確実
性に対して，お金を手元に置いていなければならないという貨幣ニ
ーズが生まれません．お金は商取引のあり様そのものに影響を与え
るわけではなく，物々交換を効率よく行わせるためのヴェールにす
ぎない．この「貨幣ヴェール観」が，貨幣数量説の基礎にあり，貨
幣数量説には，日銀当座預金の存在など眼中になく，この説を素直

196　ケインズ（1926）／宮崎義一訳（1981）『ケインズ全集第9巻　説得論集』237頁．

に辿れば，中央銀行がお金をどんどん刷っていくと物価は上がると
いうような考え方に行き着きます．

　将来は不確実であるという前提を置くからこそ，貨幣に対する需
要が生まれ，貨幣ヴェール観と決別することになり，貨幣需要の理
論である流動性選好につながっていきます．こうして作り上げられ
ていくのが，左側の経済学である「"Legitimate Keynesian"ケイン
ズの嫡子の経済学」です．

経済政策思想の流れ

　ここで，時代的な経緯を眺めておきましょう（図表13）．

ジャンプ　図表13　経済政策思想の流れ　56頁へ

　経済学の流れから理解すると，社会保障の成長期は，まがりなり
にもケインズ経済学が主流にあった，戦後から1970年代はじめま
での新古典派総合期です．そしてその後，社会保障は敵対視される
ようになります．社会保障の世界でも有名なフリードマンやフェル
ドシュタインは，右側の経済学者の代表者です．彼らを尊敬する日
本の経済学者は，別に話をきかなくても，もう，言うことは決まっ
ています．それから，経済界や経済界お抱えの新聞もそうですね．

セイの法則かケインズの合成の誤謬か

　経済学が右と左に大きく分かれていく分岐点がどこかというと，
やはりマルサスです．彼に次の文章があります．

　　アダム・スミスは，資本は節約（parsimony）によって増加し，す
　　べてのつつましい人は社会の恩人（public benefactor）である……と
　　述べている．……貯蓄の原理は，過度にわたるときには，生産への

誘因を破壊し去るであろうことは，まったく明らかである．……生産力と消費への意志との双方を考慮に入れた場合に，富の増加への刺戟が最大になる中間点（inter-mediate point）がなければならない，という結論となる．

　マルサス（1820）／小林時三郎訳（1968）『経済学原理』26-27 頁.

　この，マルサスの論をグラフにすれば，次のようになるでしょうか（図表8）.

ジャンプ 図表8　セイの法則の世界と有効需要理論に基づく
過少消費の世界　39 頁へ

　貯蓄が横軸にあるとする．そしてセイの法則と言われている「供給はそれ自らの需要を創る」が成立するのならば，貯蓄は多ければ多いほど，それが投資に回って生産力が増強され，生産されたものは売れていく．最近では，経済界への減税を進めて企業貯蓄を増やせば投資が増えるという話も，右側の人たちが得意とするストーリーでしょうか．

　ところが，マルサス，あるいは最終的にはケインズによって理論付けされていく考え方は，社会全体の総貯蓄が多すぎると，行き着く先は過少消費に陥って，経済の成長力が落ちていくというものです．

　図表9の山型の曲線をみてください．

ジャンプ 図表9　右側の経済学と左側の経済学の世界と
それぞれの経済政策　42 頁へ

　社会が s^*（経済成長の極大点）の左側にあれば，貯蓄の増加が生産そして消費の拡大を生み，経済を成長させるでしょう．しかし，市場による所得の分配が企業や高所得層に偏っていき，社会の貯蓄

水準が s* を越えて右側の世界に入ると，供給力の増大に需要が追いつかなくなると予想され，過剰供給・過少消費の世界に入ります．そうした世界では，生産力を拡大してもそれに見合った需要が見込めないのですから，個々の企業は期待収益率を低く予想するようになり，どんなに供給を優遇しても生産力を拡大するための投資は増えなくなります．そこで，需要を拡大して社会の富を増加させるために，労働市場を補正して労働者の賃金水準を高めたり（一次分配の補正），高所得者から低所得者へ所得を再分配したり，さらには政府が公共サービスを国民経済への潅漑施設として国内全域に張り巡らせるために医療，介護，保育，教育などの社会サービスを拡充することにより総消費を下支えしようという考えが出てきます．現在の日本ですと，家計や企業のストックをできるだけ限界消費性向の高い層や高い分野へ回してフロー化することなどが，経済政策としてプラスの働きをすると考えられることになるわけです．

手にした学問が異なれば答えが変わる

　その人が手にする学問によって，政策解がまったく異なってしまうんですね．

　傍迷惑なのは，そういう経済学の世界とはまったくかかわりのない人たちです．とくに社会的弱者は，経済学のなかでの思想の闘いという奔流に翻弄されることになるわけです．端から見ると，経済学は一体何をやっているんだと思われるかもしれませんが，これは，人間の性と言いますか，人間というのは双方の論に証明できない隙があれば，必ずそこを突いて流派が対立するものです．

　宗教や芸術では，必ず起こる現象です．実験して証明できるわけではないことを対象としている経済学も同じで，多数派になるかど

うかは，宗教や芸術と同様，長期的には仲間になる費用の高低，イ
ニシエイション・コストの高低に依存することになるようです．そ
して右側の経済学は，規格化された教科書なども準備されています
ので，左側と比べてイニシエイション・コストが極めて低い．フリ
ードマンの弟子は山ほどいるのに，ガルブレイスの後継者はいない
というような感じになります．したがって経済学では，右側が圧倒
的に多数派となる傾きをもっているようです．

　ですから，年金をあまり専門的に研究していない経済学者は，昔
も今も，ほぼ右側の考え方に沿って年金を考えています．そこにフ
リードマンやフェルドシュタイン，そして彼が教えたコトリコフの
考え方を公的年金にあてはめた年金論者が出てくると，普通の経済
学者から幅広く支持されるという構図が生まれます．この構図が，
年金をはじめとした社会保障の世界では実に厄介な問題となります．
社会保障に詳しくない普通の経済学者たちが，彼ら自身の専門とは
関わりのない，いわゆるオルテガが『大衆の反逆』の中で「近代の
原始人，近代の野蛮人」たる科学者として，社会保障という舞台で
振る舞うことになる．その数は圧倒的です．

　ところで，先日，年金部会のもとにある「年金財政における経済
前提と積立金運用のあり方に関する専門委員会」というところで，
経済学者の提案に基づいて OLG（overlapping generation）モデルの
勉強会を開いていました．あのようなモデルと公的年金保険がどの
ように関わるか，あるいは，モデルが年金をどのように評価するか
は，そのモデルに資本蓄積のあり方がどう組み込まれるかに強く依
存します．モデルのなかに「供給はそれ自らの需要を作る」という
セイの法則が組み込まれれば，貯蓄を増やすであろう積立方式が望
ましいという結論が得られる．と言っても，本当は，積立方式にす

れば社会全体の貯蓄が増えるかどうかさえも，よく分かっていない
のですけどね．一方，左側の経済学というのはあのようなモデルに
は馴染まないので，経済モデルは右側の経済学に基づいて構築され
ることになります．となると，結論は，勉強会を開く前から決まっ
ているわけで，「ご苦労さまですね」としか言いようがない．

リスクと不確実性

　付け加えますと，左側の経済学では，将来は「不確実」であって，
ほとんど何も分からないという前提でものを考えますから，中長期
的な将来予測（prediction, forecast）などは，この経済学からみれば
想定外です．だから，本当は「ケインズ型計量経済モデル」なんて
存在しえない．そもそも，ケインズはティンバーゲン流の計量経済
モデルを，批判というよりも否定していましたから，ケインズ型計
量経済モデルという言葉自体が形容矛盾なんですね．しかしながら，
どうも世の中にはケインズ型計量経済モデルに基づく予測が多くの
ところで行われている．でもそれはせいぜい，エルゴード性の公理
を前提とした新古典派総合モデルくらいのもので，そうしたモデル
の長期的な予測など，あてにできるはずがない．

　もっとも，今日では，一部の経済学者を除いて誰もそうした予測
なんか信じていないのではないでしょうか．データもコンピュータ
も，揃って未熟だった50年前なら，さらに言えば大学の計算セン
ターなどがまだ大きな権威をもっていた30年ほど前なら，データ
が揃いコンピュータが進歩すれば予測，forecast は可能かもしれな
いと夢を抱くのも理解できないことではありません．しかし，デー
タもコンピュータも充実して，やはり予測は不可能だったというこ
とが自明になった今日でも，あのような計量経済モデルに基づいて

政策提言ができると信じる一部の経済学者たちのナイーブさというか無邪気さというのは，どうでしょうかね．

　左側の経済学に基づけば，現在の財政検証のような，数年に 1 度定期的にチェックする projection，つまり現在の将来に向けた「投影」しか考えられないことになります．こうした，人間の予測力，正確には定量的な予測力に対する見切りのようなところも，私が年金界に参入してきた時に，周りの人たちとは際だった違いをみせていた点かもしれません[197]．

　私が初めて書いた年金の論文を収めた『年金改革と積極的社会保障政策』は日本労働関係図書優秀賞を受賞しまして，その授賞式の日に，小池和男先生から「権丈さんの年金論は，フランク・ナイトですね」と言われました．実はそのとおりでして，小池先生が読んでくださった本のなかに，次のような文章があります．

　　　不確実性の古典である Knight（1921）のなかでは，結果についての確率分布関数が既知である場合は〈リスク〉と呼ばれ，そのような確率分布関数についての知識がまったくない場合は〈不確実性（uncertainty）〉と呼ばれたことはひろく知られている．そして，Atkinson（1993）は社会保険が，〈不確実性〉に対する社会的制度であることを論じており，わたくしもこの見解に同意する[198]．

197　ここで「正確には定量的な予測力」と話しているのは，2001 年に出した本には，次のように書いているからである．
　　　社会現象に関して定量的な長期予測をするということは，どだい無理なように思える．……ただし，将棋の上手・下手があるように，政治経済現象，すなわち人間の動きに対する定性的な読みの能力は，学問をすること――経験と思索を重ねること――によって鍛えられるものであるというのは，わたくしの口癖であるということも，ここに記しておこう．
　　　　　　　　　　　　　　　　　権丈（2005〔初版 2001〕I 巻）15 頁．

　こうしたリスクと不確実性の峻別が私の中であったので，初めて
書いた年金の論文には「公的年金論議のパラドックス」という文章
があります．

　　公的年金を論じるという行為には自己矛盾がある，とわたくしは
　　常々考えてきた．なぜか？　公的年金は，将来予測に対して〈人知
　　の限界〉があるゆえに存在する制度であると考えられるのに，公的
　　年金を議論するためには，将来の話をしなければならないからであ
　　る．これを〈公的年金論議のパラドックス〉と呼ぶことにしよう．
　　……人間が的確な予測力をもつのであれば，勤労世代から退職世代
　　に所得を再分配する現在のような賦課方式の公的年金など必要ない
　　であろう．しかしながら，何十年も先の経済社会状況を予測するこ
　　とは，どんな方法をとってもいかに費用をかけても，実のところ不
　　可能なのである[199].

　ちなみに，わたくしは，ジョーン・ロビンソン女史がケインズ理
論を評した「ケインズ革命の本質は，分析を歴史的時間のなかに置
き，不確実性のもつ決定的な影響を強調したこと」というのは，ま
ったくそのとおりだと思いますし，そうした不確実性による分配シ
ステムへの影響を考えるのが公的年金保険という社会保険だと考え
続けてきました．
　とまぁ，大学の講義では公的年金の話をする際に，このように不
確実性を強調しますけど，そうは言っても，年金受給開始年齢に近

198　権丈（2009〔初版2004〕Ⅱ巻）14頁.
199　権丈（2009〔初版2004〕Ⅱ巻）14頁.

い人に繰下げ受給を薦める時には，長生きリスクという言葉を使います．若い人にとっての公的年金の役割と年金受給世代にとっての公的年金の役割は，似ているようで完全に同じではなく，それぞれにとっての公的年金の必要性は不確実性からリスクへと，年をとるにつれてグラデーションをもって変わっていくものだと思います．

　ところで，前回 2009 年の財政検証の時，私は年金の経済前提専門委員会の委員だったのですが，議事録をご覧になると分かりますように，他の委員たちが 100 年先の将来をいかに予測するのかの話で盛り上がっているときは，私は，一言も参加していません．第 1 回目の会議など，「慶應の権丈です」としか言わず，あの時はたぶん目をつぶって聞いていただけでした．私が参加するのは，議論が一巡したと言いますか，2 回目の会議の途中からで，次のように発言しています．

　　5 年に 1 回の財政検証における試算は将来のことを当てるのが目的ではなくて，先ほどのマクロ経済スライドのところの話もありましたように，5 年に 1 回見直していく試算なんです．たとえば，少子化対策を今のうちにしっかりとやっておかないと将来の給付水準はここまで落ちるぞというようなことを，将来のために今できることを判断するために，5 年に 1 回見直していく推計なんだということを考えていけば，どの辺りのところが妥当な前提になっていくかというのは，おのずと出てくるのではないかと思います．

　　将来のことを当てるとか，そういう話ではこれから先，我々には荷が重過ぎます．将来のためにやらなければいけないことを今，どれだけやるかということを見定めるためにやる推計なんだけれども，これは 5 年に 1 回見直していく推計なんです．その辺りのところを，

まず前提に置いて考えていただければと思います[200].

次のような発言もしていますね.

　　100 年前と言えば，今から考えると日露戦争が終わって数年の頃
　ですが，そのくらいのタイムスパンを考えるというのは，なかなか
　難しいものがあると思います[201].

そして，2009 年 2 月に，財政検証の結果が報告された年金部会
では，次のようなことを言っています.

　　私としては所得代替率が 50% を切ってくれればよかったのにと
　いうのがあるんですね. ……ただ，50% を切るという試算が出た
　としても，今の所得代替率は 60% 前後なのですから，大体 20 年後,
　30 年後に 50% を切るということが予測されるだけのことでしかな
　い. ……でも，50% を切るという試算が出されることは，50% を
　切るという意味をみんなが考える良いきっかけになるのではないか
　と思うんですね. 50% を切るからと言って，年金をまったくもら
　えなくなるわけではないということをはじめ，みんなが年金を勉強
　する良いきっかけになりますよ.

このように，人間の予測力については，私にとっては当たり前の
ことなのですが，普通の人，とくに右側の経済学を信じている人た
ちから見れば，なんとも脱力感が漂う発言をしています. そして，

200　07/12/27 社会保障審議会年金部会経済前提専門委員会（第 2 回）議事録.
201　07/12/27 社会保障審議会年金部会経済前提専門委員会（第 2 回）議事録.

この会議で，不確実な未来に対する「投影（projection）」をやるの
が，僕らの仕事なんだと何度も言い続けていたわけですけど，そう
すると，今回の平成 26 年財政検証のために「年金財政における経
済前提と積立金運用のあり方に関する専門委員会」が立ち上げられ
た第 1 回会議（2011 年 10 月 14 日）で配付された「平成 21 年財政
検証における経済前提の範囲について（検討結果の報告）」に，次の
文章がありました．

　　　財政検証における諸前提は，その検証を行う時点において使用可
　　能なデータを用い，最善の努力を払って長期的に妥当なものとして
　　設定する必要があるが，時間が経つにつれて新たなデータが蓄積さ
　　れ実績との乖離も生じてくる．このため，少なくとも 5 年ごとに最
　　新のデータを用いて諸前提を設定し直した上で，現実の軌道を出発
　　点として新たな財政検証を行うこととされている．
　　　この意味で，財政検証における年金財政の将来見通しは，人口や
　　経済を含めた将来の状況の予測（forecast）というよりも，人口や
　　経済等に関して現時点で得られるデータの将来の年金財政への投影
　　（projection）という性格のものであることに留意すべきである．

　この文章は，2007 年から 2009 年にかけて，経済前提専門委員会
の場で，財政検証は予測ではなく投影（projection）なんだと繰り返
し言っていた私の遺言のようなものらしいです（笑）．
　とにもかくにも，財政検証における年金試算は，公的年金制度の
内外で今打つべき手段を可視化するための投影（projection）である
というポイントを押さえておかないと，財政検証の役割を理解する
ことはできないし，そのポイントを理解していない人が年金の議論

に参入してくると，これまでの年金論議のように話がおかしくなっ
てしまうんですよね.

経済学と政治，政策，そして思想とのつながり

さて，経済学の話に戻ります．経済学も所詮は社会科学でありま
して，社会科学がすべからく備えもつ思想性も強くもっています.
しかし，右側の経済学は，現実との接点を失っているんじゃないで
しょうかね．ところが，現実との接点はほぼないけれども，経済学
というのはなかなか難しい問題があって，なぜ右側の経済学が主流
派となっているのかということを考えていく時に，経済学が政治，
政策とのつながりをもっているという側面も視野に入ってくること
になります.

19世紀はじめの話になりますが，かつて，右側の経済学の代表
者であったリカードを，当時の産業資本家たちが大いにもち上げた
ように，経済界からみれば，世の常識たる思想は右側の経済学に則
っていなければならず，決して左側であってはなりません．という
のも，左側は，合成の誤謬が大前提にあり，個々の経営者の思いど
おりに世の中が作られると，公共善が達成されないことがあると考
えているので，個々の経営者の集合である経済界の意向とは対立す
ることの多い経済学なのです．だから，戦後のアメリカでは，マッ
カーシズムのもとで，ケインズ経済学をはじめとする左側の経済学
はレッド・パージの矛先も向けられて排斥されてもいました．サミ
ュエルソンの新古典派総合は，そうした政治状況のなかで，右では
ないが決して左ではない思想として誕生してくるわけです.

積極的賦課方式論

　そこで私と年金のかかわりの話になるのですが，先ほども申しましたように 2003 年 4 月 14 日に年金の論文を，その 1 か月後の 5 月 17 日に私は「積極的社会保障政策と日本の歴史の転換」という論文を書き終えます．要するに，後者のことを考えていた人間が，前者の年金の論文を書いたというわけです．

　次のスライドは私の本を PDF にしたものを，そのままカット・アンド・ペーストしたものですが，私が年金の世界で産声を上げた第一文がこれです．

図表 35　年金の世界であげた産声——シカゴでミルトン・フリードマンから

第 1 章　年金改革論議の政治経済学
——厚生労働省「年金改革の骨格に関する方向性と論点」を読んで——

序論

　シカゴでミルトン・フリードマンから直に薫陶を受けた「シカゴ・ボーイズ」たちが，祖国チリの民営積立方式の公的年金をデザインしたとされている．
　この年金は，1990 年代に一世風靡し，2 階部分の民営積立方式を推奨する World Bank（1994）からは年金改革のお手本のように引きたてられていた．

出所：権丈（2009〔初版 2004〕II 巻）7 頁．

　40 歳をとうに過ぎて，年金の論文を生まれて初めて書こうかなっという人間が，その冒頭で，「シカゴでミルトン・フリードマンから直に薫陶を受けた“シカゴ・ボーイズ”たちが」なのですから，自分でも微笑ましいものがあります．

　1990 年代の後半から，日本の経済学者たちは，世界銀行の出した報告書『年金危機をどう回避するか』（Averting the Old Age

Crisis）でも言っているじゃないかと，年金の民営化や積立方式を言って大変賑やかにやっており，何人かの時代の寵児も誕生していました．1980 年代前半に年金の世界に入ってこられた高山先生達を年金経済学者第一世代と呼ぶとすれば，1994 年の世銀報告書をきっかけに参入されてきた人たちを年金経済学者第二世代と言うこともできるかと思います．

　現在は一橋大学にいる小塩隆士先生は 1998 年に『年金民営化の構想』を出版し，時代の最先端を行っていましたね．小塩先生は，その後，年金民営化の構想を反省され，その上で，高山憲之先生の公的年金バランスシート論を少し手を加えて紹介した『人口減少時代の社会保障改革』を書いて，堀先生に「新「バランスシート論」について」『年金と経済』（2006 年 25 巻 2 号）で徹底的かつ正しく批判されたりと，はたからみていてなかなか興味深い年金論を辿っていくことになります．

　年金経済学に関心のある若い人たちには，年金研究者の業績を時系列に並べて勉強されることをおすすめします．ある時点の論を見るだけではその変遷を学びきれませんね．時系列ですと大変ためになり，年金の話だけではなく，それこそ，世の中とは，人間とは，民主主義とは，そして学会とはと，いろいろなことを学ぶことができるかと思います．

　ところで，私はどうも同世代の年金経済学者第二世代の彼らと違って日頃から余計なことを考えたり，余計な本を読んだりしているせいか，その頃すでに，世銀がシカゴ学派や IMF と手を組んで経済界，とくにウォール街の手先として動いていたり，IMF，世界銀行，アメリカ財務省が「ワシントン・コンセンサス」を結んでなにやら右側の経済学に基づく政策を世界中に普及させようとしている

とか，あるいはフリードマンたちがチリのピノチェト政権やアルゼンチンのビデラ政権のもとでかなりひどいことをやっているのを知っていました．ですから，とてもじゃないけど，世銀案を崇め奉る気にはなれない．それに定性的な予測としても，世銀が推奨するチリの年金は，歴史的にみれば「不安定な市場」，ミンスキーの意味で不安定な金融市場（図表 1 参照）に強く依存しすぎているために，いずれ転けると私は思っていました．

　そうは言っても，私が年金の世界に入った 2003 年当時，公的年金というのは，そもそも制度発足当時は積立方式で始まったのであり，本当は積立方式が望ましいものの，政治家や官僚のせいで賦課方式に堕落した現在の制度を積立方式にするためには「二重の負担」という超えがたいハードルがあるので，賦課方式でいくしかないという「消極的賦課方式論」が一般的だったように思えます．

　こうした論で，まず，私に不思議に思えることが，どうして制度の誕生が積立方式だったから積立方式が望ましいと考える人がいるのかと言うことですね．だいたい，「そもそも」とか「本来」という言葉に続く話は疑ってかかるにこしたことはないのですが，そうしたことは，昔から，「発生論の誤謬」という論点すり替えのレトリックとして知られていることですよね．次に疑問に思うことは，人間，当初の意図はそうだったが，それがうまくいかなくなったから変化したということもあるわけです．

　そこで私は，人間の普通の感覚に基づいて，つまり民間保険などの世界には存在しない賦課方式とかは発想もせずに，普通に公的年金を積立方式で立ち上げ始めるけど，その方式では，公的年金の政策意図である高齢者の貧困の大量発生を抑止できなかったから，各国，次第に賦課方式に移行していったという考え方を示すことにな

ります．各国の公的年金の歴史をみると大方そうした経緯をたどるわけです．しかしそうした歴史観は，積立方式は一部の経済学者が言うように，そして多くの人が信じているほどに絶対的に望ましい制度ではなく，積立方式では公的年金の政策目標を達成できないことを前提としているわけでして，トータルで考えれば公的年金は賦課方式の方が優れているいという意味も内在していることになります．今年（2012年）7月に『週刊年金実務』の座談会[202]で言っているように，「もし，二重の負担のような艱難辛苦を乗り越えて，何十年，何百年後に積立方式にたどり着いても，賦課方式と比べて何もよいことがない．いや，むしろ制度の不安定性が増してしまう」わけです．それでは，高齢者の貧困の大量発生を抑止できないために，またいずれは賦課方式に戻っていくだけの話．したがって，私は「積極的賦課方式論」を展開していくことになります．そうした論を展開した理由は，左側の経済学の大前提である未来に対する「不確実性」という考えもあってのことでした．私は，はじめて書いた年金の論文で次のように書いています．

　　私に，賦課方式の公的年金は十分な存在意義をもつとする考えの間違いを指摘しようと思う人は，ぜひとも，私が考えているほどには市場は「不確実」ではないことを説明してほしい．そして，このことを説得するためにどうしても必要となる，我々〈人間の予測力〉というものは私が見限っているほどに当てにならないものではないことを示してほしいと思う．そうしたことを示し，説得してもらわない限り，私は公的年金を支持しつづける[203].

202　権丈（2015 Ⅶ巻）に「第23講　年金制度の過去，現在と未来」として所収.
203　権丈（2009〔初版2004〕Ⅱ巻）11頁.

　暇さえあれば，資本主義の歴史とか，資本主義の動きの中で経済学がどのように動いてきたかなどを考え，まさにそうした時間こそ，私が自分の時間を無駄にしていないと実感できるような生活をしていますと，新古典派総合の創始者サミュエルソンが，「将来の金利はr，成長率はgで推移すると仮定」して年金財政の話をするのをみれば，「おいおい，現実の市場の動きがrやgで推移するとはかぎらないだろう．もし仮定よりも下方に乖離したらどうするんだ？そういう不確実性がある世界においてもなんとかして高齢者の生活に資する実質価値を保障する制度が必要だったからこそ公的年金保険は誕生し，存在しているのではないのか」と批判したくなるわけです．

公的年金が実質価値を保障しようとしていることの説明の難しさ

　と言っても，公的年金が実質価値を保障することを視野に入れた終身年金であるということを説明することは至難の技です．公的年金の目的が，その社会において高齢者が現役世代との生活水準とも比べて相対的に貧しい状態に陥らないようにすることにあるわけですから，各国，公的年金の給付水準というのは，現役世代の賃金とリンクして制度設計されています．このことが，公的年金を語る際にはきわめて重要な意味をもつことになります．実際には，04年改革で給付建てから拠出建てに変わり，財政のバランスがとれるまでは，公的年金の給付水準は賃金の伸び率からスライド調整率を引いて調整されるようになったために，基礎年金も報酬比例年金もそろって実質価値を固定的に保障することは難しくなりました．しかしそれでも，公的年金の政策評価をする際には，所得代替率という

指標で行うわけです.

　よく, テレビなどをみていると, 「年金って, 将来, いくらもらえるのですか?」という会話がなされているシーンがあります. そういう話をしている人が60歳ならわりと簡単に答えることができるのですが, アラサー, アラフォーの人からの「年金って, 将来, いくらもらえるのですか?」というのは, 私たちから見ると困ってしまう質問なんですよね. ワイドショーのコメンテーターになった気持ちになって無責任に言うのでしたら, 「30歳で月給がいくらのあなたでしたら, 65歳から, 20万円を受給できますよ」と答えることができるかもしれません. そして実際, 民間の保険などでは, 30年後の将来, X万円を得ることができる養老保険とか, さらには, 医療保険とか介護保険とかは, あるのはあります. しかしですね, 30年後の将来, そのX円で, どの程度のものを買うことができるのかということは, 実はあまりわからないわけです.

　たとえば, 民間で, 床屋保険というものがあり, 床屋さんに月一回行く支出を賄ってくれるものとしましょう. そうした床屋保険は, 保険期間が長くなればなるほど制度設計の難易度が高くなっていきます. そして30年先までを対象とすることは不可能に近いくらいに難しい. というのも, 30年後の床屋さんの料金がいくらになっているのかということは, 予測がつかないわけですから.

　床屋と同じようにサービス産業である介護保険も, 遠い将来の話となると設計は難しいんです. さらには, 床屋さんとは違い, 技術進歩の話を大いに組み込まなくてはならない医療となると……. そして, 医療も介護も, 床屋も含めたあらゆる支出項目を対象とした年金となると, 将来いくらくらい必要になるのか皆目見当もつかない. ちなみに, 私が学生だった1980年代には, 三田でよく食べた

ラーメン二郎の大ダブルは380円でした．しかし今では，850円らしいですね（笑）．

　そこで私たちは，公的年金の給付水準なるものを，その時代時代の現役世代の給与水準の何割という指標である所得代替率で政策目標を立てたり，政策効果を測っていくわけですよね．この指標でみれば，現役世代が享受している生活水準の，「少なくとも」何割は確保できると，間違いなく言えるからです．これを，少し難しい表現で言いますと，公的年金は実質価値を保障することを政策目標としているということになります．そして実質価値の保障は保険期間が長くなると民間保険では困難さが増していきます．そのあたりが，先ほど話したリスクと不確実性のグラデーションという話に相当します．

　そう考えますと，30歳の人から，将来の自分の年金はいくらになるんですか？　と質問されても，なかなか答えることができないんですね．ついつい真面目に考えて込んで，あなたはおおよそ平均賃金ですから，年金は所得代替率では何％くらいになるでしょうかねと答えても，「んっ？　この人大丈夫？」と思われるのがオチ．

市場を利用することと引き換えに喪っていったもの

　私たちは，生活水準の向上を果たすために進んでダイナミックな市場を取り入れたわけですが，その見返りとして，極めて不確実性の高い社会で生きていくことになりました．一方で，生活水準の向上のおかげで寿命もどんどんと伸びてきたわけですが，人生，70年，80年，90年というタイムスパンの中で起こる不確実性に個々人で対応することは極めて難しいです．仮にその場合に，昔ながらの家族というものが機能していたならば，けっこう楽だったと思います．

家族の中で，年老いた両親に対して，彼らが生きていくのに必要な財・サービスは，子どもたちが稼いできた給料で，随時賄っていくことができますから．だけど，市場というものは，変化を人々に強いて，家族も形を変えてしまったわけです．カール・ポラニーという経済史家は，市場がもつ破壊力の側面を「悪魔のひき臼」という怖い名前で呼んだわけですけど，気持ちは少し分かります．産業革命以降，不確実性は高まるし，不確実性への受け皿，リスク・ヘッジ制度としての家族も機能を弱体化してしまい，今なお変化を続けています．

　そこで，私がはじめて書いた年金の論文では，サミュエルソンは不確実性と隣り合わせで生きていかなくてはならない緊張感というものが本当のところは分かっていないと批判して，サミュエルソン・モデルを先ほどの r や g に不確実性を組み込んだ方向に修正して議論をしています．将来は不確実だからリスク・ヘッジを主な機能とする公的年金保険があるはずなのに，新古典派総合から右側に位置する経済学では，その大切なところを捨象した年金の議論，これは本当なら公的年金の議論にならないのですが，そういう議論になってしまう．それは，おかしいではないかと．

素材的・物的な視点からみた積立方式と賦課方式の類似性

　と同時に，もう一つ，同じ論文の中で，伊東光晴先生の論[204]を基にして，アダム・スミス以来の２つの経済の見方，つまり，貨幣的・価値的な視点と素材的・物的な視点のうち，後者の見方から，積立方式と賦課方式の論を展開しています．

204　伊東光晴（1987)「老いの政治経済学」『老いと社会システム』.

ケインズ的有効需要理論の利用

$Y = CY + CO + I$

CY：勤労世代の消費量　　CO：高齢者の消費量　　I：投資

勤労世代は所得 Y を生産し，CY を消費する．その余り

$Y - CY = CO + I$

は，勤労世代の貯蓄 S である．

高齢化と共に，CO が増加したとする……

需要が増加して，供給に変化がなければ，インフレが需給を調整する[205]．

　今，国民所得が Y，勤労世代の消費量 CY と高齢者の消費量 CO と投資 I から成り立っているとします．勤労世代は，所得 Y を生産し，CY を消費します．その余りである Y − CY は CO + I で，これは勤労世代の貯蓄 S です．ここで今，高齢化が進んで，高齢者の生活水準が一定のままに CO が増えてしまったら何が起こるかというと，需要が増加して供給に変化がなければ，物価や金利などの価格が需給を調整するようになる．当たり前のことです．

　そして，結局は……，

　　生産物という，長期的には蓄えのきかない〈素材的〉な視点，〈物的〉な視点からみれば，その年々に勤労世代が生産した生産物を高齢者が消費する方法しか存在しない．この事実は，伝統的な家計内での高齢者扶養制度であろうが，高齢者の自助努力に任せようが，老齢年金の財政が積立方式・賦課方式のいずれであっても，変わりはない．伊東（1987）が証明したかったのは，この点，すなわち

205　権丈（2009〔初版 2004〕II 巻）22-23 頁参照．

　「老齢者は若い人たちの経済的負担を重くしないために，現に自ら
　が働いているうちに老後のための費用を貯蓄し，それによって，自
　らの老後を支えるべきである」という考えの誤謬であった[206].

　こうしたことを，はじめての年金の論文に書いているわけです.
　積立方式の下で積み立てられた資金を海外に投資できるような開
放経済ではどうなるかがありますが，そういうことはニコラス・バ
ーをはじめとする社会保障の経済学，年金の経済学の専門家たちは
古くから検討していまして，やはり，積立金が直接投資されて云々
というストーリーと現実とは相当に違うという話をしています.

　だいたいもって，公的年金というのは，かつて家族内で賦課方式
のように行われていた現役世代による年老いた親の扶養，仕送りを，
社会化と言いますか，異なる家族の間で保険化しただけの話です.
公的年金ができたから，何か事態が悪化したというわけではありま
せん. 最近，この国で何度目かの積立方式ブームが起こっていて，
彼らの議論のベースには世代間不公平論があるようですが，彼らの
不公平論には，社会保険がもつ私的扶養の社会化・保険化という考
えがまったく入っていないという特徴があります. かつて家族の中
では，年老いた親の生活水準は一緒に暮らす子どもたちの生活水準
と連動した実質価値が保障されていたわけでして，おじいちゃんお
ばあちゃんたちが若いときは貧乏だったんだから歳をとった今も貧
乏で良いよねとはならないわけです. そして今の公的年金も同じこ
とを政策目標として意識していて，この政策目標を掲げれば，政策
手段の候補から積立方式は一歩も二歩も後退しまして賦課方式しか

206　権丈（2009〔初版2004〕Ⅱ巻）23頁.

図表 36　私的・社会的老親扶養の転換

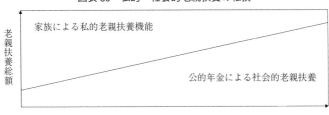

出所：権丈（2006 III 巻）124 頁.

残らなくなります.

　賦課方式は家族内での私的扶養を社会化・保険化しただけのもの
ですが, 積立方式は, かつての家族内の私的扶養をいったん遮断し
て市場に委ねる方式ですので, 年老いた親の生活水準の実質価値を
保障できるとは限りません. うまくいく場合もあればそうでない場
合もある. したがって, 公的年金の政策目標を共有する各国は, 永
続することが前提の「国」が運営する社会保険では, 民間保険とし
ては考えられない賦課方式, pay as you go——成り行き任せの現
金主義——ということができるんだと気づくにつれて, 次第に政策
手段も賦課方式という方向で揃っていくわけです. 金融界の働きか
け等により, 政策が積立方式の方に誘導される国も希にあるのです
が, リーマン・ショックのような経済変動が生じれば, 再び公的年
金は賦課方式の方向に戻ることになります.

　賦課方式の公的年金は, 経済成長が起これば, 現役世代が生み出
す成長の果実を, かつてひとつの家計の中であるいは仕送りとして
自然に行っていたように退職世代と分け合うことができますし, 物
価変動のリスクも分かち合えますので, 経済変動の度合いに応じて,

公的年金の中では世代間格差は当然生まれます．さらには社会化・保険化の過程が，世代をおって順に拡大していくとすれば，社会保険の中だけを対象として負担と給付の倍率をみれば，前世代の方が大きくなるのは当たり前です．制度が成熟していく段階では前世代は負担以上に給付を受けているように見える一方，後世代による私的扶養の役割は次第に減っていくんですね．

　こうした無理のない事情も多分にあるのに，今の年金制度で観察される世代間格差をみてはカッカカッカと腹を立てて，世代間不公平だと言いふらされるのは，まいったもんだという感じですね．

　もちろん，積立金があれば政治的な調整を行いやすくなるので運営は楽になるでしょう．たとえば保険料は世代間でなるべく平準化されたほうが望ましいでしょうから，日本のように2つのベビーブームの影響で人口の凹凸が大きな国では人口構造の凹凸に対するバッファーとしての積立金をある程度もっていたほうがいい．それゆえに，日本は他の先進国と比べて圧倒的に多くの積立金をもっている．しかし，先ほどの話のように生産物の視点からは積立金があっても同じですし，積立金に頼る度合いが高まると，公的年金が市場にさらされる度合いが高まりますから，制度の不安定性も高まります．AIJ問題[207]にみるように，積立方式で運営せざるをえない企業年金などの辛いところです．

積立方式信奉者たちの論

　どうも，積立方式を提唱する人は，「積立方式は，人口減少，少子高齢化がどれほど進もうがまったく影響を受けない」と信じきっ

207　2012年1月に発覚したAIJ投資顧問(株)が厚生年金基金の年金資産を消失した事件のこと．

ているようなんですね．でも，その一言で研究者生命は終わりでし
ょう．いや，そうしたトンデモ論を諫めることができない出版社や
雑誌の編集者の責任なのかな．トンデモ論を言う人たちを観察して
いると，彼らはどうも自分に都合の悪いものを見ないという人たち
のようですから諦めるとしても，編集者は，良い本を作るため，良
い記事を書くためにいろんなものを読むのが仕事でしょうからね．

　積立方式にすれば少子高齢化の影響をまったく影響を受けないの
に，どうして自分たちの論は相手にされないのか？　それは厚労省
が自らの省益を守るためであると思いながら生きていくのは，相当
にストレスフルなものだろうなと，心中察するものがありますけど，
積立方式は少子高齢化の影響を受けないという話が神話にすぎない
とした研究は古くから世界中にあるわけです．そんなことも彼らは
知らなかった．彼らは，ようやく今，いや自分たちは知らなかった
り間違えていたのではなく，積立方式にしたほうが貯蓄が増えるか
ら成長には望ましいのだという論に切り替えようとしていますけど，
我々が経験している成熟した資本主義社会で，消費が多すぎるため
に資本が不足し，その結果，投資が不足して供給不足に陥っている
という論に誰が共感するのかなという話でしょうかね．

　1974年のフェルドシュタインの論文で，賦課方式の公的年金が
貯蓄率を下げていてアメリカの成長の足を引っ張っているという研
究がセンセーショナルに取り上げられたことがあります．しかしそ
こには計算ミスもあり——計算したのは院生だという言い訳までが
有名になり——フェルドシュタイン・フィーバーは沈静化したので
すけど，もういちどこの国でああいう話が流行るのでしょうか．

　ただ，彼らの論がそうした方向に進んだとしても，「積立方式は，
人口減少，少子高齢化がどれほど進もうがまったく影響を受けない

のです」という弁は間違いですね.

　それに，いま我々が考えていることは，家族も企業も生活保障の
リスク・ヘッジ機能が一層弱体化していく中，将来世代に大量の貧
困者が発生しないようにするためにはどうすれば良いか，将来の年
金給付水準の底上げの方法は大方限られているのですが，それを実
現するための流れをいかにして築いていくかということなのですが,
彼らの論はそうした問題意識と接するところがかけらもない．だか
ら，厚労省をはじめとした政府も我々も，みんな彼らの論を相手に
しないだけの話です．彼らが報われないのは彼らに難があるからな
のですが，それは認めたくないようで，とにかく厚労省を悪く言い,
そして彼らの論を相手にしない研究者や記者達に対する罵詈雑言を
一般書やネットに書いては，読者である一般人に，ひたすら悪印象
を植え付けるレッテル貼りをし続ける．でもですね，彼らが世界的
な研究成果と違うことを主張したいのならば，既存研究にしっかり
と目を通して，反論しなければなりません．そんな面倒なことをし
ていると，マスコミにも取り上げてもらえず，無名のまま人生を終
えることになるかもしれませんが，それが，研究者というものです.

　実は，本日ご出席の玉木伸介さんは，2004年に出された『年金
2008年問題——市場を歪める巨大資金』に，今話したことを一言で,
「給付が負担」と書かれています．その年々のパイは，その年々に
勤労世代が生産するしかない．玉木さんは，公的年金の方程式とし
ての「勤労世代の取り分＋高齢者の取り分＝国民所得」という恒等
式を国民所得制約と呼ばれます．勤労世代が生産したものを，子ど
もたちや高齢者みんなで分けて，みんなで生活していく．高齢者の
生活水準を支えているのは，勤労世代が生産したパイからの分配分
です．すなわち，「パイを二つの集団（勤労世代と高齢者）で分け合

図表 37　世代間のパイの分割のイメージ図

出所：玉木伸介（2004）『年金 2008 年問題』83 頁.

うとき，片方が多く取れば片方は少なくなる．勤労世代と高齢者の両方が豊かな暮らしをしようとすれば，生産性を上げてパイを大きくするしかない[208]」．賦課方式や積立方式，さらにはかつてのように家族の中で老親を扶養するというようなどんな方法を採ろうとも，彼ら高齢者の生活水準，給付そのものが勤労世代の負担であるという意味で「給付が負担」と表現されているのです．

　玉木さんの言う国民所得制約と先に紹介した伊東先生の素材的・物的な視点は同じ考え方です．そうした視点に立つと，積み立てる積み立てると言っている人たちは，いったい何を積み立てるつもりなのか？　と，思います．お金を積み立てると言っても，貨幣価値は国民所得制約に合わせて調整されます．

　だから年金問題の負担と給付の問題を解決していくためには，少子高齢化を緩和していくか，あるいは支え手を増やしたり生産性の高まりを期待しながらパイそのものを大きくしていくか，それしかないということになります．それは同時に，少子高齢化が進めば，そして生産性の伸びが滞れば，将来の高齢者に大量の貧困者を発生させないという目標を掲げる公的年金保険の運営は厳しくなってきます．厳しい現実から目を背けずに胆力をもってこの問題に取り組

208　玉木伸介（2004）『年金 2008 年問題』88 頁.

む，それが今，公的年金保険の運営に携わっている人たちがやっていることです．

本日のメッセージ

　私は講義で，学生に，「経済学者の政策論は余裕をもって眺めることができるように上から目線で眺めて考えておきな」，それから「どの政策を選択するか，どのような政策解を創造するかを君たち自身で決めなっ」そして「君たちは，決して無教養学派にだけはなってはいけない」と話しています．

　「こういう政策論はこんなロジックで出てくる」「ああいう政策解はあんな前提から導かれる」ということを，しっかりと把握したうえで受けとめ，年金経済学者たちの話は優しく見守ってあげてはどうでしょうか．まぁ，フリードマンを筆頭として，右側の人たちは不思議とあまり品のよろしくない言葉を使うので，いろいろと腹が立つこともあるでしょうが．

　経済学者は，あまりにも自分たちの流儀ばかりを猛勉強しすぎのようで，他にも物の見方があるということをほとんど意識しませんし，制度や歴史の怖さも知らないと言いますかそれらを軽視している人が多い．制度・歴史を知らないままに政策を論じるなど，間違える可能性があまりにも高くなるために，私たちは怖くてできないわけですけど，カリキュラムも，スマートに学ぶ教育はあまりせず，いわゆる大人を育てようとはしていないようにみえます[209]．

209　ここでの「スマートに学ぶ」は，医療経済学の碩学フュックスの次の言葉を参考とした使い方である．
　　　私の経験では，あなた方は大学院でスマートに学ぶことを身につけていない．……（大学院では）あなた方は，すべてを学ぶこと，膨大な理論や技法を，それらの妥当性や適切性を考慮しないまま身につけることを期待されている．

　私は「勿凝学問（学問に凝る勿れ）」という文章をホームページ上で長年書いてきました．このタイトルの由来を紹介しておきますね．福沢諭吉先生が 1890 年に大学をつくります．1858 年に蘭学塾をつくるのですが，その 32 年後の 1890 年に大学部を設置します．その最初の入学式で，彼は「学問に凝る勿れ」という講演をいたします．

　　学問を好むと同時に学問に重きを置かず，唯人生の一芸として視る
　　のみ．学を学んで人事を知らざるは碁客，詩人の流に異ならず．技
　　芸の人に相違なしと雖も人生の完全なるものに非ずとて，物に触れ
　　事に当たりて常に極言せざるはなし．学問に重きを置くべからざる
　　とは，之を無益なりというに非ず，否，人生の必要，大切至極の事
　　なれど，之を唯一無二の人事と思い，他を顧みずして一に凝り固ま
　　る勿れの微意のみ[210]

　福澤先生 55 歳，1890 年に慶應義塾大学を開校するという記念すべきまさにその日に，第一期の入学生を前にして「学問に凝る勿れ」と話す痛快さは堪らないですね．2003 年に『福澤諭吉著作集』を慶應義塾大学出版会が出した時，出版記念の座談会に呼ばれて，そのなかで福澤先生の講演「学問に凝る勿れ」を私が強く勧めていたりしたために，慶應義塾大学出版会公認のもとで，まぁ本当は彼

　　スマートに学ぶことはこの逆である．それには，膨大な新しい研究を識別し，
　　学ぶべき研究を選び出す能力が必要である．経済理論は非常に重要だが，多
　　くの新しい研究はいつの時代にも一時の流行や自己満足の表現にすぎず，海
　　辺で筋肉をひけらかしている若者の知識人版である．
　　　　V. R. フュックス（1999）／二木立訳（2000）「医療経済学の将来」
　　　　『医療経済研究』Vol. 8, 101 頁.
　210　『福澤諭吉著作集』第五巻所収.

らに公認する権力はもっていないと思いますが（笑），福澤先生の演題「学問に凝る勿れ」を「勿凝学問」と書き換えて私の随筆の総称として，以来，文章を書き始めることになったわけです．

　人が学んでいくうえで，福澤先生の言う「学問に凝る勿れ」という姿勢は，とても大切だと思います．世銀の年金報告書などを見るときに，どうしてもチリとフリードマンの繋がりが透けてみえ，シカゴ大学とピノチェト軍事政権の残虐さなどを，ついつい一緒に考えてしまい，日本の年金経済学者をはじめとした日本人がみんな揃って04年年金改革の批判で大いに盛り上がっている時に，ひとり冷めたままでいてしまう．結果，同年配の人たちと比べれば，どうしても10年近くは出遅れてしまうわけですが，この年になると，そういう生き方も，まんざら悪くはないと思えます．

　それにしても，世の中，政治や経済というのは，そっちに行ってはいけないよと私たちが警告する方向にばかり，どんどん行ってしまうようです．ただ，私ももう今年50歳になりまして，四捨五入して100歳になってしまいましたので，かつてハロッドが『ケインズ伝』のなかで書いていること，昔は「そういう心境に本当になるものなのか」と思ったようなことが，少し分かるようになってきました．

　　ケインズは経験から，自然は強いものであるということや，社会は論理的には破滅を導くはずの底知れぬほど深い過ちの連続にもかかわらず，何とか生き延びるものであるということを学んだ[211]．

---

[211]　ハロッド（1951）／塩野谷九十九訳（1967）『ケインズ伝』522頁．

50 になっても天命を知るにはほど遠いのですが，さすがにいろいろなことを経験してきまして，ようやく，ケインズのこうした心境になってきたという感じでしょうか．まあ，世の中というのは，ひどいことばかりが起こる．次から次に新たな障害物が準備される障害物競走というゲームのなかで我々は生きているようなものです．民主主義のもとでの政治というものは，僕らが走るトラックに障害物をこれでもかこれでもかと並べてくれます．そんなことなどを時々思うのですが，まぁ，それでもなんとか，社会は生き延びていくのだろうと思えるように，少しばかりなってきました．

そうしたタフで柔軟な社会なのですが，なかなか辛い問題がしばしば起こる年金の世界に，年金綜合研究所という，いわば，年金問題をまじめに考えたいと思われている人たちが集まるサロンが提供され，さまざまな人たちのネットワークが作られていくことは，本当にすばらしいことだと思います．とにかく大切なことは，本日配布しております資料にありますように，みんなで「考え抜いた制度を作る[212]」ことです．今日は，そうした日本の未来を明るくしてくれそうな研究所の設立記念シンポジウムお招きいただきまして，ありがとうございました．そして，理事長をはじめ，設立に奔走されたみなさん，この度は，おめでとうございます．心より，お喜びを申し上げます．

どうもありがとうございました．

＊　　＊　　＊

212　インタビュー「大切なことは考え抜いた制度を作ること」『年金時代』2012 年
1 月号，権丈（2015 Ⅶ巻）第 19 講として所収．

追記──2012 年 12 月 10 日の講演後の年金論議の展開

　この講演を行った 2012 年 12 月 10 日のちょうど一か月後の 2013 年 1 月 10 日に，年金の経済学研究の第一人者である LSE（ロンドン・スクール・オブ・エコノミクス）のニコラス・バー（Nicholas Barr）が IMF 主催の会合で，「年金受給者は金銭に関心があるのではなく，消費に関心がある（食料，衣類，医療サービス）．このように鍵となる変数は，将来の生産物である．賦課方式と積立方式は，単に，将来の生産物に対する請求権を組織的に設定するための財政上の仕組みが異なるに過ぎない．2 つのアプローチの違いを誇張すべきではない」と報告している（権丈（2015 VII巻）第 2, 第 5 講参照）．こうしたニコラス・バーの「Output is central（生産物こそが重要）」という考え方は，伊東光晴先生たちが言う「素材的・物的な視点」，玉木さんの言う「給付が負担」と同じ考え方である．

　「Output is central」の視点に立つと，積立方式も少子高齢化の影響を受けることがよく見えるのであり，積立方式支持者たちがよって立つ論拠「積立方式は，前後の世代とは無関係な財政方式」という議論のスタート地点が間違えているという話になる．

　ところで，第 12 回社会保障制度改革国民会議（2013 年 5 月 17 日）において厚生労働省年金局が次のスライド（図表 38）を配布して説明したことによって，ニコラス・バーの「Output is central」という，それまではまともな年金研究者の間でのみ共有されていた考え方は，ひろく国民が知るべき話となった．

　そこから，年金論は興味深い急旋回をみせることになるのであるが，そのあたりの詳細については，権丈（2015 VII巻）「第 2 講　年金，民主主義，経済学 II」を参照．そして，2016 年末には，日本経済新聞から「やさしい経済学」に Output is central の話を書い

図表 38　厚労省年金局による社会保障制度改革国民会議での配付資料

海外の年金議論の動向　②IMF講演資料(1)

○IMF 主催「世界危機後のアジアにおける財政的に持続可能かつ公平な年金制度の設計（2013 年 1 月 9〜10 日，東京)」におけるニコラス・バー氏の講演資料「適切な年金制度を確保するための公共部門と民間部門の役割――理論的考察」から抜粋．

※ニコラス・バー氏：LSE（ロンドン・スクール・オブ・エコノミクス）教授であり，1990 年〜1992 年まで世界銀行のコンサルタント．

2.2 Output is central

- Two and only two ways of organising pensions
  - Store current production
  - Build a claim to future production
- Pensioners are not interested in money, but in consumption (food, clothing, medical services). Thus the key variable is future output.
- PAYG and funding are merely different financial mechanisms for organising claims on future output
- Thus the difference between the two approaches should not be exaggerated

2.2 生産物が中心

- 年金を設計するただ 2 つだけの方法
  - ・現在の生産物を蓄える
  - ・将来の生産物に対する請求権を設定する
- 年金受給者は金銭に関心があるのではなく，消費に関心がある（食料，衣類，医療サービス）．このように鍵になる変数は，将来の生産物である．
- 賦課方式と積立方式は，単に，将来の生産物に対する請求権を組織的に設定するための財政上の仕組みが異なるに過ぎない．
- このように，2 つのアプローチの違いを誇張すべきではない．

出所：厚労省作成．

てくれとの依頼が来る．そこで書いたのが日経のやさしい経済学に書いた「公的年金保険の誤解を解く」である．

オンラインへ GO！ やさしい経済学「公的年金保険の誤解を解く」
『日本経済新聞』2016 年 12 月 22 日〜30 日　全 7 回）

オンラインへ GO！ 人はなぜ年金に関して間違えた信念を持つのか
――もうすぐ始まる年金報道合戦に要注意
『東洋経済オンライン』2019 年 8 月 1 日

◇　　◇　　◇

そして公的年金保険を理解するためには，次は是非とも！　一つ目は歴史物，もう一つは，一見，年金とは関係なさそうに見えるのですが，そこがミソ．結局は，わたくしの年金論に決定的な影響を与えた予測についての考え方です．

『もっと気になる社会保障』へワープ!! 「不確実性と公的年金保険の過去，現在，未来」「将来のことを論ずるにあたっての考え方」

第6章 研究と政策の間にある 長い距離
──QALY 概念の経済学説史における位置

普通，若いときには，懸命に厳密な科学研究を行えば，それが自然に政策に使えるようになると考えるようです．でも，研究と政策の関係というのはそういうものではない……というような話は，ミュルダールやフュックスをはじめ，僕の好きな経済学者たちは繰り返し言ってきたことです．そして僕は，実は20代の頃からそういうふうに考えていました．理由は簡単で，政策論には，価値判断が必ず伴うものであって，何か特定の価値判断を選択する客観的，科学的な方法などないわけですから．

と言っても，そういうことはなかなか分からないものです．ここでは，いま中医協でも賑わっている HTA や QALY を題材として，経済学と価値判断の話をしています．時，2012 年 9 月 18 日，医療科学研究所フォーラム「医療技術評価（HTA）の政策利用：諸外国の現状とわが国の課題」における講演録を本書用に略して，掲載．

HTA とのかかわり

私が HTA（Health Technology Assessment：医療技術評価）の研究とかかわったのは，今年（2012 年）2 月 27 日に，医療科学研究

所の研究会で，池田俊也先生と東美恵さんの報告を聞いたのが始まりです．その時の報告は，彼ら，とくに東さんの人柄と問題意識も反映されたためとも思うのですが，HTAの政策立案への活用は，なかなか難しいということがそこはかとなく伝わってくる内容でした．そして実際，研究会に出席されていた先生たちも，「HTAにはもう少し期待していたのになあ」という感想を抱かれていたわけです．

　正直，私は，あの日の研究会の雰囲気に，何かすがすがしい印象を受けました．と言いますのも，私は普段，HTA研究とは違う世界にいまして，そこでは，研究者はまったく意味のない研究を意味ありげに報告したり，多くの場合は，自分が計算したその数値がどういう意味をもつのかすら自覚しないまま，簡単に政策提言をするような，かなりバカバカしい世界にいます．そうしたなか，池田先生と東さんのHTA報告を聞いてしまった．

　その報告を聞いた感動を記すために，「勿凝学問380　研究と政策の間にあるはずの長い距離の自覚と無自覚[213]」という文章を書いて，私のホームページにアップしました．言うまでもなく，長い距離を自覚しているのはHTA研究者で，無自覚なのが年金経済学者をはじめとした普通の経済学者という意味です．

　すると，私のホームページには予想もしない読者がいるらしく，本日のパネリストの白岩健先生が私の文章を読んで，経済学の観点からHTA研究に関してアドバイスが欲しいとの連絡を送ってこられました．そういう経緯があって5月28日のHTA勉強会に出席することになり，そこで白岩先生が「医療資源配分の倫理的側面からの議論」という報告をされました．

213　権丈のホームページ「勿凝学問380」（2012年3月17日脱稿）参照.

　私はHTA研究者がどのように悩んでいるのかをあまり詳しくは知らなかったので，当日，配付資料も準備せず，手ぶらで出かけたのですが，白岩先生の報告とその後の皆さんの議論を聞いていると，「なるほど，彼らが直面している問題はこういうことか」と考えがまとまりまして，手持ちのパソコンに入っている資料を適当に見繕って，2，3分で本日配布のPPT資料を作りました．私のパソコンは，ドラえもんのポケットのようなものでして，こういうのはすぐにできます．そして彼らにコメントをしたわけです．

　まず，お断りしておきたいことは，私は大学院生の頃，慶應義塾大学医学部の池上直己先生の病院管理学の講義に出席しておりました．そこでは時々，医療のefficacy，つまり治療，薬などの効き目，有効性の確認の話が出てきます．その時，「えっ？　効き目のない医療が行われているのか？」と驚いて，それ以来，efficacyのみならずeffectivenessも視野に入れたCEA，つまり費用有効度分析などは，相当に重要な研究領域だと考えてきました．延命効果などがまったく実証されていないのに，新規性が高いという理由で法外な価格がつけられる話などは論外で，そうした側面での研究は，必要不可欠だと考えています．そのうえで，これからの話をすることを了承していただきたいと思います．

実証分析と規範分析

　5月28日のHTA研究会で白岩先生の「倫理的側面からの議論」を聞いていて思ったことは，社会科学においては頭の使い方が2種類あるということを理解してもらわなければならないということでした．HTA研究に関わっている方は，相当数が医学や薬学などの理系出身，あるいは統計学出身の人がいるようですね．その人たち

図表 39　実証経済学と規範経済学

	実証（事実解明的）経済学	規範経済学
英語	Positive Economics (Positive Analysis)	Normative Economics (Normative Analysis)
問の形	Why, what, how be?	Should I, we, you? How, what should?
分析の方法	対象とする事象の因果関係に関する作業仮説（Working Hypotheses）を立てて，これを検証するプロセスを繰り返すことにより，この作業仮説を理論にまで昇華させ，そこで得られた理論をもとにして，まだ観察されていない状況を予測する	複数の価値を比較考量して目的を設定，すなわち価値前提を設定し，さらに目的と手段の整合性を探求する
答の形	Sein（Be）である	Sollen（Should）べきである

に，経済学をはじめとした社会科学には，positive analysis と normative analysis の 2 種類があることを，まず分かってほしい．

　通常，positive analysis は「実証分析」，あるいは，この分析が「なぜ？」という間に対して事実を解き明かすことを行うので「事実解明的分析」と訳されることもあります．

ジャンプ　知識補給・Positive の訳は実証で良いの？　337 頁へ

　Normative analysis は「規範分析」と訳されていて，経済学のなかでは前者に相当するのが実証経済学，後者は規範経済学と呼ばれています．実証分析では，答えの形はドイツ語では sein，英語では be 動詞です．「なぜ，デフレは続くのか？　それは，こうこうこういう理由だからです」．このような頭の使い方が，実証分析です．典型的には，天文学とか物理学の世界ということになりましょうか．これに対して，規範分析の答えの形は，ドイツ語では sollen，英語では should という助動詞がつきます．医療は，平等に利用できるようにするべきであるとか，医療も効率的に資源配分を行うべきであるというような話です．これが，規範分析でして，この分析の背後には必ず価値判断が入っています．

　そして，医療の現場はまた違った側面をもつでしょうが，政策の手前にある医学・薬学は実証分析の世界だと思います．一方，政策論は実証分析を行うだけでは絶対に不可能でありまして，規範分析を必要とし，その背後には価値判断があるわけです．

　HTAの政策立案への活用可能性を考えるということは，残念ながら，規範分析の話に入ります．ここで，残念ながらというのは，規範分析というのは，まぁなんと言いますか，研究者にとってなかなか辛い側面があるからです．実証分析は，がんばって研究を重ねればなんとかなる可能性がないわけではない．しかし，規範分析というのは，研究へのマンパワーを増やしたり，研究費をいくらかけてみても，どうにもならない側面があります．

規範経済学の学説史──基数的効用から序数的効用へ

　ここで，簡単に，規範経済学の学説史をおさらいしておきます．規範分析を明確に意識した研究を行った経済学者に，ケンブリッジ大学のピグーがいまして，彼は1920年に『厚生経済学』という本を出版します．

　その本でピグーは，経済厚生は成長率が高いほど，分配が平等であるほど，経済が安定しているほど高まるという，いわゆる「ピグーの3命題」を提示します．ここで注目したいのは平等な分配という命題です．この論証プロセスは，次のようになっています．

　　　比較的に豊かな人から比較的に貧しい人へ所得を移転するとすれば，
　　　それは相対的に強くない〔富者の〕欲望を犠牲にして，いっそう強
　　　烈な〔貧者の〕欲望を充足させることができるから，欲望充足の総
　　　計を増大させるに違いないことは明らかである．かくして古い限界

　　効用逓減の法則から確実に次の命題が導かれる．すなわち，貧者の
　　手中にある実質所得の絶対的分配分を増加させるいかなる原因も，
　　もしそれが国民分配分〔全体〕の規模を縮小させないのであれば，
　　一般に経済的厚生を増大させるであろう，という命題がそれであ
　　る[214]．

　要するにこういうことですね．

　まず，社会を構成する個人iの効用関数は全員同じで，その効用
Uiは足し合わせることができ，すべてを足し合わせた社会的厚生
を考える．この足し合わせることができる効用を基数的効用と呼び
まして，基数的効用の場合，社会的厚生（SW）は次式で表される
と考えられていました．

$$SW = \sum U_i(Y)$$

　効用関数には，所得Yが増えると所得1単位当たりの効用の増
分は減少するという，限界効用逓減の法則を想定すれば，高所得者
から低所得者への所得移転は，社会的厚生を増加させることになり
ます（図表40）．

　言われてみると，なんとなく納得する話ですし，ピグーの言うこ
とは，当時では支配的な学説であった限界効用学派の考えに則った
ものでしたから，多くの人が，それはそうだと思っていました．た
だし，当時支配的であった限界効用学派と言っても，水とダイヤモ
ンドの価格は，なぜ，前者で低く後者で高いのかという問いの世界，
つまり実証分析の世界で，限界効用逓減の原理が使われていたとい
うだけであって，この限界効用逓減の法則が規範分析に適用されて

214　ピグゥ（1920）／気賀健三他訳（1953）『厚生経済学（第1分冊）』90頁．

図表40　限界効用逓減の法則と基数的効用

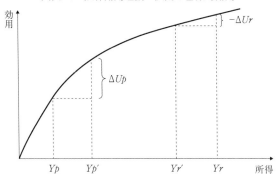

出所：筆者作成.

いたわけではなかった．それを，ピグーが行った．

厚生経済学から新厚生経済学へ

　そこで，同時代を生きていた LES（ロンドン・スクール・オブ・エコノミクス）のライオネル・ロビンズという経済学者が，1934 年に『経済学の本質と意義』を記して，ピグーの限界効用逓減の法則に基づく第 2 命題を批判します．その論法は，次のようなものでした．

ライオネル・ロビンズによるピグーの第 2 命題の否定

　かりに A の選好について意見の相違が生じたとせよ．わたくしは，ある種の価格において彼が m よりも n を選好すると考え，あなたは同一の価格において彼が n よりも m を選好すると考えたとせよ．われわれの相違を純粋に科学的な方法で解決することは容易であろう．われわれは A に頼んでいずれが望ましいかを言ってもらうことができるであろう．……

　　しかしわれわれが，千ポンドの所得から A が得る満足とその 2
倍の大きさの所得から B が得る満足とについて意見が違ったとせよ．
かれらにたずねることはなんの解決をもたらさないであろう．かれ
らの意見が違ったとして，A は限界において B よりも大きい満足
を得ると主張するかもしれない．一方 B は，これと反対に，A よ
りも大きい満足を得ると主張するかもしれない．われわれは，この
場合にいかなる科学的根拠もまったくない……．A の満足と B の
満足と比較してその大きさを検査する手段は全くない．……異なっ
た人の満足を比較する方法はないのである．……限界効用逓減の法
則の拡張〔ピグーの第 2 命題〕は非論理的なものである．したがっ
て，それに基づいた議論は科学的根拠に欠ける．……それは倫理的
な仮定としては興味深いが，純粋理論の実証的な仮定からはぜんぜ
ん出てこないものである[215].

　まあ，ロビンズのおっしゃるとおりでして，それまで実証分析，
Positive analysis の領域で用いられていた限界効用逓減の法則とい
う学説を規範分析に適用したピグーの第 2 命題は，ロビンズから批
判されてしかるべき弱点がありました．それ以降，経済学の規範分
析のなかでは，図表 41 のようなピグー流の厚生経済学から新厚生
経済学への変化が起こります．

図表 41　新厚生経済学の誕生

- 効用の個人間比較可能性を否定
- 基数的効用（cardinal utility）から序数的効用（ordinal utility）へ
- 資源配分問題（allocation）と分配問題（distribution）を分離
- 価値判断はパレート効率性基準に則って行う
- 資源配分問題に特化——市場の失敗＝公共財，外部性など

215　ロビンズ（1934）／辻六兵衛訳（1957）『経済学の本質と意義』209-212 頁.

　ここで，パレート効率性というのは，「他の誰かが損害を被ることなく誰かが利得を得ることができない状態を効率とみなす」という価値基準のことです．

　ただ，効用が加減可能な基数的効用から加減は不可能で順序しか表すことができない序数的効用になって，規範経済学のなかで使うことが許される価値前提がパレート効率性だけだということになれば，経済学は実に窮屈になってしまい，実際のところ，経済学は政策に関してほとんど何も言えなくなってしまいます．と言いますのも，政策というのは，おおかた，誰かが得をすれば誰かが損をするので，パレート効率性基準に反しているんですね．

アローの不可能性定理と分配問題

　そこで経済学は，個人の選好を集約した社会的厚生関数を，なんらかの民主的な手続きを経て導き出せないかと考えました．もし，そのようなことが可能であれば，経済学者は，自分の価値観や，誰か特定の人たちの便益，さらにはどこかの利益集団の利益に基づいた政策提言ではなく，「社会」とか，「国民」という言葉を主語として，社会がその政策を望んでいるとか，国民にとってそれは望ましいという論理を作ることができるわけです．

　倫理学の世界は，功利主義だ，直観主義だと，その優位性をダイレクトに論じて，「功利主義のほうがロールズの maximin 原理よりも望ましい」とか「いやいや，そうでない」という議論をするのですが（図表42），経済学は，そうした詮無き議論はいたしません．経済学は，個々人の選好が世の中に存在するのを与件として，個々人の選好を民主的手続きのもとでいかに集計することができるかと考えます．そのような課題に，1950 年代の経済学は没頭していま

図表42　社会的厚生関数を目的関数とする制約条件下での極大化行動

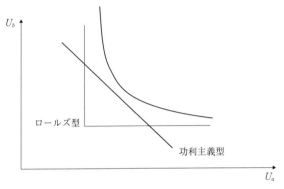

出所：筆者作成.

した．しかし，その試みもやはりダメだったんですね．アローとい
う経済学者が，そんなことは不可能だということを証明してしまう
（図表43）．それは，「アローの不可能性定理」として有名で，彼は
この業績も考慮されてノーベル経済学賞までもらっています．

　そうなると，困ったことになります．アローの不可能性定理は，
なんらかの客観的・科学的な政策解など存在しないということを意

図表43　アローの不可能性定理

- 推移率
- 無関係な選択対象からの独立性
- 広範性
- ただし，民主主義とは，非独裁的選択

- アローの不可能性定理
　　もし社会的決定メカニズムが上述の最初の3つを満たすならば，
　　それは独裁制にほかならない．つまり，すべての社会の選考順序
　　は1人の個人の選考順序と等しくなる．

出所：筆者作成.

味しています．どんなに事細かく調べようが，どんなに緻密な計算
をしようが，科学的な政策解など存在しえない．政策を論じるとい
うことは，規範分析の世界にいるということなのですが，その政策
がパレート基準に抵触する——誰かが利得を得ることが誰かに損害
を与える——ような場合には，政策提言者は，もう，純粋な科学者
と言いますか，自然科学者のような立場ではいられなくなります．
分配問題に政策解を導き出すには，何らかの価値判断が必要なので
すが，価値判断は民主主義の手続きのもとでは導き出せない．

　となれば，話は原点に戻ります．

経済学と価値判断

　ここで，参考になるのは，ロビンズと同時代に生きていた，ロビ
ンズよりも 15 歳ほど年長者のケインズです．ケインズは，同僚で
20 歳ほど年下のハロッドに次の手紙を書いています．

モラル・サイエンスとしての経済学

　「経済学はロビンズの考えとは反対に，本質的に道徳科学
（moral science）であって，自然科学（natural science）ではない．
換言すれば，それは内省（introspection）と価値判断（judg-
ments of value）を用います」（1938 年 7 月 4 日，ケインズからハ
ロッドに送られた手紙）

　ロビンズが言ったことに関しては，「厳密に言えばそうだろうけ
ど，それでは何にも言えなくなるよ」という感想を抱くのは，当た
り前のことですけどね．

　このあたりの経済学と価値判断の問題をダイレクトに考え続けて

いた経済学者に，スウェーデンのミュルダールがいました．スウェーデンの福祉国家形成の経済理論的な基礎を与えた経済学者としても有名ですが，彼の思想の変遷を紹介した文章を，以前，私は書いています．

政策論と価値判断

　1930年代のミュルダール〔40歳前後〕は，経済学説のなかから「あらゆる形而上学的要素を徹底的に切り捨ててしまえば，一団の健全な実証的経済理論が残る」だろうとの期待をいだいていたのですが，価値前提を排除した社会科学が実践性の乏しいものになると，後に悟ったことを，彼は英文の序文のなかで回顧しています[216]．

　研究者というのは，若い時には，懸命に厳密な科学を行えば，それが政策に自然な形で活かされるようになると考えるものです．

　しかし，政策論というのは，そういうものではありません．医療経済学の大御所であるフュックスが，若い医療経済学者に向けて忠告した内容が次です．

フュックスの言う価値判断の役割

　もう一つの警告は，政策提言を行うときは，その提言に含まれるあなたの分析とあなたの価値判断を可能な限り区別して示しなさい．きちんと論証された経済研究は，それはそのまま政策化されると経済学者が考えるとしたら，それは甘い．政策は，分析と価値判断の両方に基づいて決められる[217]．

216　権丈（2005〔初版2001〕I巻）143頁．

「きちんと論証された経済研究は，それはそのまま政策化される
と経済学者が考えるとしたら，それは甘い」のです．「政策は，分
析と価値判断の両方に基づいて決められる」わけですから．

QALY に内在する基数的効用

QALY（Quality Adjusted Life Years：質調整生存年）には，ロビ
ンズ以降の新厚生経済学のなかできわめて禁欲的に主観的な序数的
効用として用いられていた効用が，基数的効用として組み込まれて
います（図表44）．

図表44　効用に関する仮定と研究領域の特性

	実証（事実解明的）分析	規範分析
基数的効用 Cardinal utility	ピグーが規範分析に適用する 以前の限界効用学説	旧厚生経済学 （規範分析に適用された 限界効用学説）
	ゲーム理論 不確実性の経済学	最適課税論 QALY
序数的効用 Ordinal utility		新厚生経済学（パレート最適基準 に基づく市場の失敗論の展開）

出所：筆者作成．

QALY の倫理的問題，つまり基数的効用が抱える問題は，およ
そ100年前に語り尽くされていると言えば語り尽くされています．
今後，HTA 研究者が哲学などの研究を深めればどうにかなるとい
うような問題ではありません．残念ながら，そういうものなのです．
　英語の慣用句に apple to orange というものがあります．「本来比
較できないものを比較して，何の意味があるのか？」という意味で

217　フュックス（1999）／二木立訳（2000）「医療経済学の将来」『医療経済研究』
　　vol. 8，98頁．

すが，QALY は，apple to orange の問題を克服するために，次元の異なる治療効果を一本に統合する際に基数的効用を持ち込むという，なかなか辛い手法を用いました．当然，これを政策論として展開していけば壁にぶつかることになります．

　付け加えますと，経済学では，普通に基数的効用が使われている領域として，不確実性の経済学やゲームの理論の世界があるにはあります．でもそれは，事実解明的，Positive な世界での話です．

　基数的効用を規範分析の世界に持ち込んだものとして，世界的には 70 年代に研究ブームが起こった最適課税論などがあります．日本でも 80 年代に最適課税論の研究ブームが確かにあり，多くの人たちがこの研究領域で論文を書いていました．しかし，最適課税論は，何を望ましいと考えるかを示す肝心要の社会的厚生関数の形が異なれば最適とされる税の形も異なり，その社会的厚生関数の選択にはアローの不可能性定理が立ちはだかる．当然，行き詰まります．日本で 80 年代に最適課税という抽象的なモデル上での計算に没頭した人たちは，研究生活の後半生，自分たちが若いときに時間を投入したはずの最適課税論とはあまり関係のない発言を，行き当たりばったり行うことになります．まあ，誰とは言いませんが．

　規範分析という世界は，はたして学問なのか，科学なのかという疑問はありますが，学問としての誠実さを示すのであれば，どのような価値前提を，いかなる理由で設けているのかを明示することくらいしかない．先ほども紹介したミュルダールは，晩年，「価値観明示主義」とも呼べる手法をとることによって学者としての誠実さを示そうとするのですが，私も，そういう手法しかないだろうと思って，遙か昔からそれを行っています．

ジャンプ　知識補給・福澤諭吉とミュルダール　338 頁へ

　そうした視点から見ると，たとえばQALYにおける効用値の測定，割引率の設定，あるいは患者間のウェイトの設定あたりには違和感があります．この違和感を多くの人が感じるままでQALYが政策に適用されれば，QALY基準で不利な目にあった人たちがQALYに反対する政治活動を行うというような，社会的な摩擦が生じることが予測されるわけです．

HTAの政策立案への活用可能性

　先ほど述べた「学問凝勿380」（236頁）では「政策に関係する多方面にわたるステークホルダーが納得のいく価値前提を準備することができないままに無理に政策に適用すれば，どうしても，社会的な摩擦が生まれてしまう．そしてHTAの政策適用から生まれたその摩擦は，言うまでもなくHTA研究では到底緩和することができず，要は，政治の力をもって，HTAの閾値に譲歩を求めるような形で押さえ込むしかなくなってしまう」と書いています．政策論というレベルでものを考える際には，その政策の反作用も考えざるをえなくなります．

　図表45では，医療政策に関わるステークホルダーとして，医療提供者，利用者，費用負担者，製薬業・医療機器産業などを挙げています．

　HTAに基づいて決められた医療政策に強い不満が生まれる場合には，医療政策の外で政治活動が生まれてしまい，その活動の結果が医療政策にフィードバックするという現象が起こります．結果，QALY適用前と適用後とでは政策の中身は変わらないのに，社会的な調整コストのみが高まってしまうということが起こりかねません．社会システムの問題としては，政策という作用に対する反作用

図表 45　医療政策をめぐるステークホルダーの利害調整と政治活動

- 医療提供者
  —医療機関
  　・病院
  　・診療所
- 利用者
  —患者
  —その家族
- 費用負担者
  —国・自治体
  —保険者
- 製薬業・医療機器産業

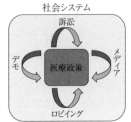

の動きまで視野に入れないと，社会全体の動きに対する予測に失敗してしまいます．ここで，宇沢弘文先生の言葉を引用しておきます．

経済学と医療の世界との距離

私たち経済学者は，間違えた論文を書いてもそれほど大きな問題にはなりません．ところが医師の場合は，非常に深刻な問題になって，マスコミでも大きく取り上げられます[218].

　医療の世界は，普通の経済学の領域とは，まったく違った緊張感がある世界です．おそらく，多くの人たちが，普通の経済問題よりも医療の問題を身近に感じることができるということが，その原因の1つにあると思うのですが，そのあたりのこともよく視野に入れて，HTA 研究者，とくに QALY を計算する人たちは，政策立案への活用可能性を考えてもらいたいと思います．

　まあ，HTA は，これまで，患者を相手とした診療現場では医師が，さまざまな利害調整を行う政策形成過程では政治家と官僚が，言わば密かに行っていた意思決定を「可視化」することに意義があ

218　宇沢弘文（2006）「この人に聞く」『日経メディカル』12 月号，265 頁.

るという主張もあるかもしれません．しかし，「可視化」そのもの
に価値があったとしても，見えてしまったがゆえに生じる問題とい
うのも，またあるように思えます．今日のシンポジウムのテーマで
あります「HTA の政策利用」を考えるのであれば，そうした人間
社会の機微までも考えた方がいいのかもしれません．できれば，
「計算するのは私，政策利用を考えるのはあなた」という関係では
なく，計算している人たち自身が，自分の計算が社会システムにど
のような影響を与えるのか，自分の研究が，社会システムのなかで
どのような位置づけにあるのかということも，考えてもらえればと
思います．

　医学・薬学という自然科学出身の方から見れば，HTA，とくに
QALY は計算結果さえ出せば政策への適用可能性があることは自
明のように思えるかもしれません．しかし，我々社会科学，とくに
規範分析をめぐる議論の歴史的推移を知る経済学出身の者から見れ
ば，QALY 研究と政策との間にはかなり長い距離が横たわってい
るように思えます．

　本日のパネリストの報告でも，ドイツでは QALY は「測度尺度
により得られる効用値が異なるため，QALY も異なる」ゆえに，
これを用いないという話とか，QALY は「患者の生きる“価値”
を比較することにならないか」という批判が紹介されましたが，そ
うした批判が起こるであろうことは，ピグーとライオネル・ロビン
ズの間での効用をめぐる論争を知っていれば，容易に想像がつくこ
とです．そして実際，今日なされている QALY への批判は的を射
ているわけで，足したり割ったりして平均値を出したりできる基数
としての効用値が安定しているはずもなく，こうした研究領域で用
いられる QALY は，どうしても患者の生きる価値を比較せざるを

えなくなります．それは避けることができないし，正直に立ち向かうしかありません．

　私自身は，政策科学としての経済学は，ロビンズの言うようなものではなく，ケインズが考えていたモラル・サイエンスだと思っています．そして，HTA というのも，実はモラル・サイエンスの世界の話でして，そういう学問を私は批判も否定もしませんし，むしろそうあるべきと推奨したい．

　ただし，HTA 研究者や QALY 研究者は，自らが行っていることは医学や薬学など自然科学では決してなく，モラル・サイエンスであるという自覚をもち，自分たちの研究のなかにどのような価値前提が内在されているのかを正直に明示していくことこそが，研究者としての誠実な姿勢となるはずです．そして，いかなる価値前提を置くかということは，残念ながら，研究を猛烈に進めていけば正解にたどり着けるという類いの問題ではありません．大切なことは，研究者が手にしているツールの性質に関する自覚です．

　HTA の政策利用を考えている研究者は，自らが規範分析の世界に位置することを自覚し，たとえば，以前 HTA 研究者から私が直接聞いたことのある，「QALY の値は理論的に決めることができる」というような表現は，避けたほうが良いというアドバイスで，本日の話を終えたいと思います．

　最後は，少し冗談で締めないといけないと思うのですが，今日のシンポジウムの主催者である医療科学研究所が助成した『医療経済学講義』が，昨年，出版されました．その本の冒頭には，次の文章があります．

　　　経済学とは金銭を扱う学問ではない．経済学とは何か，を明確に

定義したのは英国の経済学者であるライオネル・ロビンズである．
ロビンズによれば経済学とは「他の用途をもつ希少性ある経済資源
と目的との間の関係としての人間行動を研究する科学」である[219]．

　実は，ロビンズ流の経済学を良しとするこの教科書は，ロビンズ
流の経済学を否定しなければ成立しない QALY とは矛盾します．
この両者相矛盾する研究を，医療科学研究所が両方とも支援してい
るというのは，私にとってはなかなか興味深いところです（笑）．
　本日は，ありがとうございました．

後日談——『ちょっと気になる医療と介護　増補版』（380-381 頁）より

> 後日談
> 　2014 年 8 月 30 日に届いたメール……
> 　昨日（8 月 29 日）東京で開かれた，国際医薬経済・アウトカム研究
> 学会日本部会第 10 回学術集会に，純粋に勉強のために参加しました．
> 　部会企画のシンポジウム「医療経済評価における QOL 値測定」では，
> 能登真一さん（新潟医療福祉大学．元作業療法士），五十嵐中さん（東大．
> 医薬政策学），齊藤信也さん（岡山大学）が発表したのですが，齊藤さ
> んは冒頭，中医協費用対効果評価専門部会の 2012 年 8 月 22 日の資料
> では「効用値 QALY」が使われていたのが，同年 10 月 31 日の資料で
> は「QOL スコア」に変わっており，これは権丈先生の講演時（9 月 18
> 日）の指摘を踏まえたものだという趣旨の発言をしました．気がつい
> たら，上記シンポジウムのタイトルも「…QOL 値…」になっています
> ね．

219　橋本英樹・泉田信行『医療経済学講義』3 頁．

他の2人も，「QOL測定尺度」の細かい「技術論」のみを話し，それを用いた「医療経済評価」や，現実の政策への応用にはまったく触れませんでした．これも，権丈さん効果と思いました．

追記

権丈（2018）の「知識補給　研究と政策の間にある長い距離」に，増分費用効果比（Incremental Cost-Effectiveness Ratio: ICER（アイサー））や支払意思額（Willingness to Pay: WTP）の話も書いています．あの知識補給と本章は，ひとセットになっておりますので，（必ず！）ご笑覧ください．

出だしは，次のような文章ですけどね……

　　大学生のはな子さんが，太郎君と次郎君のどっちとつきあおうかと悩んでいるとする．はな子さんは，「男性の価値は，身長と所得で決まるものよっ」と，日頃からうそぶいてる．でも，身長は太郎君・180cm ＞ 次郎君・150cm，年収は太郎君・300万 ＜ 次郎君・400万．さて，はな子さん，どっちを選ぶと思う？

　　　　　　　……

この国での費用対効果分析は，2011年4月の遠藤久夫さんの中医協での会長退任挨拶「今後の課題の一つとして，医療の費用対効果という議論をする必要があるだろう」からはじまり，翌年2012年5月には中医協の下に「費用対効果評価専門部会」が設置されました．

この費用対効果評価専門部会も報告書をまとめ，2019年4月か

ら費用対効果評価の運用が開始されています．この間，費用対効果分析は，新薬収載の可否には使わず，収載された新薬の価格調整にのみ適用するという方針が決まっており，価格調整に用いる 500 万円／QALY，抗がん剤などでは 750 万円／QALY というようなことも，支払い意思額の全国調査などを経ることもなく決められています．2012 年時に私が本章で注意を喚起していた相当部分を避けるかたち，モデレイトな制度となって運用されていると言えます．

　なお費用対効果分析が検討される中で，この国には，薬価制度 70 年の歴史の中で培われた類似薬効比較制度，しかもこれは費用対効果の比較による新薬創出加算付きであり，市場価格調査に基づいて市場価格を反映させる制度も持っていることなども，実際の運用面では重要であることも確認されていきました．

第7章 パラダイム・シフトほど大層な話ではないが切り替えた方が望ましい観点*

パラダイム・シフトを言ったクーンは，社会科学を対象としていなかった．それ以前に，クーンは，社会科学を科学とは考えていなかった．

そうであるのに，なぜ，社会科学の世界や，政策，政治の場ではパラダイム・シフトという言葉が多用されるのか？

そういうことを，経済学と自然科学との距離を考えながらまとめるとともに，今日の経済政策のあり方，およびその中での一部の論者達が無意識のうちに置いているであろう思考の前提を考えてみた文章である．

はじめに

科学は非連続的に進歩するというパラダイム・シフトを唱えたトーマス・クーン，そしてクーンの考えに強く反論をしたカール・ポパーの双方とも，実のところ，社会科学というものを，彼らが考える「科学」には入れていなかった．クーンの言葉にみるように，「「科学」」という言葉は，たいてい，明らかに進歩するという分野

---

*日本医師会『高齢社会における経済的・社会的・医学的パラダイムシフト』に収めた文章を本書用に略して掲載．

に使われる．現在，社会科学が科学であるかどうか問題になっているが，その際の議論の中心になるのは，この進歩ということである[220]」となる．言うまでもなく，政策——社会政策，経済政策など——も，クーンやポパーなどの科学哲学者が「科学」とする世界としては想定されていなかった．クーンが物理学の学位を得た後に科学哲学の世界に入ったことからも推察されるように，クーンがみていた世界とは，物理学のように進歩という言葉があてはまる世界であり，それは広く定義しても自然科学の世界であった．そしてその世界は，個々の研究者にとっては「パラダイムからパラダイムへと説を変えることは改宗の問題であって，外から強制されるものではない[221]」としても，時の推移とともに，ある仮説が別の仮説に入れ替わる形で進歩していく世界であって，いくつもの学派が同じ時代に併存し続けることを常態とする経済学のような不思議な世界ではない．

　クーンは，社会科学者との交流の中で，「社会科学の分野ではパラダイムというものが，はたしてできているかどうかさえ疑問である[222]」と感じていた．クーンが『科学革命の構造』を書いた1962年には，すでに，経済学の世界では19世紀末の限界革命，20世紀前半のケインズ革命などが起こったと言われていたのであるが，クーンはこれらについては一言も触れていない．つまりは，クーンが「パラダイム」や「パラダイム・シフト」ということばを用いたとき彼のあたまには，社会科学の中で最も「科学」に近いと言われることのある経済学でさえも念頭に置かれてなどいなかったのであ

220　クーン（1962）／中山茂（1971）『科学革命の構造』180頁.
221　クーン（1962）／中山（1971）『科学革命の構造』171頁.
222　クーン（1962）／中山（1971）『科学革命の構造』18頁.

る[223].

　ところが，パラダイム・シフトという言葉が多用されるのは社会科学の世界であり[224]，その言葉を頻繁に目にするのは政策，政治の場でもある．クーン自身は，パラダイム・シフトを唱えた 7 年後にはこの言葉への批判に耐えきれずに，この言葉を使うのを止めて，意味を厳密に限定した disciplinary matrix（専門母型）という言葉に切り替えてさえいるのにである．

ジャンプ 知識補給・クーンが，パラダイム・シフトを捨てた理由
341 頁へ

　そうであるのに，なぜ，社会科学の世界や，政策，政治の場ではパラダイム・シフトという言葉が多用されるのか？　そしてそうしたことは，世の中にどのような影響を与えているのか？　こうした問に沿って，本章では論を進めていこうと思う．

ダーウィン，マックス・プランクとパラダイム・シフト

　私はこれまで，パラダイム・シフトという言葉を，ある側面にだけ使っている．それは，2004 年年金改革における，給付建てから拠出建てへの変化に関してである．たとえば，次のような用い方をしている――2014 年 7 月 2 日，同年 6 月 3 日になされた公的年金

223　ちなみに，ハーバードで経済学を専攻する院生のうち，「経済学が社会科学のなかでもっとも科学的」だと考える人の割合が，1985 年の 9% だったのが，2003 年には 54% に跳ね上がっているらしい（The power of self-belief: A new paper looks at how economists became so influential, *The Economist* Dec 6th 2014）．

224　野家啓一（2008）『パラダイムとは何か』197 頁．なお，クーン「補章—1969」『科学革命の構造』（邦訳初版 1971）では，disciplinary matrix は「専門母体」と訳されているが，ここでは現代の科学哲学の専門家である野家氏にしたがって「専門母型」の訳を用いている〔野家啓一（2008）『パラダイムとは何か』223 頁〕．

の平成 26 年財政検証シンポジウムの場において.

　　〔2004 年に行われた年金改革〕04 年フレームのもとで, 日本の公
　的年金はそれまでの所得代替率 60% 程度を確保することを目標と
　した給付建てから, 将来の保険料率を 18.3% に固定するという拠出
　建てへと, 時にパラダイム・シフトとも呼ばれるような大転換を果
　たしました. パラダイム・シフトとは言いえて妙で, 給付建てから
　拠出建てに変わることにより, 専門家の間での問いの立て方が, そ
　れまでの「いかにして将来の保険料を低くするか」から「いかにし
　て将来の給付を高くするか」に 180 度大転換したんですね. そして
　専門家のなかでも, そうした考え方の大転換についてくることので
　きない落ちこぼれが大量に出たという意味でも, パラダイム・シフ
　トであったわけです. 専門家がみんな理解できるくらいの変化なら
　ば, そんな大げさな呼び方をする必要もないわけでして[225].

　シンポジウムで,「専門家のなかでも, そうした考え方の大転換
についてくることのできない落ちこぼれが大量に出たという意味で
も, パラダイム・シフトであったわけです」と発言する際に意識し
ていたのは, パラダイム・シフトを唱えたクーンが,『科学革命の
構造』の中で引用していた, ダーウィンとマックス・プランクの言
葉である.

　　ダーウィンは,『種の起源』の終で特に詠嘆的な調子で書いている.
　「私はこの本に述べた見解の真理性を確保しているが……多年の間,
　私と反対の観点から多量の事実を見てきた練達の博物学者を説得で

225　権丈 (2015 VII 巻) 143-144 頁.

きるとは，決して思っていない……しかし，私は将来に，両者を公
平に見うる若い新興の博物学者たちに，期待を寄せている」と．ま
た，マクス・プランクは，『科学者の自伝』で生涯を顧みて，「新し
い科学的真理は，その反対者を説得し，彼らに新しい光を見させる
ことによって凱歌をあげるものではなくて，むしろ反対者が死に絶
えて新しい世代が成長し，彼らにはあたりまえになってしまう時に
はじめて勝利するのである」と淋しく述べている[226]．

進化論を唱えたダーウィン，量子論の父とも呼ばれるマックス・
プランク，そうした業績をイメージしながら，クーンはパラダイ
ム・シフトを論じていたわけである．

クーンにパラダイム・シフトを着想させたもの

ちなみに，パラダイム・シフトを着想したクーンには，若き日に
次のような経験がある．

クーンが物理学で博士論文を書いていた1947年に，17世紀力学
の起源について講義をする機会があった．その準備のために，17
世紀以前の先行者たちが，ガリレオやニュートンにどれほどのこと
を残していたのかを調べることになって，クーンはアリストテレス
が『自然学』のなかで展開した古代の運動論と取り組むことになる．
具体的には，「「アリストテレス主義の伝統のなかでどの程度まで力
学が知られていたのか」とか「ガリレオら17世紀の科学者たちに
どれだけ発見すべきことが残されていたか[227]」という問いを発し，

226　クーン（1962）／中山（1971）『科学革命の構造』170-171頁.
227　クーン（1977）／安孫子誠也・佐野正博（1998）「自伝的序文」『本質的緊張 1』
　　vii.

その答えを読み取ろうとしたのである．しかし，結果は無惨なもの
であった．アリストテレスとその後 2000 年間続いた後継者たちは，
近代力学について何一つ知らなかった．つまるところ，アリストテ
レスの『自然学』は，近代力学の発展にいかなる貢献もしていなか
った．

　ここからがクーンの非凡が示されるところなのかもしれない．普
通の人であれば，アリストテレスを，ガリレオやニュートンの天才
を際立たせるための存在と理解するに留まって，17 世紀以降の物
理学の進歩のようすだけを華々しく描いていくところであろう．と
ころがクーンは，次のような疑問をもつ．

　　物理学以外の主題を扱うときには，アリストテレスはきわめて鋭い
　　博物学的な観察者であった．そのうえしばしば，生物学や政治行動
　　のような諸分野において，彼の現象理解は洞察力に富んだ深いもの
　　であった．どうして彼特有のこの才能が，運動を扱うときに限って，
　　失敗を犯すなどということがありえたのだろうか．どうして彼は，
　　運動についてあれほど多くの明らかに馬鹿げたことを語るというこ
　　とがありえたのだろうか．そして何よりも，いったいなぜ彼の見解
　　は，あれほど長い間にわたって，あれほど多くの後継者によって，
　　あれほど真面目に受け止められてきたのだろうか．読めば読むほど，
　　私の疑問は深まっていった[228]．

　そして，クーンは，

　　忘れられない（非常に暑かった）ある夏の日，突然これらの困惑が

228　クーン（1977）／安孫子・佐野（1998）「自伝的序文」『本質的緊張 1』viii.

消え失せた．それまで格闘していたテキストのもう一つの読み方を
与える一貫した基本原理を，私はたちまちのうちに悟ったのであ
る[229]．

　この体験のすぐ後に，クーンは専門を物理学から科学哲学に変更
し，十数年後には『科学革命の構造』をまとめることになる．その
途中で社会科学者とも交流をしていた．

　　さらに大切なことは，ここで社会科学者たちを主とする集団の中に
　　住んで，私が育ってきた自然科学者の集団とのちがいという思いが
　　けない問題に出会ったことである．特に印象づけられたことは，科
　　学における正統な問題とか方法とはどのような性質のものか，につ
　　いて，社会科学者の間では意見のちがいが多く，その範囲も広いこ
　　とであった．歴史の上でも，また私の知己の間でも，自然科学にた
　　ずさわっている人たちが，このような問題に対して，社会科学者よ
　　り以上にしっかりした解答を持っているかどうかは，私には疑問で
　　あった．しかし，天文学，物理学，化学，生物学をやっているもの
　　の中では，今日心理学者や社会学者の間に特にひろがっている基本
　　的なことについての論争が生じることはない．この差異の源をたず
　　ねようとして，私が以後「パラダイム」（paradigm）と呼ぶものの
　　科学研究における役割を認めるにいたった．この「パラダイム」と
　　は，一般に認められた科学的業績で，一時期の間，専門家に対して
　　問い方や答え方のモデルを与えるもの，と私はしている[230]．

　要するに，物理学者でもあり科学哲学者でもあったクーンの眼か

229　クーン（1977）／安孫子・佐野（1998）「自伝的序文」『本質的緊張 1』viii-ix.
230　クーン（1977）／安孫子・佐野（1998）「自伝的序文」『本質的緊張 1』iv-v 頁.

ら見れば，パラダイムが存在しうるのが「科学」なのであり，自然科学とは違って専門家集団が揃って受容できるようなパラダイムの創造がこれまでなされてこなかった，そしてこれからもなされることがおそらくはなさそうな社会科学は「科学」ではないのである．一瞬，パラダイム・シフトが起こったかに見えたケインズ革命も例外ではない．ケインズ経済学と新古典派経済学との間に，クーンの論敵であったポパーの言う「反証可能性」が保証されているわけではなく，そしてだからこそ，両者は激しく対立しながら，いずれも同時に存在できているのである．

ジャンプ　知識補給・ポパー，ハイエク，ライオネル・ロビンズの親和性　343頁へ

また一時期，サミュエルソンの手によって両者を両立させた新古典派総合（neoclassical synthesis）なるものが打ち立てられたが，それも短期間に崩れている．その後は，ケインズ経済学と新古典派経済学は，時の経済状況に応じて，一方が優位になったり，他方が優位になったりしており，両者とも，決して相手を打ち負かすことができないでいる．ジョーン・ロビンソンの言うように「誤謬を完全にうちのめす手続きに一般の同意を得たものが何一つないような学問にあっては，学説の生命は長い[231]」のである．

　もっとも，ケインズ経済学と新古典派経済学はクーンの言う通約不可能（incommensurability）な仮説群からなっており，経済現象を眺める視点は，始点から終点まで異なっている．それゆえに，

231　ジョーン・ロビンソン／宮崎義一訳（1964）『経済学の考え方』130頁．本文中の引用に続いて，ジョーン・ロビンソンは次のように言う．
　　　教師はかれの教えられたところを教え，またかれの弟子たちは，教師に対して自然な尊敬の念をもっていれば，自分たちがほかならぬかれの弟子であったというだけの理由で，その師を批評する人々に反抗を示す．

「手にした学問（つまり，ケインズ経済学と新古典派経済学）が異なれ
ば，政策解が全く異なってしまうのである[232]」ということになっ
ている．両者にそれほどの距離があるために，双方の世界が互いに
相容れないパラダイムをもっていると言いたくなる誘惑にかられる
こともあるのだが，パラダイム・シフトという科学革命たるために
は，ケインズ経済学と新古典派経済学のいずれかが他を「完全に打
ちのめす」必要がある．ところが現実の社会は，そうしたことを経
済学に許してくれそうにない[233]．となれば，社会科学の世界では
パラダイム・シフトなど起こりようもないと言わざるを得なくなる．
経済学を二分する流派の世界でもそうであるのに，それにもかかわ
らずクーン以後の世にあっては，社会科学，およびその応用分野と
も考えられる政策の世界では，パラダイム・シフトという言葉が氾
濫していくことになる．その理由はなにも難しい話ではなく，社会
科学が，クーンの言う意味でも，ポパーの言う意味でも「科学」で
ないために起こっているのであろう．つまりは，物理学などと比べ
ていい加減なのである．

232　権丈（2015 Ⅶ巻）19 頁.
233　ケインズ自身は，『一般理論』執筆中に，ダーウィンやマックス・プランクの
　　業績にも似た，いわゆる後世の人が「科学革命」と呼ぶに相当する仕事をしてい
　　るつもりがあったのかもしれない．本書 260-261 頁で紹介したダーウィン，マッ
　　クス・プランクの言葉に通じるものを，ケインズも残しており――『一般理
　　論』は，次の文章でもって閉じられている．
　　　思想というものは，実際には，直ちに人を虜にするのではない，ある期間
　　を経てはじめて人に浸透していくものである．たとえば，経済学と政治哲学
　　の分野に限って言えば，25 ないし 30 歳を超えた人で，新しい理論の影響を
　　受ける人はそれほどいない．だから，役人や政治家，あるいは扇動家でさえ
　　も，彼らが眼前の出来事に適用する思想はおそらく最新のものではないだろ
　　う．だが〔最新の思想もやがて時を経る〕，早晩，良くも悪くも危険になる
　　のは，既得権益ではなく，思想である（ケインズ（1936）／間宮陽介訳
　　(2008)『一般理論』下巻，194 頁）.

　クーンは，科学の進歩を，「古いパラダイムの整備と拡張で得られる累積的な過程とは，はるかにへだたっている．むしろそれは新しい基本からその分野を再建することであり，その再建とは，その分野の最も基本的な理論的前提と，パラダイム的方法やその適用の多くを変えることである[234]」とみなしていた．パラダイムという言葉のこうしたニュアンスが，社会科学者や，政治，政策の世界に生きる者にとって実に都合良く解釈されているのであろう．

　政治経済学を政策に応用しようとするとき，あるいは逆に，政治経済学に政策現場でのダイナミズムを反映させようとするとき，そこではどうしても，いまに至るまでに累積されてきた歴史，制度に関する知見が必要となる．ところが，パラダイム・シフトを掲げれば，それまでの累積的な過程である，歴史，制度の学習を経ることもなく，なにがしかのポジションを得ることができてしまう．そして政策の世界にあって，自分の名前のついた業績を求める政治家や研究者が，過去との不連続性を特徴とするパラダイム・シフトをさかんに唱えたくなるのもうなずける．しかもその傾向は，政治家や研究者の競争が激しくなればなるほど強くなるわけである．その結果，何が起こるか？

　次から次へと新しい政策の名前が生まれる．その内実は，いつも過去のものの寄せ集め．古くから指摘されていた問題はなんら解決していないにもかかわらず，政策の焦点だけがぼやけていく．そして，国民はネコの目のように目まぐるしく変わる政策ネーミングの中で，何が起こっているのかも分からぬまま．したがって，本当になされねばならない改革も，世論の後押しが得られないために実現できず，改革を阻む岩盤は，無傷のまま，時だけが流れていく．

234　クーン（1962）／中山茂（1971）『科学革命の構造』96頁.

　社会科学，政策の世界では，パラダイム・シフト，イノベーション，抜本改革，ポスト○○，脱○○といった，過去との不連続を許してくれる言葉であふれかえっている．たとえそこで言われている内容の，過去の累積的な過程を無視した歴史との不連続性が，論者の不勉強に帰することであったとしても，見栄えの良い言葉はそのことを隠してくれる[235]．そうしたシーンをいくどとなく私は見てきたわけであるが，その弊害は大きい．この弊害を避け重要な問題を本当に解決しようとするのであれば，そうした派手な姿勢とはまったく逆に，問題が解決するまで愚直なまでにしつこく同じことを言い続けることである．次は，ウェーバーが『職業としての政治』に残した有名な言葉である．政治家に限らず，公共政策に関わる者たちはみな意識しておいてもよい言葉であるような気もする．そして，解決すべき問題に向けてみなが真剣に取り組んでいるときに，政策の焦点をぼかし，ずらす者が出てくることは，迷惑なだけである．

　　政治とは，情熱と判断力の2つを駆使しながら，堅い板に力をこめてじわっ，じわっと穴をくり貫いていく作業である．……現実の世の中が──自分の立場からみて──どんなに愚かであり卑属であっても，断じて挫けない人間．どんな事態に直面しても「それにもかからわず！」と言い切る自信のある人間．そういう人間だけが政治への「天職」を持つ[236]．

235　類似の傾向は，ベーシック・インカムという言葉の中にもみられる．制度・歴史の学習を迂遠に思う人たちにとって，ベーシック・インカムは，社会保障へのハードルの低い新規参入の入口となっている感がある．

236　ウェーバー（1919）／脇圭平（1980）『職業としての政治』157頁．

社会経済政策を考える上でのスタート地点での
観点について

　さて，ケインズ革命という大きな経済思想上の変革があっても，なお，クーンの言う「通約不可能」なケインズ理論と新古典派理論のいずれもが存在していることを考えれば，経済学の世界でパラダイム・シフトというような大げさなことは，とうてい起こり得ないだろうことは分かる．しばしば，経済政策や経営学，労務管理などで，ある種のブームが巻き起こることはあるにはあるが，それは大方，わずかばかりでも経済パフォーマンスがうまくいっている国の制度，政策が後付けの理論でもち上げられ，それまでと同じ制度，政策であってもパフォーマンスが悪くなると貶られるという，だいたいそんなことが繰り返されているにすぎない．そうした中にあっても，社会経済政策を考える上でのスタート地点で間違えてはいけないことがないわけではない．そうした話をしておこう．

　次の図をみてもらいたい．

　この図には，日本の人口と国内総生産（GDP）を載せている．日本の 20-65 歳人口は 1999 年にピークを迎え，総人口は 2010 年にピークを迎えている．そして GDP（2010 年価格）は 1997 年がピークであった．しかしながら，1 人当たり GDP は総 GDP がピークを迎えた後も，穏やかに上昇している．次に，日本の 1 人当たり GDP の推移は，国際的にはどのような位置にあるのかをみてみよう．

　リーマン・ショック後の 2010 年を基準として，その前後をみればどうなるか．

　日本の 1 人当たり GDP は，欧米先進諸国と比べて，そこそこに伸びている．そして日本の完全失業率は，生産年齢人口の減少の影

図表46　日本の人口と国内総生産（GDP）

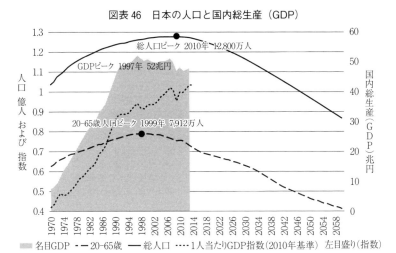

資料：OECD Stat Gross domestic product（GDP），GDP per head, US $, constant prices, constant PPPs, reference year 2010, Historical population data and projections（1950-2050）.

図表47　1人当たり GDP と日本の完全失業率

資料：OECD Stat GDP per head, US $, constant prices, constant PPPs, reference year 2010，総務省統計局『労働力調査』長期時系列「完全失業率」.

響もあって，目下，90年代，2000年代と比べて低い水準にある．ところが，日本人は，ピケティの言葉を用いれば，「多くの人々は過去30年の「惨めな時代」がいずれは悪夢のように終わり，そして物事は以前のような状態に戻ると信じている[237]」ようなのである．そしてそう信じているのは，日本人だけでなく，フランス人も，そして多くの先進国の人たちもそうなのであろう．では，はたして，本当に「惨めな時代」は終わり，物事は「以前のような状態」に戻るのだろうか？

　ここでも過去200年以上のデータに基づいているピケティの論を借りてみよう．

> 　過去の成長は，たしかに目を見張るものとはいえ，ほぼ常にかなりゆっくりした年率で生じており，通常は年率1〜1.5%程度の成長でしかなかったのだ．それよりも目に見えて急速な，年率3〜4%の成長が起こった歴史的な事例は，他の国に急速に追いつこうとしていた国で起こったものだけだ．……細かい数字はどうでもいい．重要な点は，世界の技術的な最前線にいる国で，1人当たり産出成長率が長期にわたり年率1.5%を上回った国の歴史的事例はひとつもない，ということだ．……この現実をぜひとも念頭においてほしい．多くの人々は，成長というのは最低でも年3〜4%であるべきだと思っているからだ．すでに述べた通り，歴史的にも論理的にも，これは幻想にすぎない[238]．
> 　30年の単位で見ると，年率1%の成長率は累積成長率として35%以上になる．年率1.5%の成長率は，累積成長率50%超だ．実際には，これはライフスタイルと雇用にとっては大規模な変化を意味する．具体的に言うと，ヨーロッパ，北米，日本が過去30年で見せた1人当た

237　ピケティ／山形浩生他訳（2015）『21世紀の資本』102頁．
238　ピケティ／山形他訳（2015）『21世紀の資本』99頁．

り産出の成長率は，1〜1.5%であり，それでも人々の生活は大きく変化した．1980年にはインターネットも携帯電話網もなく，多くの人は飛行機に乗ったこともなく，今日では普通に使われる先進医療技術の多くはまだ存在せず，大学進学者も少数派だった．通信，運輸，保健医療，教育の分野ではすさまじい変化が起きている．こうした変化はまた，雇用の構造にも強力な影響を与えた．1人当たり産出が30年で35〜50%も増えるということは，今日生産されているもののかなりの部分——4分の1から3分の1——は30年前には存在せず，したがって職業や仕事の4分の1から3分の1は当時は存在しなかったということだ．

表2-2　累積成長の法則

以下の成長率は……	以下の世代成長率（30年）に等しく……	それは以下の乗数をかけるのと同じで……	100年分の乗数は以下の通りで……	1000年分の乗数は以下の通り
0.1%	3%	1.03	1.11	2.72
0.2%	6%	1.06	1.22	7.37
0.5%	16%	1.16	1.65	147
1.0%	35%	1.35	2.70	20,959
1.5%	56%	1.56	4.43	2,924,437
2.0%	81%	1.81	7.24	398,264,652
2.5%	110%	2.10	11.8	52,949,930,179
3.5%	181%	2.81	31.2	…
5.0%	332%	4.32	131.5	…

注：年成長率1%は，1世代（30年）の累積成長率35%に相当し，100年ごとに27倍になり，1000年ごとに2万倍以上となる．

出所：ピケティ／山形浩生他訳（2015）『21世紀の資本』81頁．

　これが何を意味するかというと，今日の社会は過去の社会，たとえば18世紀のように成長がゼロ近くか0.1%あるかないかの社会とは，かなりちがったものだということだ．成長率が年に0.1〜0.2%の社会は，ある世代から次の世代へほとんどまるで変化がない状態で再生産される．職業構造も，財産構造も同じだ．19世紀以来，最先進社会がやってきたような，年率1パーセントで成長する社会は，深い永続的な変化を伴う社会となる[239]．

……

　実は，1980年あたりに始まった経済自由化も，1945年に始まった国
家介入主義も，そんな賞賛も責めも受けるいわれはないのだ．フランス，
ドイツ，日本は，どんな政策を採用していようとも，1913-1945年の崩
壊の後で，イギリスと米国に追いついた可能性がきわめて高い（この
一文に誇張はごくわずかしかない）．せいぜい言えるのは，国家介入によ
って何も被害は生じなかったということだ．同様に，ひとたびこうし
た国々が世界の技術最前線に躍り出たら，イギリスや米国に勝る成長
率は実現できなくなったのも，……富裕国の成長率がおおむね同じく
らいになったのも，不思議でもなんでもない．

　ざっと言うなら，米国とイギリスの経済自由化政策はこの単純な現
実に対してほとんど影響がなかった．それにより成長は高くも低くも
ならなかったからだ[240]．

そして，

表 5-1　富裕国の成長率と貯蓄率 1970-2010 年

国	国民所得成長率（%）	人口成長率（%）	1人当たり国民所得成長率（%）	民間貯蓄（減価償却後）（国民所得の%）
米国	2.8	1.0	1.8	7.7
日本	2.5	0.5	2.0	14.6
ドイツ	2.0	0.2	1.8	12.2
フランス	2.2	0.5	1.7	11.1
イギリス	2.2	0.3	1.9	7.3
イタリア	1.9	0.3	1.6	15.0
カナダ	2.8	1.1	1.7	12.1
オーストラリア	3.2	1.4	1.7	9.9

注：貯蓄率と人口増加は富裕国でもかなり差がある．1人当たり国民所得の成長率は差が
　　ずっと小さい．
出所：http://piketty.pse.ens.fr/capital21c を参照．ピケティ／山形浩生他訳（2015）『21
　　世紀の資本』81 頁．

239　ピケティ／山形他訳（2015）『21世紀の資本』100-101 頁．
240　ピケティ／山形他訳（2015）『21世紀の資本』104-105 頁．

表 5-1 は，最も裕福な 8 か国の 1970-2010 年の成長率および民間貯蓄率の平均値を示している．第 2 章で指摘したように，1 人当たり国民所得の成長率（または 1 人当たり国内生産の成長率でもほぼ同じ）は，過去数十年間，ほぼすべての先進国でとても似通った数字になっている．数年単位で比較すると各国の差はかなり大きいこともあり，しばしば国家間の威信や嫉妬を引き起こす．だが長期間の平均を見ると，富裕国すべてがほぼ同じ比率で成長しつつあるのが事実だ[241].

　キャッチアップという「模倣」と「創造」は根本的に違うということは，これまで繰り返し言ってきた．その違いが高度成長と安定成長の違いをもたらすことになる．そして経済成長は重要であり，経済成長を達成するためにはイノベーションが大切であることは自明のことである．しかしながら，国や経営コンサルタントから言われなくとも，民間企業は絶えずイノベーションを起こす努力をしており，その成果として，富裕国に住む私たちは，年率 1 ～ 1.5% の経済成長を享受することができているのである．

　いまのように「世界の技術最前線に躍り出た」日本で，かつてのような経済成長は起こせるものという観点から，国民が将来を選択するのと，そうではないという観点から選択するのでは，おのずと選ばれる社会経済政策に違いが生まれてくる．そうした選択に影響を与える根源的な観点については，パラダイムという大げさな言葉を使う必要はないのであるが，いまこの国で，たしかにその切り替えが求められている．だが，そうした人間の意識の切り替えは簡単にできるものではない．しばらくは，古い観点，すなわち，「過去 30 年の惨めな時代」がいずれは悪夢のように終わり，政策のやり

241　ピケティ／山形他訳（2015）『21 世紀の資本』182 頁.

方次第で，「物事は以前のような状態に戻る」という観点の下に，政治は進んでいくのであろう．

＊　　＊　　中略　　＊　　＊

　最後に——紀元前3世紀に，秦の始皇帝に不老不死の霊薬があると具申した徐福というのがいたらしい．始皇帝の命を受け，3000人の若い男女と多くの技術者と五穀の種を携えて大船団で東方に出航し，そこで王となって秦には戻らなかったとのことである．社会経済政策を考える上で，ピケティの言う「過去30年の「惨めな時代」がいずれは悪夢のように終わり，そして物事は以前のような状態に戻る」という古い観点からスタートしているのではないかと思われる人たちが，いわゆる成長戦略なるものを具申している様子を眺めていると，私は，最後は出奔，いやとんずらした徐福のことを不思議と思い出してしまうのである．

ジャンプ　知識補給・市場は分配が苦手なのに繰り返し出てくる
トリクルダウン　344頁へ

第8章 医療と介護，民主主義，経済学

平成28・29年度医療政策会議の諮問は，「社会保障と国民経済——医療・介護の静かなる革命」であった．本章は，2018年3月にまとめられた答申書に収めた文章である．

我々がこれまで幾度となく見てきたように，社会保障に関する政治的な公約は，国民経済との関係を抜きにすれば，なんとでも書くことができる．そしてなんとでも書かれた公約の実行可能性，持続可能性を見抜き，両可能性を備えたあるべき姿を描ききるためにも，国民経済，特に財政金融政策に対する正確な情報を押さえておくことは不可欠となる．ここでは，今のこの国の状況を示す「給付先行型福祉国家」，「成熟社会」という概念を軸として，これらの特徴を持つ国の社会保障のあり方について考察する．

投票者の合理的無知

『日医ニュース』第1186号（2011年2月5日）の随筆プリズムに次の文章がある．

「現代社会に生きる私たちは，政治・経済分野に多くの知識と理

解を求められます．ところが，自発的にわざわざ時間を割いて，こ
れらの事柄を勉強しても，選挙で行使出来るのは一票にしかならず，
中身よりも知名度の高い候補が当選します．

　これでは，せっかく休みの時間を政治経済の勉強に使う意味がな
い，ミシュランのガイドブックでおいしいレストランを探すことに
時間を使う方が合理的だと考えて，難しい勉強はやめて無知である
ことを選択します．これを政治経済学では“合理的無知”と言い，
大衆が選択する行為だそうです．」

　もっとも，多くの投票者は，情報へのアクセス・コストが低い情
報，すなわち，出勤前の朝の支度をしながら聞こえてきたり，家事
をしながら目に入るなどの「ながら時間」に耳目に届く情報を拒む
理由もない．したがって，公共政策に関わる多くの人たちは，自分
たちに有利な情報への，投票者のアクセス・コストを限りなく低く
しようと，広報戦略を懸命に展開することになる（極端な例は，報
道機関の買収など）．玉石混淆の広報戦略の中で有利であるのは，残
念ながら不正確な情報であるように思えたりする．その不正確な情
報が，人々の漠とした不安や公への不満を煽る戦略と一体化したデ
マゴーグと化せば，特に有利になることは，古代から民主主義が経
験してきたことでもある．

オンラインへ GO！ 子供のころ教わらなかった大人の世界の民主主義
　　　　　　　──多数決を機能させる「多様な意見の見分け方」
　　　　　　　　　　　　　『東洋経済オンライン』2020 年 2 月 9 日
オンラインへ GO！ 支持率のみを求める政治は社会を繁栄させない
　　　　　　　──バグだらけの認知能力が世論を作ることもある
　　　　　　　　　　　　　『東洋経済オンライン』2020 年 9 月 25 日

世論 7 割の壁

権丈（2018）『ちょっと気になる医療と介護　増補版』（220 頁）
に次のように書いている．

> 世論 7 割の壁と呼んでいるのですけど，消費税増税先送りも，2015
> 年末の軽減税率導入の決定も，2009 年の政権交代総選挙も，2005
> 年郵政選挙も，そして，2004 年年金改革の時も，世論の 7 割は後
> に後悔をする選択をしているようです．

給付先行型福祉国家

このうち，2 度にわたる消費税増税先送りにおいていずれをも国
民のおよそ 7 割が支持していたというのは，実は無理のないことだ
ったとも思える．その理由が，日本は「給付先行型福祉国家」であ
るからということになる．

> 日本は，赤字国債を発行しながら，社会保障の給付を先行させると
> いう，他国がなかなかマネのできない形での福祉国家を作り上げま
> した．こうした給付先行型福祉国家では，今後，仮に増税ができた
> としてもその相当部分は，財政再建にまわさざるを得ません．普通
> のひとたちはそんな切羽詰まった財政事情は知りませんから，そう
> した人たちは，「えっ，増税をするのに社会保障の給付がその分だ
> け増えないの？」「それって詐欺じゃない？」などと考えるのだろ
> うと思います[242]．

今日の財政金融運営のあり様を普通の人が理解できず，ほとんど

242　権丈（2018）215 頁.

トンデモ論が跋扈する原因の源は，この問題を理解する上で必要となる最低限の知識の難易度が，かなり高いことにあるのではないかと考えられる．必須の知識であっても難易度が高いと，その知識は普及しない．この問題が財政金融面で障害となると，財政民主主義は機能しなくなる．これはサイモンの言う「限定合理性」の下では，伝統的な経済が想定する市場での個々人の最適選択が難しくなり，情報処理問題が生じる話に通じるものがある（限定合理性は図表14，65頁）．この問題は，投票者の合理的無知とは別次元の話である．

公的債務のストックとフローを結びつけるドーマー条件という恒等式

　今の日本の金融財政運営に関わる，累積した公的債務残高 B の対 GDP 比，および金利 r，成長率 g，そしてプライマリーバランス（＝税収 T －政策的経費 G）という4要因は，一体的に考える必要があり，これら4要因を一体的に考えるためには，次の恒等式を理解することが必要となる．

　債務残高の変化と PB（プライマリーバランス ＝ $T-G$）の関係は，次の式で表される――添え字（-1）は前年度を示す．

$$\frac{B}{Y} - \frac{B_{-1}}{Y_{-1}} = (r-g)\left(\frac{B_{-1}}{Y_{-1}}\right) - \frac{T-G}{Y} \qquad 式1$$

　公的債務残高の対 GDP 比が発散しない $\left(\dfrac{B}{Y} - \dfrac{B_{-1}}{Y_{-1}} \le 0\right)$ ためには，$(r-g)\left(\dfrac{B_{-1}}{Y_{-1}}\right) \le \dfrac{T-G}{Y}$ である必要がある．本当は，金融財政運営について論じるのであれば，債務残高の対 GDP 比 $\left(\dfrac{B}{Y}\right)$ という公的債務のストック，金利 r，成長率 g，PB が赤字の場合は債務のフロ

ーの4要因に触れていない議論は意味をなさないのであるが, 専門家と言われる人の間でも, そうした議論を聞くのは希である.

公的債務のストックとフローを結びつける恒等式1は, ドーマー条件と呼ばれることもあり, この条件式から, 公的債務残高の対GDP比は, 2つの要因に依存して決まることが分かる.

- 金利と成長率の大小関係
- PB (= 税収 T – 政策的経費 G) が赤字であるか黒字であるか

さらに言えば, 日本がいくら国内外に資産を持っているとしても, それが課税の対象となって税収 T に形を変えないことには, ドーマー条件には影響を与えないことも式1は示している.

さて, 金利が成長率よりも高く, また利払い費を除いたPBが赤字であるときには, 公的債務残高の対GDP比は上昇していく――これを発散と呼び, $\dfrac{B}{Y} - \dfrac{B_{-1}}{Y_{-1}} > 0$ で表される.

発散は持続可能性がないため, 長期的な政策目標は, $\dfrac{B}{Y} - \dfrac{B_{-1}}{Y_{-1}} \leq 0$ に設定せざるを得ない. そして長期的に, 金利が成長率を上回る $r > g$ とすれば, 公的債務残高対GDP比を安定させるため $\left(\dfrac{B}{Y} - \dfrac{B_{-1}}{Y_{-1}} \leq 0\right)$ にはPBを黒字にしなければならない. 公的債務残高対GDP比を前年度と同水準に留めるとしても $\left(\dfrac{B}{Y} - \dfrac{B_{-1}}{Y_{-1}} = 0\right)$, $r > g$ であればPBは黒字でなくてはならない.

こうした厳しい事情があるために, 2013年の『社会保障制度改革国民会議報告書』の「医療・介護分野の改革」の中に「GDPの2倍を超える公的債務残高ゆえに金利の上昇に脆弱な体質を持つ日

図表 48　政府債務残高の名目 GDP 等に対する比率の推移（いわゆる発散の様子）

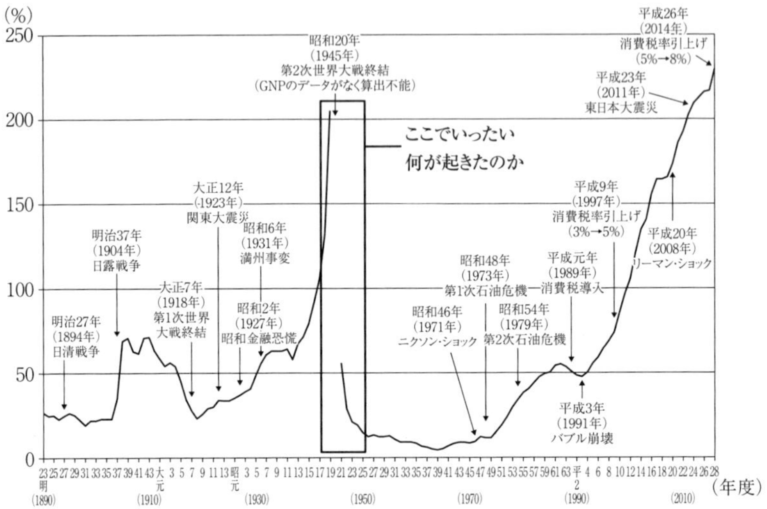

注1：政府債務残高は，「国債及び借入金現在高」の年度末の値（「国債統計年報」等による）．
　　　平成 27 年度，平成 28 年度は年度末の見込み．

注2：GDP は，昭和 4 年度までは「大川・高松・山本推計」における粗国民支出，昭和 5
　　　年度から昭和 29 年度までは名目 GNP，昭和 30 年度以降は名目 GDP の値（昭和 29
　　　年度までは「日本長期統計総覧」，昭和 30 年度以降は国民経済計算による）．平成 27
　　　年度は実績見込み，平成 28 年度は政府見通し．

出所：財務省「我が国の財政事情」に一部加筆．権丈（2018）204 頁．

本」（23 頁）と書かれているのである．

　少し，日本の状況を考えてみよう．仮に金利 r が成長率 g を 1%
ポイント上回るとき，

　すなわち $(r-g=0.01)$ の場合，公的債務残高の対 GDP 比が発散
しないためには，日本の財政は消費税にして少なくとも何 % 程度
の黒字をださなければならないだろうか．ここで，計算の便宜上，
Y は本年度も前年度も約 500 兆，B は前年度約 1,000 兆，消費税税
率 1% の税収は約 2.5 兆円としておこう．なお，発散とは公的債務
残高／ GDP が上昇し続けることとする．

　この仮定の下では，$0.01 \times 2 \le (T-G)/500$，ゆえに PB の黒字 $(T-G)$ は 10 兆円以上，したがって消費税率に換算すると $10/2.5 = 4\%$ 以上の PB 黒字を出さなければならないことになる．そして 4% も消費税を上げると，公的サービスに要する支出も増えるため，PB 黒字は 4% ではすまなくなる．

　このような情報を，普通の投票者の耳目まで届け，理解してもらうのは，おそらく無理である．のみならず，一体改革が進められていた最中に，政府からの情報発信の在り方に関して次のような不幸が重なってしまったのだから，正確な情報が国民に届かなかったことは仕方がなかったとも言える[243]．

ある大臣がもたらした財政をめぐる政治的混乱

　与謝野馨氏が社会保障・税一体改革の担当大臣であったとき（2011 年 1 月 14 日－同 9 月 2 日），消費税増税分 5% は，次の 5 つの 1% という説明がなされていた．

- 「ネット」の給付改善──1%（選択と集中を前提とした給付改善）
- 高齢化に伴う増──いわゆる「社会保障の自然増」をカバーする経費　1%
- 基礎年金国庫負担 1/2 の確保　　1%
- 消費税導入に伴って生じる国・地方の負担増（消費税増税に伴って生じる生活保護や　障害者手当等の物価スライド分など政府自身が負担する消費税相当負担増充当分）　─　1%
- 機能維持　─　ネットの財政赤字（社会保障から生じている財政赤字）削減充当分　─　1%

243　権丈（2018）372 頁.

　これを財務省側からみると，ネットの財政赤字削減充当分は1%
しかないということになる．ところが，担当大臣が岡田克也氏にか
わると，彼はこうした説明を拒み，1%の充実と4%の安定化へと，
説明の仕方を切り替えるように指示した．

　これ以降，一体改革の話に，消費税の増税は社会保障のためとい
うのはウソだったのかというおかしなことを言う研究者たちも大勢
参入してきて，社会保障のネットの給付増1%の他の4%分に関し
て，無理解な論が流行っていくことになる．そしてこれが，2017
年秋の解散総選挙の原因になっていく．つまり，一部の野党や研究
者が，一体改革で決められた消費税の使途を変更して，増税した分
を全部使おうと言いだした．それを見た与党は，野党がそう言うな
らば自分たちもと，ついには一体改革で決められた消費税増税分の
使途の変更を国民に問う総選挙に繋がっていった．なお，こうした
議論の最中に，あたかも，一体改革が，消費税の増税分で「借金返
済」をするかのようなことが言われていたが，先の説明から分かる
ように，一体改革は，国債の発行額を減らそうとはしていたが，借
金の返済などまったく考えていなかった．しかも，国債の発行額を
減らすことに回される分は，消費税5%分のうち，「機能維持」と
呼ばれたわずか1%に過ぎなかった．

給付先行型福祉国家運営の難しさ

　しかしながら，圧倒的多数である普通の人たちに，そうした勘違
いをされてしまう運命にあるのが，給付先行型福祉国家であるとも
言える．給付先行型福祉国家でスタートしたら増税分のすべてが社
会保障に回らないという制約がある上に，いつもその他様々な状況
が重なってしまうもので，そうした現象を紐解いて理解することを

国民に求めることはおそらくできない．

　結果，「給付先行型福祉国家」というものは，必然的に世の中に
ヒステリーを引き起こし，財政を再建するための財源を得ることが
永遠にできずに「給付だけをしてしまった福祉国家」のままであり
続けるおそれはある．しかしながら，そうならないように，日本医
師会の医療政策会議は国のあり方を考えていかなければならない．

　実際のところ，公的債務残高／ GDP がどんどんと積み上がると
いうことは，次の図表 49 に示す，高負担なら高福祉，中負担なら
中福祉，そして低負担なら低福祉をつないだ実行可能領域が，日夜，
将来に向けて，東南方向にシフトしていることを意味する．

　将来世代にとっては，高負担で高福祉，中負担で中福祉の社会を
享受することは難しく，高負担だったら中福祉，中負担だったら低
福祉程度の社会しか実現できないところにまできているとも言える．
2013 年 8 月 28 日，消費税を上げるかどうかの意見を 60 人の有識
者から聞くという「今後の経済財政動向等についての集中点検会
合」が官邸で行われている．その時，60 人の 1 人として横倉義武

図表 49　福祉政策の実行可能領域

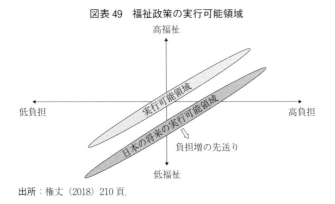

出所：権丈（2018）210 頁.

日本医師会会長は「孫やひ孫の世代まで負担を残すべきではない．消費税率を引き上げて，われわれも負担をしながら，社会保障の財源として使っていくべきだ」と発言されていることを医療政策会議は再確認するべきである．

代表的エージェントモデルがもたらす誤謬

　では負担と給付の差額はどこに行くのか．それは国債費（利払費と償還費）である．ここで，国債が国内で購入されて，それが国内で保有されているのであれば，国債は国民の資産になるのだから問題もないという論が出てくるのであるが，はたしてそうなのか．このあたり，ピケティの論をみてみよう．

　　　1970年代以降の公的債務の分析は，経済学者たちがいわゆる代表的エージェント・モデルにおそらく依存しすぎたせいで歪んでしまった．このモデルだと，エージェントたちはみんな同じ所得を手に入れ，同じ量の富に恵まれる（だから同じ量の国債を所有する）と仮定される．……これらのモデルは，富と所得の分配の格差問題をまったく回避してしまい，しばしば極端で非現実的な結論を導き出し，明確さよりむしろ混乱をもたらしてしまう．代表的エージェント・モデルを使うと，公的債務は国民資本の総額に関してのみでなく，財政負担の分配においても，完全に中立だという結論になってしまうのだ[244]．

　ここにある，代表的エージェント・モデル（representative agent models）というのは，その国には1人しか住んでいないと想定して

244　ピケティ／山形他訳（2015）『21世紀の資本』142頁．

議論を進めるモデルである．日本には 1 人しかいないと仮定した
世界で，国債が国内で買われているとすればその人が買うわけで，
国債費を支払えば国債を買ってくれたその人の所得になる．だから，
国債は，その国の中でお金をぐるぐる回しているだけだから，なん
の問題も無いというストーリーが生まれる．

国債費がもたらす所得の逆再分配

　しかしながら，国債費は社会保障と歳出項目において競合する．
そして，社会保障費よりも国債費の方が歳出の優先順位は高い——
ゆえに，国債費が増えていけばそれを賄うために社会保障は減らさ
れ，国民負担相応の福祉を享受できなくなる．資産家は，国の財政
が破綻することもなく国債費を自分の子孫に払い続けてくれれば問
題ないと考えるかもしれないが，国債費を賄うために社会保障が減
らされる事態というのは，社会保障が生活の上で密接に関わってい
る普通の人たちにとっては，大惨事となる．代表的エージェント・
モデルではなく，少なくとも Poor と Rich がいるモデルで給付先
行型福祉国家を考えると，社会保障給付費を犠牲にすることによっ
て Rich の資産を守ることになるという，Poor から Rich への所得
の逆再分配が起こり得るのである．

予算編成の現状の共有

　医療政策会議の委員である香取照幸氏[245] の『教養として社会保
障』に，次の言葉がある．

---

[245]　アゼルバイジャン大使，前厚労省雇用均等・児童家庭局長も平成 28・29 年度，
日医の医療政策会議の委員であった．

　実際に霞が関で長い間行政に携わってきた者の実感で申し上げれば，巨額の財政赤字は政府の政策選択の幅を狭め，自由度を奪い，問題解決能力を著しく阻害していることは事実です[246]．

　社会保障行政がどのような緊張感の中で展開されているのかを知っておくことは，日本の国民経済の現状を知る上で重要，ひいては日本が財政民主主義国家であるためには，必要である．少し説明しておこう．

　今の予算編成で，大きな影響力を持っているのが，経済財政諮問会議での議論を経て毎年6月に閣議決定される「骨太の方針」である．そして2015年に出された骨太2015には，「2020年度に向けて，社会保障関係費の伸びを，高齢化による増加分と消費税率引上げとあわせ行う充実等に相当する水準におさめることを目指す」という言葉があった．ここで，「社会保障関係費」とは，政府の一般予算に占める社会保障の経費のことで，社会保障側から見れば，財源としての国庫負担のことである．

　社会保障関係費は，毎年，高齢化による増加と，その他，医療の高度化など，諸々の理由により，給付が増えていく．そうした，制度改正をしなくても自然に増えていく増加分は「自然増」と呼ばれる．

　図表50にみるように，平成28（2016）年度は，自然増として約6,700億円が見込まれていた．しかし，骨太の方針2015では，社会保障関係費＝国庫負担の伸びを5,000億円のシーリング（各府省，ここでは厚労省が財務省に提出する概算要求額の上限枠）しか認められていない．となれば，平成28年度の予算を編成するためには，自然増から1,700億円をカットしなければならなくなる．幸いにも

246　香取照幸（2017）『教養としての社会保障』163頁．

図表 50　最近の社会保障関係費の伸びについて

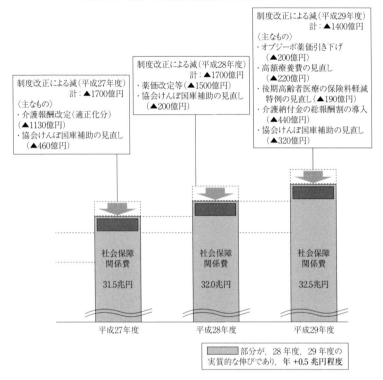

出所：財務省（2017）「平成 29 年度社会保障関係費予算について」より.

　この年は 2 年に一度の診療報酬改定の年だったので薬価改定（引下げ）で 1,500 億円を捻出し，そこに国から協会けんぽへの国庫補助の一時的な減額 200 億円を差し出し，翌年度以降制度改革を行うことを確約する代わりに恒久的な削減と整理することで，なんとか平成 28 年度の予算は編成された.

　平成 29 年度の自然増は，平成 27 年の医療費の伸びの実績が高かったことの反動等もあり，平成 28 年度よりも 300 億円低い 6,400

億円が見込まれていた．しかしそれでも，シーリング 5,000 億円以下にするためには 1,400 億円ほどを制度改正によって削らなければならない．さて，どうする？

　再び幸いにも，3 年毎に見直すとされている介護保険は，前回の平成 26（2014）年改正の 3 年目が平成 29（2017）年春であった．そこで，介護保険に白羽の矢が立てられることになる．それに向けた厚労省の中での人事が行われたのは平成 27 年頃であり，彼らが介護保険への国庫負担のカット，したがってその辻褄を合わせるためにできる限りの給付カットを使命として行ったのが，平成 29 年介護保険改革であった．

　予算というのは，こうした緊張感，具体的にはシーリングを守るために省内施策の優先順位づけが厳しく求められる中で編成されている．そして予算編成の緊張感と並行して制度改正が進められる——ところがそうした政策形成過程が，世間，そして研究者の間にもあまり伝わっていないという状況は，「財政民主主義」が運営されていく上で大きな問題であるとも言える．

手にした学問が異なれば答えが変わる

　膨大・無限大な情報とシステムからなる国民経済を，我々人間に把握可能なサイズに単純化してくれる道具に経済学という学問がある．

　この学問の誕生期であった 18 世紀後半は，国民のほとんどが生活をしていく上で必須となる必需品や利便品が不足している時代であった．当時を観察していたアダム・スミスからみれば，必需品や利便品という財が生産されれば，それらはすべからく需要となって消費者の間に分配されるように見えた．こうした「供給はそれ自ら

の需要を作る」という考え方は，スミスの次の世代のジャン＝バティスト・セイの名前を冠して，セイの法則，もしくは販路法則と呼ばれるようになる．

　ところが現実には，生産力が巨大化して（その時代時代の技術水準に依存して生産される）消費者の間で財・サービスの需要が飽和に近づき，彼らの中では消費をするよりも貨幣を持つことから得られる効用の方が大きくなって貨幣を保蔵したり，社会全体での所得の分配が大きく歪み，ニーズはあれどもそれが需要（これは支払能力に裏付けされたニーズと言ってもよい）にはなり得ない人たちが国民経済の中で大きな層を形成したりして，セイの法則が成り立たない状況に陥ったりすることがある．こうした世界を，小野善康委員[247] は，成熟社会と呼んできた．

　私は，経済学には大きく 2 つの流れがあり，これを右側の経済学，左側の経済学と呼んできた．

　ジャンプ　図表 1　社会保障と関わる経済学の系譜　5 頁へ

　図表 1 の右側の経済学，および，中央に位置するアメリカ・ケインジアンには貨幣数量説あるいは貨幣数量説的な発想が組み込まれている．ゆえに，これらの経済学に基づけば，マネタリーベースの増加は物価上昇を招くと予測されることになる．一方，左側の経済学では，マネタリーベースの増加は，図表 12（56 頁）にみるような日銀当座預金残高の増加を予測し，図表 51 にみる昨今の日本の中央銀行のあり様には警鐘を鳴らすことになる．

　ジャンプ　図表 12　現代日本における環流の法則　56 頁へ

　そして財政の持続可能性に影響を与える金利と成長率は，図表

247　小野善康大阪大学社会経済研究所特任・名誉教授も平成 28・29 年度，日医の医療政策会議の委員であった．

図表 51　主要中央銀行の総資産推移（4 半期）（名目 GDP 比）

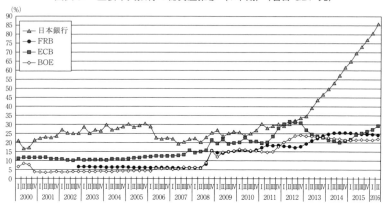

注 1：総資産残高について，日銀は四半期末，FRB は同直前水曜日，ECB は同直前金曜日，
　　　BOE は同直前水曜日.
注 2：BOE については，2006 年第 2 四半期と 2014 年第 4 四半期に公表統計項目を変更した
　　　ため，それ以前のデータとは連続性がない.
注 3：GDP は名目・季節調整済年率.
資料：各中央銀行 各国政府統計.
出所：財務省作成資料.

図表 52　名目長期金利と名目経済成長率の推移

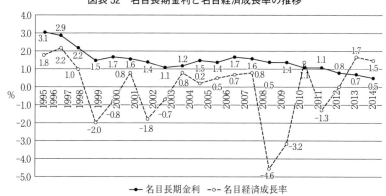

注：名目長期金利は，10 年債に係る年度平均による.
資料：内閣府「景気動向指数」先行系列，長期国債（10 年）新発債流通利回り，内閣府
　　　「2014 年度国民経済計算（2005 年基準・93SNA）」国内総生産（支出側）年度増加率.
出所：筆者作成.

52 のように 2012 年以降，$g > r$ となっているのであるが，それは図表 51 における日銀の金融政策——いわゆる「大胆な金融政策」——と「機動的な財政政策」によるものであり，それは持続可能性がないと，左側の経済学はみる．

　さらに，次の図表 9 の右上がりの単調増加関数の世界をイメージする右側の経済学は，投資は金利が低ければ増えるし，金利を下げるためには貯蓄は多い方がよく，社会の貯蓄を高めるためには，所得の不平等の分配はある面必要悪だと考える．

 ジャンプ　図表 9　右側と左側の経済学の世界とそれぞれの経済政策
42 頁へ

　そして社会の発展は，トリクルダウンで実現していくとみなす．「成長なくして分配なし」というスローガンなどは，右側の経済学に則ってのものである．

　一方，図表 9 では s* をピークとする山型の世界をイメージし，成熟社会である現実は山型のピークの右側に位置すると考える左側の経済学は，投資は主に期待収益率の関数とみなして金利を下げても投資はあまり反応せず，社会サービスを充実させたり，所得再分配や賃金の引き上げで所得分配の平等化を図れば経済の活力は増すと考えることになる．つまり，左側の経済学に基づけば，「分配なくして成長なし」となるのである．

　医療政策会議の報告書に基づいて実行可能性を持つ“あるべき姿”を提言する日本医師会は，左側の経済学に基づいて，今後の日本の舵取りを考えていくべきであろう．

◇　　　◇　　　◇

　　日本医師会平成 28・29 年度医療政策介護報告書における権丈執筆「医療と介護，民主主義，経済学」より

　　なお，医療政策会議とは「生命倫理懇談会及び学術推進会議と並んで，日医の 3 大会議の一つで，ここでの議論が，日医の医療政策立案，推進に大きな役割を果たしている」（同報告書より）.

そして，この章と関連する次もどうぞ！

オンラインへ GO！ 「出口治明氏との対談「国債は国民の資産だ」と叫ぶ人に教えたいこと──日本の財政がこじれる訳」
『東洋経済オンライン』2020 年 5 月 24 日

おわりに

2001 年，僕がはじめて本を書き，その書名を『再分配政策の政治経済学』とした時，その序章に次のようなことを書いています．

> 多くの人は，わたくしが社会保障を考えると言いながら，なにゆえに，ほぼすべての章にわたって〈権力の話〉が登場するのかを奇妙に受け取られるかもしれないし，ヴェブレン，ミュルダール，それにガルブレイスの考え方が，分析の基礎になっていたり，ここ数年の研究のなかには，マキャベリの話などが出てくることのつながりを疑われるかもしれない．しかしわたくしのなかでは，これらはすべて，十分に，社会保障論なのである．これを弁明するためにも，わたくしが学部のゼミの時から「先生」であった藤澤益夫先生が，その著『社会保障の発展構造』のなかで，多角的な論題を取り扱いながら，一つの社会保障論の構築を試みた際に引用された古人の言葉を，ここにも引かせてもらおうと思う．

いくらいろいろな野菜がまじっていても
全体はサラダという名のもとにまとまっている
モンテーニュ

これを書いたのは 30 代ですから，あれから，20 年近く経ちまし

た．このへのへの本第3弾では，いろいろな野菜が入っている社会保障論を自分なりに調理してみたという感じでしょうか．

　僕はよく，社会保障をたとえて，大海に浮かぶ小舟という話をしています．社会保障というのは，大海，つまり財政金融政策と人口構造の上に浮いている小舟のようなもので，小舟の様子は，大海の有り様次第なんですね．だから，社会保障の研究，制度設計を考える際には，「財政は分かりません，金融は分かりません，経済が分かりません」ではあってはならないわけです．

　僕たちが，これまで幾度となく見てきたように，社会保障に関する政治的な公約は，国民経済との関係を抜きにすれば，なんとでも書くことができます．そしてなんとでも書かれた社会保障に関する公約の実行可能性，持続可能性を見抜き，両可能性を備えたビジョンであるのかどうかを判定するためには，社会保障という小舟が浮かぶ大海——国民経済，特に財政金融政策——への関心は不可欠となります．

　ちなみに僕は，以前は「実行可能性（feasibility）」を中心に議論をしてきました．主に年金を語ったへのへの本第1弾には，実行可能性という言葉が多くでてきます．しかし，ある頃から，当面の実行可能性があっても「持続可能性（sustainability）」のない出来事を話題の中心にしなければならない状況に入り，以降，実行可能性と持続可能性という2つをセットにして語るようになってきました．そのあたりの事情は，へのへの本第2弾と本書第3弾を読んでもらえば，分かってもらえると思います．

　Warm Heart は大切です．社会保障の関係者は，Warm Heart のもち主で満ちています．しかし，Cool Head も備えなければ，実行可能性と持続可能性の両方を備えたあるべき姿を描くことができま

せん．そういう思いも少し抱きながら，これまでいろいろと書き，いろいろなところで話し，そして今回は，この本をまとめてみました．

　今回も，勁草書房の橋本晶子さんにはお世話になりました．彼女は，はいはいと話を先に進めてくれ，いつの間にやらこの本の広告が大々的に出ていたり……まだ原稿を書いているのに（笑）．僕には，逃げ場のない環境を作り出す背水の陣作戦は効果覿面のようで，おかげで本書も形にすることができたようです．

　この度も，本当にありがとうございました！

　あっ，それと，へのへの本第1弾，第2弾に続く，航空母艦から飛び立つ3機目の戦闘機は，これが最後の緊急発進となります！第3弾の頃には，編集者の橋本さんから，「へのへのさん」と敬意をもって呼ばれていたへのへのもへじ――まぁ，本の内容よりも表紙で有名になった本だったし（笑）――を，表紙，裏表紙，そして背表紙に3冊も書いてくれたわが家の画伯にもお礼を……どうもありがとう!!

2018 年 7 月 30 日

　この本の第2版でも，勁草書房の橋本晶子さんにお世話になりました．前著『ちょっと気になる社会保障　V3』に続いて「オンラインへGO!!」も入れたいですねぇ，あっ，知識補給を書いてみたらこんなに長くなってしまいましたっとの連絡に，「もはや多少のことでは驚かなくなりました……」と，寛容な返事をくださり，あ

おわりに

りがとうございました！　おかげさまで，へのへのさんの中では一
番のびのびと遊んでいる『政策思想』の第2版を，遊び心フルで楽
しくまとめることができました!!

2021 年 9 月 6 日

知識補給

エコノ君の性格

　次の文章は，2010 年に書いているようで[248]．と言っても，その時点で 10 年以上前にと書いているから，20 年以上前から，同じことを言っていたのでしょう．

> 　ところで，経済学の中には，ホモエコノミカス＝合理的経済人というのが登場する．僕は昔から，彼（ひょっとして彼女？）のことを，エコノ君と呼んでいて，10 年以上前にゼミの第 1 期の学生が，次のマスコットを作ってくれていた[249]．
>
> 　このエコノ君，ちょっと現実離れした性格の持ち主で，人間ってのは損得のみにもとづいて行動するし，他の人たちも利己的な動機だけで動くと信じきっている．おまけに過去にも，現在にも，将来にも完全情報を持っていて，自分の身の周りで起こったことは決して後悔しないし，他の人にも自己責任を求めて当然だと思ってる．まぁ，あまり友だちになりたくないような奴で，普通は，周りにこういうのってのはいない．でも，僕は昔から，「**人類の中で最もエコノ君に似ているのは，エコノミストなんだよなぁ**」と言っていたわけで，経済学を勉強したらしい〈エコノミスト〉ってのは，不思議とこのエコノ君に似ているという感想を持っている．

248　権丈のホームページ「勿凝学問 295　やっぱり，経済学が悪いのではなく経済学者が悪いんだと思う——経済学教育方法考」（2010 年 4 月 2 日脱稿）．

249　エコノ君のデザイナーは，現在，埼玉大学人文社会科学研究科教授の宮崎雅人君．

そうした中，同じことを言っている人物がいたので紹介したくなったわけである．

　スティグリッツ／楡井・峯村訳（2010）『フリーフォール』349頁
　わたしたちのほとんどは，自分が，有力な経済モデルの根底をなす人間観，つまり打算的で，合理的で，自己利益を追求する，利己的な個人という人間観に従って行動すると考えることを好まない．この人間観には，人に対する共感や公共心，利他主義などの入り込む余地がない．**経済学で興味深いのは，経済学のモデルの描写がほかならぬエコノミスト自身にうまくあてはまるという点であり，学生が経済学を学ぶ期間が長ければ長いほど，ますますモデルに似てくるのだ．**

　こんな面白いことを言うスティグリッツは，『フリーフォール』の中で，「経済学を改革せよ」と言っているのだけど，そう言っているスティグリッツ自身が経済学者なのだから，きっと，僕の言う次の言葉の方があてはまっているのだと思う．

　「政策技術学としての経済学を求めて」『at プラス』2009 年 8 月号
　　　　　　　　　　〔権丈（2015 VII巻）第 3 章に所収〕より
　なお，最初に断っておきたいことは，経済学以外の世界から眺めれば，経済学というあたかもひとつの考え方があるように見えるかもしれないが，経済学の中には，他の世界と同様に，実はいくつもの流派がある．〔リーマン・ショックの衝撃を受けて〕経済が危機に瀕し国民生活の底が抜けてしまっている今，経済学をひとくくりにしてこれを全否定したくなる反経済学の感情が起こるのは分かる．しかし，昔から，まともな経済学というものは確実に

あり，それを論じる人もたしかに存在してきたのである．ただそうした真っ当な流派が主流派たり得なかったということが真相であって，その原因は，今日的な経済学教育や経済学を学ぶ人に問題があるということを分かってもらうのが，本論の主なねらいである．

　なお，このあたり，この本の 48 頁にあるマーシャルの次の言葉も思い出しておいてほしいところかな．

　　リカードの精神は，その長所も短所も，彼がセム族の出身であることに帰することができます．イギリスの経済学者には，リカードに類似した精神の持ち主はおりません．……彼らは，人間をいわば不変量と看做し，人間の多様性を研究する労を，ほとんどとろうとしませんでした．彼らが知っていたのは主としてシティメンでありました．他のイギリス人も，彼らがシティで知っていた人々と，極めてよく似た人々であると，暗黙のうちに看做していました．

　このへのへの本第 3 弾は，マーシャルのこの言葉の意味を，350 頁もかけて説いていくという感じの本です．
　ちなみに，エコノ君の話ではないのですけど，経済学者たちをエコン族と呼んで，その習性をものすごくうまく語ったレイヨンフーヴッドという経済学者がいます．僕は，2016 年 10 月に日本年金学会で講演をした際に，ほんっと世の中に迷惑をかけるばかりだった年金経済学者の話をするために，エコン族の話をしています〔『日本年金学会誌』（第 36 号，2016）講演録「年金の誤解の克服と到達点」（88 頁）〕から．

　レイヨンフーヴッドという経済学者は，結構いい感じの経済学者でして，彼が経済学者たちをからかった，「エコン族の生態」という文章があります．経済学者は「モドゥル（モデル，型）」というのを作って，みんなで喜び合っている．この「モドゥル」というのは実際の役には立たないが，モドゥル作りのたくみさや美しさだけで，エコン族の中での地位が決まっている不思議な人たちであるというのが，レイヨンフーヴッドが経済学者をからかった文章です．

配布資料より　於　日本年金学会総会（2016 年 10 月 28 日）

> エコン族の生態（Life among the Econ）
> **レイヨンフーヴッド（1973）**
> - Leijonhufvud, A., *Western Economic Journal*, 11: 3 (1973: Sept.)
> - エコン族（the Econ tribe）は，極北の広大な地に居住する民族である．
> 　……
> - エコン族の間の身分関係について，真面目な研究者に比類なき興味を抱かせる支配的な特徴は，身分が「モドゥル」（modls）と呼ばれる一定の型の道具作りと結びつけられる方法である．成人男子の身分は，かれの「専攻分野」の「モドゥル」作りの腕前によって決定される．エコン族は高度に身分志向的であり，身分は「モドゥル」を作ることによってのみ獲得され，そして，これらの「モドゥル」の大半はほとんど，あるいはまったく実際の役に立たないという事実は，おそらくこの民族の後進性や文化的貧困さを説明するだろう．

7 頁に戻る

「市場」に挑む「社会」の勝算は？

へのへの本の第1弾『ちょっと気になる社会保障　V3』には，スピーナムランド制度の話ができてきます．こんな感じです．

> （一次分配を行う労働市場というメインシステムの）サブシステムがしゃしゃり出て，社会保障があるから労働市場では低所得者，不安定雇用が増大しても大丈夫っというわけにはいかないんですね．18世紀末から19世紀のはじめに，イギリスには，広く低所得者の賃金補助を行ったスピーナムランド制度というものがありました．それは企業にとって，今の時代の言葉を使えば，「賃金をいくら低くしても社会保障があるから大丈夫」という社会になったと受け止められてしまいました．そうすると，労働市場そのものが壊れてしまったわけです．社会保障という所得分配のサブシステムは，労働市場というメインシステムの構造的欠陥を補整するシステムであり続けることは重要なポイントでして，社会保障に過剰期待を抱くことは禁物となります（権丈（2020）168頁）．

このスピーナムランド制度について，少し真面目に書いた文章がありますので，紹介しておきますね．

———————

　　　　　経済を見る眼『週刊東洋経済』2010年3月6日号
　国民の最低生活を守るために，政府が家計の稼得所得と最低生活費との差額を自動的に補填する方法は，昔から多くの人が思いつくものであった．1960年代にフリードマンが唱えた負の所得税もそうだし，昨年（2009年）5月に前与党が検討を始め，現与党（民主

党）も引き継いだ給付付き税額控除や農家への個別所得保障制度も
発想は同じである．これと同じ発想を遡れば，18世紀末にイギリ
スで制定されたスピーナムランド制度の顛末に触れざるを得なくな
る．

　1790年代，革命後のフランスとの戦争の最中，イギリスでは，
凶作とインフレが農村の窮乏と社会不安を高めていた．そこで179
5年，バークシャー州の治安判事たちはスピーナムランドにあるペ
リカン・インという宿屋で総会を開き，貧困と低賃金をめぐる斬新
な対策を全会一致で採択した．その対策とは，パンの価格と世帯の
規模に反応するスライド規定を用意して，働いていても最低所得を
下回る家庭には，教区（キリスト教会を通じた行政単位）が最低生活
費の不足分を自動的に支給する制度であった．この制度は，人々の
大きな期待を受けて翌年には各地に拡がっていく．

　ところが，この制度の現実の機能を見ると，善意と誠意に発した
立案者たちの主観的意図から大きく外れ，いたずらに救貧地方税の
負担を膨張させてしまった．さらに企業側からは単なる賃金補助と
受け止められて低賃金が温存され，労使間にあった細々とした紐帯
をも断ち切ってしまう．賃金がどれほど生存費水準を割り込んでも，
経営者は差額給付をあてにできるので労務費削減を図り，不要とな
れば躊躇なく労働者を放り出す始末．当時の一貧民の言葉をもって
すれば「貯蔵穴のじゃがいものように要るときだけ取り出す」不安
定雇用慣行すら拡がらせたのである．他面，労働者も，稼得の少な
いほど扶助が多くなるので，働く意欲を失い労働者の自立心をも蝕
んでいったのも自然であった．

　さて，善意が裏切られたときの，納税者たちの反応はどうであっ
たか．「補助金によって増大する人口」を攻撃したマルサスの『人

口論』が初版（1798 年）以来，広範囲に支持されていく．そしてス
ピーナムランド制度が誕生して 39 年後の 1834 年，この制度は廃止
され新救貧法——保護される者は自立して生きる労働者の最下層の
生活よりも劣るべきとする「劣等処遇原則」と，労役場の中だけで
しか貧民に対処しないとする「院外非救済原則」を徹底させた制
度——が誕生する．これはスピーナムランド制度以前の救貧法より
貧困者に厳しいものであった．その後，イギリスで，貧民への劣等
処遇，強制労働の状況が大きく改善されるのは，20 世紀に入って
の「自助の強制」を図った社会保険の登場を待たねばならなかった．

　新救貧法の時代に生きたエンゲルスは，「プロレタリアートに対
するブルジョワジーのもっとも公然たる宣戦布告は，マルサスの
『人口論』と，それからうまれた新救貧法である」と論じて悔しが
り，1 世紀以上後に，ポラニーは『大転換』（1944 年）の中で，「市
場」に対する「社会」の最後の防衛が挫折する，時代を画した大き
な出来事としてスピーナムランド制度を取り上げた．

　さて最近流行りの諸々の制度——心して制度設計してもらわねば
半世紀ほど先の評価がどうなるのか，私にはなかなか読めないとこ
ろである．

16 頁へ戻る

◇　　　◇　　　◇

　もっとも，最低賃金制度がある今の時代，そして政府のデジタル
化により所得捕捉の可能性が高まった今の時代には新しい政策技術
を考えるフロンティアは拡がってきている．

オンラインへ GO！ 総花的な「公的支援給付」が生まれる理由
——コロナ禍に思う「バタフライエフェクト」
『東洋経済オンライン』2020 年 6 月 23 日

オンラインへ GO！ 日本の社会保障，どこが世界的潮流と違うのか
——カンヌ受賞作に見るデジタル化と所得捕捉
『東洋経済オンライン』2020 年 7 月 27 日

合成の誤謬考──企業の利潤極大化と 社会の付加価値極大化は大いに異なる

　僕の（2015 VI巻，VII巻）の 2 冊には，僕がけっこう力を入れて作った年表があります．そこには，社会保障周りで起こった出来事が日付とともに（時には時間も）記載されています[250]．ここで紹介する「合成の誤謬考」は，2011 年 10 月に「生産性新聞」からの社会保障と経済成長についての依頼で書いた文章でして，どうして，そうしたテーマについて生産性新聞が，この時期に企画をしたのかを，年表を見ながら考えてみると，2011 年 8 月 26 日 14 時に菅首相が退陣表明（そして 16 時より民主党「マニフェストの中間検証」が注目されぬようにひっそりと発表），9 月 6 日に野田首相就任──2010 年から，菅首相は，「強い経済，強い財政，強い社会保障」を言っていたことを思い出しました．そうした中，生産性新聞は，強い社会保障と，当時の政権が言う強い財政，強い経済の関係を，僕に書いてもらいたかったのだと思います．ところがそうした編集者の意図を忖度？　することもなく，僕は思うことを正直に書いたようでありまして……昔も今も，言っていること考えていることは同じなんですけどね．

　　　　　　　　　　　　　　『生産性新聞』（2011 年 10 月 25 日）より

　イノベーションを唱えたシュンペーターの偉大さは，これが経済発展にとって重要であることを指摘しても，その起こし方を指南するのは控えたことにあろう．彼は，イノベーションを起こす企業家を描写しているが，その内容は，それを読む人たちに「よし，自分

250　医療介護一体改革　関連年表　http://kenjoh.com/6nenpyo.pdf
　　　年金，民主主義　関連年表　http://kenjoh.com/7nenpyo.pdf

にもできる！」と決して思わせるものではなかった．イノベーションなるキーワード付きの成長戦略を売る経営コンサルや経営学者，はたまた政治家や経済官僚が雨後の筍のように出てくるのは後世のことであり，シュンペーターは草葉の陰で失笑しているはずである．

　成長論のパイオニアであるソローは，経済成長の主因たる全要素生産性（TFP）を「無知の計量化」と呼んだ．彼は，TFP を左右する原因を論じようとすると，「素人社会学の炎上」に陥ってしまうのがオチと評しているのであるが，TFP に対する不可知論は，クルーグマンをはじめとした多くの経済学者も継承している．そして彼らは（私も含めて），成長戦略論議，とくに産業政策はためにする議論の典型だと本当のところは思っている．

　そうは言っても，国富の計量単位たる付加価値の定義に基づけば，「少なくとも言えること」はある．ここで気をつけなければならないことは，付加価値は，生産面から見れば生産額から中間投入額を控除した額であり，分配面から見れば，営業余剰に加えて雇用者所得も構成要素に入っていることである．一方，企業が極大化を考えているとされる利潤は，生産額から費用を控除した額であり，その際の費用には人件費も含まれる．つまり，雇用者所得を犠牲にして企業の利潤を増やしても，経済成長の計量単位である GDP は増えないのである．

三面等価の原則

- 生産面　付加価値＝生産額－中間投入額
- 分配面　付加価値＝営業余剰＋雇用者所得＋固定資本減耗

　　　　　　　　　＝企業所得（留保利潤＋配当）

　　　　　　　　　＋家計所得（利子＋雇用者所得）

- 支出面　付加価値＝消費＋投資

付加価値と利潤の相違

- 付加価値＝生産額－中間投入額
  　　　　　＝営業余剰＋雇用者所得＋固定資本減耗
- 利潤　　　＝生産額－費用

　のみならず，企業が私的利益追求の視点から，利潤極大化を求めて労働コストを限りなく低く抑え雇用者所得の伸びを落とせば，いずれは公共善たる付加価値の総額 GDP は縮小する．なぜならば，付加価値を支出面から眺めると，雇用者所得の低下は消費の縮小，在庫投資の増加で調整され，ゆえに，早晩，固定資本形成が減少していくからである．各企業のミクロ的な成長論としては労務費の抑制は合理的なのであろうが，マクロには合成の誤謬に陥ってしまう．

　労働力の非正規化を進めた民間の経営者たちに，一国の経済政策を習うほど滑稽な話はなく，企業が一方的に主導権を握る政策形成

知識補給図表1　利潤極大化行動の合成の誤謬

企業が主導権を握る政策形成のデフレスパイラルリスク

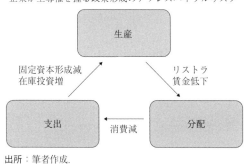

出所：筆者作成.

は，一国を合成の誤謬に陥れ，デフレスパイラルに陥らせるリスク
を抱えている[251]．

　こうした短期的な調整，すなわち固定資本形成の手控えが累積し
た今日の資本量と，現存する労働力をフル（あるいは平均）稼働し
た生産力が，「計測された」潜在生産力である．つまり，計測され
た潜在生産力は過去の短期的な景気変動の影響を受けている．いわ
ゆる「履歴効果」（hysteresis）と呼ばれるこのあたりに考えが及ば
ず，短期と長期は独立で，長期総供給曲線に影響を与えるサプライ
サイドへの政策のみを成長戦略と捉えている論者は多く見受けられ
るが，ただの想像力不足とみなしてよい．

　ここで，昨年（2010年）ヒットした「ゲゲゲの女房」の話を紹介
して，経済成長の意味を感覚的に理解してもらおう．彼らが結婚し
たのは1961年，まさに高度経済成長スタート時期．その時，彼ら
の家には，家財道具は悲しいほどに何もなかった．ところがその後，
カラーテレビ，クーラー，自動車などなど三種の神器が揃っていっ
た．一方，新興国には，この生活水準に到達していない人が数多く
いる．ゆえに，成長の余地は大いにあると見込むことができる．

　支出面から見た付加価値総額を，人口減のなかで維持・拡大して
いくためには，1人当たりの消費や投資を増やしていくしかない．
投資を増やしていくと生産力が高まるので，そこでの生産物をさば
くためには，結局は，消費を増やさざるをえない．ところが，より
高い消費水準の達成は，付加価値の構成要素たる雇用者所得の抑制
と，普通は両立しない．さて日本では，いかにして1人当たりの消

251　ちなみに，大河内一男の労働力保全論も合成の誤謬論に属する．労働力保全で
　　は，社会政策によって，総資本は労働力全体の再生産の基礎条件を安定させ，個
　　別資本による無規律な労働力の食いつぶしを妨げると説かれる．

費を増やしていくのか．そのために，いかにして消費者に購買力を分配するのか．今，のみならず実は以前からも，考えるべきはそういう問いだったのであり，大陸ヨーロッパは再分配政策を重視し，アメリカはバブルの連発でしのぎ，日本は合成の誤謬に気づかずに経営者に政策形成を委ねていた．そして，皆，アメリカ戦略の破綻に巻き込まれた．

36 頁へ戻る

アダム・スミスとリカードの距離──縁付きエッジワース・ボックス

リカードの有名な言葉に，次があります．

> 他のすべての契約と同様に，賃金は市場の公正で自由な競争
> に任せるべきであり，けっして立法府の干渉によって統制され
> るべきではない[252]．

これは，リカードの自由放任宣言，レッセ・フェール宣言として有名なのですけど，時々，経済学の創始者アダム・スミスも同じことを言っていて，そうしたアダム・スミスの思想が現代の経済学に引き継がれていると考える人もいるようです．毎年の講義の中では，学生たちは大方みんなそう思って育って（笑）きたようです．でもスミスの思想は，違うんですよね．

そのあたりを理解してもらうために，アダム・スミスの思想が織り込まれた「縁付きエッジワース・ボックス」というのを紹介しておきます．

次は，2008年9月15日のリーマン・ショックから1年，経済学への信頼が大きく揺らいでいた頃，「資本主義の限界と経済学の限界」という特集を組んだ『at プラス』創刊号──「思想と活動」をテーマにした雑誌──に書いた論文の一部です．原稿依頼を受けた僕は，経済学が問題なのではなく，経済学教育，経済学を手にしている人の問題だということを書いてよいのならばと伝えて，「政策技術学としての経済学を求めて──分配，再分配問題を扱う研究者

---

252 リカードウ（1817）／羽鳥卓也・吉澤芳樹訳『経済学および課税の原理 上巻』149頁．

知識補給図表2　縁付きエッジワース・ボックスと自由放任

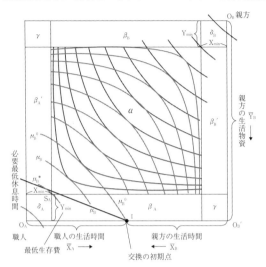

出所：辻村江太郎（2001）『はじめての経済学』111 頁.
　　　詳しくは辻村（1977）『経済政策論』.

が見てきた世界」というテーマで引き受けました[253]．前年にリーマン・ショックが起こり，その年末には，日比谷公園に年越し派遣村が設置され……その翌年の原稿依頼でしたから，労使の「交渉上の地歩（bargaining position）」の話を書きたかったのだと思います．

　知識補給図表2の α ゾーンは，経済学者エッジワースが考案したもので，職人の選好場（無差別曲線群）の原点を南西に描き，親方の選好場の原点を北東に置いて，両者の選好場を向かい合わせたエッジワース・ボックスである．次にエッジワース自身は想定してい

253　権丈（2015 Ⅶ巻）第3講として所収.

なかった生活時間と生活物資に関する最低必要臨界量を組みこんだ
縁付きエッジワース・ボックスを考える[254]. 最低必要臨界量とは,
それ以下には無差別曲線が存在しえないほどの水準を示す.

　ここでエッジワースは——そして, 1990 年代に日本の労働市場
の規制緩和と生活の自己責任を強く求めた経済学者も——, 職人と
親方の取引が, 両者の無差別曲線が存在する α ゾーンのみで行われ
ていると勘違いしていたのではなかろうか. 仮に α ゾーンの内部で
取引が行われ, 市場への参加者が増加していけば, 双方の自発的,
対等な立場での取引によって, パレート最適が確実に達成され
る——すなわち厚生経済学第 1 定理が成立する. しかしながら, ア
ダム・スミスがいみじくも指摘しているように「労働者には, 仕事
がなければ 1 週間ともたない人が多く, 1 か月もつ人は希だし, 1
年もつ人はまずいない」[255]. これは, 職人の初期点が β_A ゾーンに
あることを意味する. このとき, 親方は S_A 点よりも不利になる点
で契約を結ぶインセンティブをかけらも持たないことになる.

　この縁付きエッジワース・ボックスは, 昨今の労働問題, つまり,
労働と福祉の接点を考察するうえで, 若干の示唆を与えてくれる.
アダム・スミスが見た 18 世紀後半の労働市場とは異なり, 今の先
進国では, どこにも生活保護や失業給付, そして最低賃金制など,
労働者の最低生活を保障する制度的枠組みがある. これは, スミス
の言う交渉上の地歩 (bargaining position) における労働者側の不利
な立場を補正し, 労使の交渉の場を α ゾーンの内側に持ち込む役割
を果たす. ところが日本の生活保護, 失業給付, 最低賃金などは脆
弱であり, ゆえに労働と福祉の境界に位置する人たちは労働市場で

254　辻村江太郎 (1977)『経済政策論』で詳細に説明されている.
255　アダム・スミス／水田洋監訳, 杉山忠平訳 (2000)『国富論』1 巻, 121 頁.

自らの労働力を窮迫販売せざるをえない状況にあることは専門家の
間では広く知られている.

　そうした労働市場を外から支える，もしくは労働市場を下から支
える福祉が弱い日本の労働市場で，柔軟性・流動性が強く求められ
て規制緩和が進められ，労働者の交渉上の地歩の弱さを補正する政
策，労働者の生活の安定性を保障する政策を怠っているとどうなる
かは，想像に難くない.

　αゾーンでの市場取引は，それなりに望ましい結果をもたらして
くれることは，多くの経済学者が言うとおりであり，それ自体を否
定することは難しい.けれども，労働市場というところは，リカー
ドが推奨した，市場にまったく介入がない自由放任のもとでは，労
働者がβゾーンに陥ることもあるという特徴を持っている.このと
き，価値基準を効率のみで評価するわけにはいかない.αゾーンの
外枠に張り付くS_A点も，職人が利得を得ようとすれば親方が損害
を被らざるをえないという意味でパレート最適点なのである.

　したがって，アダム・スミスは，労働者をαゾーン内部での取引
に参加できるように，要するに，労使の交渉が「公正」に行われる
ように労働者にハンディ・キャップを与える政策を積極的に展開す
ることを説いていた.つまり，（若いときから道徳哲学の研究者であ
り続けた）アダム・スミスは「能動的自由放任主義者」であったの
であり，労使間の交渉上の地歩のアンバランスに気づいていなかっ
た（若き日を株式仲買人として過ごした）リカードとその後継者たち
の「消極的自由放任主義者」とは180度，政策の方向性が異なって
いた.そしてこの政策の方向性の異なりの相当部分は，アダム・ス
ミスとリカードの2人が，若い時の教育の差，若いときに身につけ
た教養の差にあったのではないかというのが，私の仮説でもある.

ゆえに，シュンペーターがリカードを「なんらの哲学を持っていな
かった」と評したのには頷けるものがある[256].

————————

　歴史上，アダム・スミスの次に，この「労使間の交渉上の地歩の
アンバランス」を強く問題視したのはマルクスであり，そしてマル
クスの没年に誕生したケインズも，この問題を十分に認識していた．
はたして1990年代に規制緩和をリードした日本の経済学者たちは，
労使間に交渉上の地歩のアンバランスがあることや，そもそも労働
市場を考察する際に有益な「縁付きエッジワース・ボックス」があ
ることなどを知っていたのであろうか．

48頁へ戻る

————————

256　J. A. シュンペーター著／東畑精一・福岡正夫訳（2000）『経済分析の歴史』
　　994頁.

マーシャルを読んだシドニー・ウェッブのラブレター……誰に？

　これは，授業ネタです．

　マーシャルは，いくつかの都市のもっとも貧しい地区を訪れて，もっとも貧しいひとびとの顔を見ながら，次々に街路を歩いてみた上で，経済学の研究を決意しました．しかしそうしたマーシャルが最終的に到達したところは，資本による富の獲得と蓄積に対して，フェアプレーのルール，経済騎士道 Economic Chivalry を言うに留まりました．

　このマーシャルは，教授就任講演（43）をした5年後に『経済学原理』を出しています．1890年7月末，シドニー・ウェッブ（31）が，婚約者ビアトリス（32）に送った私信でマーシャルの新著『経済学原理』を評して言うには（訳は，私の指導教授だった藤澤益夫先生が2002年に出した『社会保障の発展構造』，23頁からです）．

　　わたくしはまっすぐクラブへゆき，マーシャルの600頁の大冊をすっかり読破しました——そのため立ち上がると，よろめいてしまいました．それは偉大な本ですが，新しいところはなにもありません——途を示していても，進もうとはしていないのです．とはいっても，偉大な本ですし，おそらくスミスに取って代わるものでしょう．しかし，経済学に新機軸を拓くものではないようです．経済学は，やはり造り直さなければなりません．他人任せにはできません．貴女がわたしを助けるか，わたくしが貴女を助けるかして，この仕事に取りかかるほかありません．

　シドニーとビアトリスは，2年後に結婚してウェッブ夫妻と呼ば

れるようになり，「1＋1が……2でなく11に」なるほどのみごと
な協働ぶりをみせて，ナショナル・ミニマム思想を作っていくこと
になります（このあたりは藤澤先生の本からです）．

49 頁に戻る

制度学派とリベラリズム，そしてネオ・リベラリズム

　この文章は，かなり前の，2003 年に書いています．三つ子の魂
百までのような文章ということでしょうか——ここに登場するガル
ブレイスは 2006 年，宇沢弘文先生は 2014 年に亡くなられました．

『企業年金』2003-August

　今年 1 月 3 日の『日本経済新聞』朝刊に，なんとも面白い紙面が
あった．「経済教室」をガルブレイスが執筆しており，そのすぐ左
隣の「やさしい経済学——巨匠に学ぶ」には，宇沢弘文が〈ヴェブ
レン〉について連載する第 1 回を記していたのである．

　ガルブレイスと宇沢には共通点がある．ともに経済学の学派のな
かでは制度学派に属し，2 人ともヴェブレン（1857-1929）とケイン
ズ（1883-1946）の研究姿勢の類似性を意識しながらそれを手本と
していることである．たとえば，ガルブレイス（1908-）は，「ヴェ
ブレンとケインズを結婚させる能力をもっていた」〔A. シュレジン
ガー・ジュニア〕と評され，宇沢（1928-）は「ヴェブレンの経済学
の考え方を，より体系的な形で展開し，その政策的，制度的インプ
リケーションをくわしく分析し，経済学の考え方に大きな影響を及
ぼし，経済分析に新機軸を打ち出していったのが，イギリスの生ん
だ偉大な経済学者ジョン・メイナード・ケインズであった」と論じ
ている．ケインズが「ヴェブレンを読んだかどうか疑わしい」〔R.
ハイルブローナー〕けれども，ケインズはヴェブレンの後継とみな
されているコモンズの著書には目を通し，好意的に評価している
〔「私は自由党員か」参照〕．制度学派の創始者ヴェブレンの思想に影
響を与えたとされるのは，彼のシカゴ大学での同僚であり，アメリ

カ独自の哲学プラグマティズムを完成させたジョン・デューイ
（1859-1952）である．このデューイが「われわれの時代の予言者」
と呼んだのが，19世紀後半のイギリスの新理想主義者，トマス・
ヒル・グリーン（1836-1882）であった．このグリーンが，資本家
を代表とする強き者たちの要求を言い表していた国家からの自由と
いう古典的リベラリズムを，当時の労働者たちの生活苦を救う改革
原理へと再生させようとした人物である．彼は，〈人格完成〉と
〈自我実現〉なる思考装置を駆使して強き者もそうでなき者も平等
に自由を享受しうる形に自由という概念を作り替え，国家による個
人生活への介入はむしろ自由を促進するものであると説いた．さら
には，人格完成の手段として国は市民の権利を保障する形で社会的
公正・社会正義の実現をはかる必要があると論を進め，市民は貧困
や失業から自由である権利をもつとした．ここに，人間の尊厳と自
由を守る視点にたって社会経済制度を分析するという制度学派の思
想的源流をみることができるし，グリーン以降のリベラリズムが，
20世紀を目の前にして胎動していた福祉国家の存在意義を積極的
にサポートする役回りを担わされる宿命にあったことも容易に想像
される．

　ところで，1970年代から，グリーン以前の古典的リベラリズム
を懐かしむネオ・リベラリズムの考え方が強まってきた．これらネ
オ・リベラリズムと，制度学派に組みこまれているリベラリズムの
違いを端的に表す事例を紹介しておこう．シカゴ大学で，デューイ
やヴェブレンが培ったリベラリズムを継承して経済学研究にあたっ
ていたF. ナイト（1885-1972）は晩年，ネオ・リベラリズムの主唱
者であるG. スティグラーとM. フリードマンについて，次のよう
に語ったという．「ジョージ・スティグラーとミルトン・フリード

マンの最近の言動は目にあまるものがある．この2人は，私の最初の学生であるが（2人とも博士論文をナイト教授の指導のもとに書いた），今後，私の学生であったということを禁ずる」〔宇沢〕．

こうしたことをいろいろと想起させる新年早々の『日本経済新聞』の紙面は，ネオ・リベラリズムを思想的基盤とした新古典派経済学を乱用する研究者たち——ときに思想と分析視角が密接につながっていることにさえ気づいていないのではないかと疑いたくなる研究者たち——に，方法は本当にそれしかないのかと問いかけたくもある私にとって，とても愉快なものであった．

64頁へ戻る

*　　*　　*

なお，哲学者グリーンが教えたオックスフォード大学のベリオール・カレッジで，グリーンの影響を強く受けたのが，ベリオール・カレッジの学生だった，後の首相ハーバート・ヘンリー・アスキスでした．このアスキスの内閣の蔵相として，1909年4月29日のBudget Day に，下院で4時間半に及ぶ人民予算演説を行ったのが，ロイド・ジョージであり，そのあたりの話は，「知識補給　市場は分配が苦手なのに……」（344頁）をご参照あれ．

税収の推移と見せかけの相関および国のガバナンス問題

　2012 年 10 月に書いた文章です．この年の 8 月に消費税引上げが成立し，その 2 か月後にこの文章を書いており，そこに「消費税の運命は，まだ予測がつかない状況にある」と書いていました．この文章は，その後，次の年表のようにこの国が辿っていた歴史の中で，カッサンドラのような誰も信じない不吉な予言となっていくことになりました．

知識補給図表 3　もう 1 つの現在と未来，現実の現在と未来

	もう 1 つの現在と未来	現実の現在と未来
2012 年 8 月	消費税の引上げ法案の成立	
2012 年 10 月	『週刊東洋経済』に 「消費税の運命は，まだ予測がつかない状況にある」と書く	
2013 年 8 月	『社会保障制度改革国民会議』報告書	
2014 年 4 月	消費税 8%	
2014 年 11 月		消費税 10%，1 年半先送り決定
2015 年 10 月	消費税 10%	
2016 年 6 月		消費税 10%，2 年半先送り決定
2016 年 7 月	参議院選挙	
現在		
2018 年 4 月	消費税の更なる引上げと同時に診療報酬，介護報酬の同時改定を迎える	診療報酬，介護報酬の同時改定
2019 年 10 月		消費税 10%

出所：権丈（2018）218 頁．

『週刊東洋経済』2012 年 10 月 27 日号

　今夏 8 月 10 日，消費税を引き上げる法律が成立した．ただし，法律の中には，「平成 23 年度から平成 32 年度までの平均において名目の経済成長率で 3% 程度から実質の経済成長率で 2% 程度を目指した望ましい経済成長のあり方に早期に近づけるための総合的な政策の実施その他の必要な措置を講ずる」とあり，「消費税率の引き上げに当たって

……経済状況等を総合的に勘案した上で，その施行の停止を含め所要の措置を講ずる」とされている．ここで引用した箇所は，今や民主党を離党した人たちの求めに応じて挿入された条項であり，三党合意の中では修正されることなく温存された．

　条文には，かなり曖昧な表現が組み込まれているので，消費税率引き上げがどのような運命をたどるかは，時の政権が，増税と経済の間にいかなる関係があるとみなすかに相当依存しそうである．

　もとより，かねてから消費税引き上げに後ろ向きな政治家は与野党を問わず，過去の税収の推移について，国民に次のような説明をする．すなわち，1997年の消費税の引き上げや，2000年のゼロ金利解除は，景気の悪化をもたらして，税収減の原因となったのだ，と．さらに，自民党の上げ潮派などに至っては，小泉内閣の下での構造改革こそが，いざなぎ景気を超える戦後最長の好景気と税収増をもたらした，と言ったりもする．

　国税収入が1998年と2001年に減少し，小泉内閣の下ではそれが持ち直していたことは事実である．しかしながら，その事実は，違った観点から説明することもできる．

　まず，98年以降の税収減の主因は97年7月のアジア通貨危機のあおりを受けた日本の金融不全にあり，秋口からの三洋証券のデフォルトをきっかけとして銀行，証券会社の連鎖倒産が起こり，景気は急落したからである．さらに，2000年8月のゼロ金利解除後は，米ネットバブル崩壊の予想を超える影響や，2001年からは，マイカル，りそな銀行問題もあった上に，「9.11」を契機とした世界的な景気の冷え込みが重なった．そして，小泉政権時の景気の回復は，サブプライムローンに代表される米国バブル，それに伴うドル高，そして中国経済の急速な拡大が，日本に輸出主導の景気回復をもたらしたのだ，と．

　2つの事象に因果関係はないのに，みえない要因によってあたかも

因果関係があるかのように推測されることを「見せかけの相関」という.

　実は，税収の歴史的推移をどのように解釈するかで，採るべき政策が全く変わってくる. 日本での増税や金融政策が原因で税収は低迷してきたとみるグループは，増税に極めて慎重で，何よりも日銀の責任を問う傾向をもつ. 一方，多分に日本の政策以外の動向が日本の景気を左右してきたとするグループは，日本のベースマネーの供給が伸びきっていることに加え，先進国同時不況の下では，円安誘導は難しいとも考え，ショックを自ら誘発しないために，すみやかな増税による財政強化を求める.

　両者のうち，少なくともいずれか一方は，見せかけの相関に基づく政策提言ということになる. 事の真相はどうあれ，因果を極度に単純化した論の方が，人口に膾炙しやすいものである. 消費税の運命は，まだ予測がつかない状況にある.

　これを書いたのは 2010 年 10 月——この後，この国がどういう局面に入っていくのかについては，『ちょっと気になる医療と介護 増補版』第 15 章「無い袖を振りつづけたらどんな未来がやってくるのか……」をご笑覧下さい.

　いや，この本の前に出した『医療介護の一体改革と財政——再分配政策の政治経済学Ⅵ』（5 頁）に書いている次が分かりやすいかな. ちなみに，『医療介護の一体改革と財政』にはもちろんのこと，『ちょっと気になる医療と介護』の索引にも，「国のガバナンス問題」という言葉が並んでいます——けっこう深刻な問題だと僕は考えているんでしょうかね（笑）.

国のガバナンス問題

　2012 年 8 月に消費税の引上げが国会を通過して，社会保障・税一体

改革に一端の区切りがついた後，永田町や霞が関で，かなりのパワーシフトが起こっているように見えます．消費税を 10％まで上げることが決まった瞬間に，「次は俺たちの番だ」と考える人たちが，医療では混合診療，年金では積立金の民間運用，財政では法人税の減税論議などを主導していくことになります．これは理屈でどうなるというような話ではありません．

2001 年中央省庁再編で，通産省が新組織に移行する際の名称に「経済」という文字を勝ち取って，業務の囲いが外されました＊．今や国のガバナンスが構造的にそうなっているから仕方がなく，彼らは経済界という強力な団体を味方につけてもいますし，何よりも，実際の効果は抜きにして，彼らが使う「成長戦略」などの言葉は国民や政治家に聞こえが良い．国民にとっては岩盤規制らしい混合診療の禁止についても，「理論的にはとうの昔に決着がついているから，もう大丈夫」では済まされないものがあります．

……

仕事量に見合ったマンパワーを配分する行政改革を行わないかぎり，この国は「国のガバナンス問題」を永遠に抱えていかなければなりません．今回の，選択療養から患者申出療養あたりの動きも，「これらの制度のどこが問題なのか」というような理屈や正しさの世界でどうなるものではなく，「力の問題」だと思います．私が 2001 年に出した本の冒頭の言葉「政策は，所詮，力が作るのであって正しさが作るのではない」という話です．構造的な国のガバナンス問題があることを念頭に置かないと，今何が起こっているのかを理解できず，これから何が起こるかの予測も誤るかと思います．

＊　経済産業省設置法より．

（任務）

第三条　　経済産業省は，民間の経済活力の向上及び対外経済関係

の円滑な発展を中心とする経済及び産業の発展並びに鉱物資源及びエネルギーの安定的かつ効率的な供給の確保を図ることを任務とする．

（所掌事務）

第四条　経済産業省は，前条の任務を達成するため，次に掲げる事務をつかさどる．

一　経済構造改革の推進に関すること．

二　民間の経済活力の向上を図る観点から必要な**経済財政諮問会議**において行われる経済全般の運営の基本方針の審議に係る企画及び立案への参画に関し，所掌に係る政策の企画を行うこと．

79 頁へ戻る

スキデルスキーのケインズ論

　スキデルスキーは，知識補給図表4について，「ブレトン・ウッズ体制の時期には固定為替相場制がインフレを抑える錨になっていた．ワシントン・コンセンサス体制の時期には各国中央銀行のインフレ・ターゲット政策が錨になっている[257]．2つの時期の間にあたる，1970年代にはインフレ率が急騰しており，1971年に固定為

知識補給図表4　世界のインフレ率

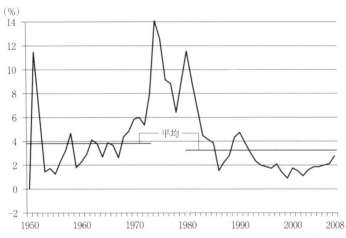

＊　フランス，ドイツ，日本，イギリス，アメリカの消費者物価指数上昇率の平均
資料：フランス，日本，イギリス：1950〜60年：マディソン『資本主義発展の原動力』，
　　　1961〜2007年：世界銀行，2008年：OECD．ドイツ：1950〜89年：マディソン
　　　『資本主義発展の原動力』，1990〜91年：OECD，1992〜2007年：世界銀行，2008
　　　年：OECD．アメリカ：1950〜60年：労働者労働統計局，1961〜2007年：世界銀
　　　行，2008年：OECD．
出所：スキデルスキー（2009）／山岡洋一訳（2010）『なにがケインズを復活させたのか？』
　　　190頁．

257　スキデルスキーの言う「インフレ・ターゲット政策」は，インフレ率が高くな
　　りすぎることを防止し，目標値まで下げるように誘導する政策のこと．

替相場制が崩壊したことがその主因であった」〔スキデルスキー
(2009)／山岡洋一訳（2010）『なにがケインズを復活させたのか？』
190-191頁〕と述べています．

　両体制に対する，スキデルスキーの解釈は，「ケインズ流」のブ
レトン・ウッズ体制と新古典派流のワシントン・コンセンサス体制
を対比させ，「ブレトン・ウッズ体制は大きくいえば，国際経済が
ある程度まで安定性を維持できるようにするためには政治と制度の
強力な支援が必要だというケインズの見方を背景としていた．ワシ
ントン・コンセンサス体制は，市場が自己調整機能をもつとする理
論を背景としている」（182頁）というものでした．

　ちなみに，ワシントン・コンセンサスという言葉そのものは，国
際経済学者のジョン・ウィリアムソンが1989年に発表した論文の
中で定式化した用語であり，1980年代を通じて先進諸国の金融機
関と国際通貨基金（IMF），世界銀行を動揺させた途上国累積債務
問題との取り組みにおける基本政策を指しています．ワシントン・
コンセンサスに批判的なスティグリッツが語れば，こうなりま
す——「「市場は万能ではなく，政府の適切な介入が必要である」と
していたIMFのケインズ主義的な方向は，1980年代にやみくもに
叫ばれた自由市場主義にとってかわられた．その背後にあったのが，
経済の開発と安定にそれまでとは根本的に異なるアプローチをとろ
うとする「ワシントン・コンセンサス」——IMF，世界銀行，アメ
リカ財務省のあいだで確認された，発展途上国にたいする正しい政
策に関する合意——だった．……「ワシントン・コンセンサス」で
定められた政策の最終的な結果は，たいていの場合，多数を犠牲に
して少数に，貧乏人を犠牲にして金持ちに恩恵をほどこすことだっ
た．多くの場合，配慮されていたのは商業的な利益や価値であり，

環境や民主主義や人権や社会正義ではなかったのである」〔スティグリッツ（2002)／鈴木主税訳（2002)『世界を不幸にしたグローバリズムの正体』36-42頁〕.

108頁へ戻る

大登山家ママリーとマッターホルン，そしてアルプスとマーシャル

2011 年に授業の中での雑談として話したことを文章にしていたようなので……[258].

ホワイトボードに三角形を描いて，この稜線がツムット山稜で……と話した事を少し詳しく.

ママリーが，マッターホルンのツムット山稜を初登頂したのは，1879 年 9 月 3 日，ママリー 23 歳の時．そのツムット山稜とは，マッターホルン北壁の右側の稜線.

知識補給図表 5　マッターホルンの山稜

Photo by Y. Kenjoh

ママリーは，翌 1880 年 7 月 19 日に，イタリア側からのフルッケン山稜からの初登頂にも成功している.

ちなみに，ヘルンリ山稜からの初登頂は，1865 年 7 月 13 日に，ウィンパー一行が成功──初登頂者 7 人のうち 4 人が下山時に遭難

258　勿凝学問 368　ママリーが初登頂したツムット山稜とは（2011 年 6 月 26 日）.

しているから成功といえるかどうかは微妙ではあるが，まとめれば，
こうなる．

1865年7月13日	ウィンパー（25歳）	ヘルンリ山稜
1879年9月3日	ママリー（23歳）	ツムット山稜
1880年7月19日	ママリー（24歳）	フルッケン山稜

マッターホルン——ママリーの言葉を借りれば

ママリー『アルプス・コーカサス登攀記』より
あの偉大な山を初めて眺めたときのことを，私は，まるで昨日のこ
とのように覚えている．9月の月光の下，どこまでも穏やかに威厳
をたたえて光り輝くあの山は，秋の夜の静寂につつまれて，神秘そ
のもののような気がしたし，古くからの言い伝えの通り，岩だらけ
な荒れ地に棲むという精霊が，いかにも宿っていそうな姿だった．

　ここでアルプス関連のウソのようなホントの話をひとつ．僕が，
次の文章を読んだのは，随分と前に，あの分厚いケインズ全集第
10巻『人物評伝』をいくつかの本と一緒に抱えて，ヨーロッパア
ルプスに出かけていた時のこと．そこで，次の文章に出会って，ら
しくなくちょいと感動．

ケインズ「アルフレッド・マーシャル」『人物評伝』
　この当時の彼は，ほとんど長期休暇のたびに，いつも外国へ行く
ことにしていた．マーシャル夫人はこう述べている．
　「彼は60ポンドと背嚢とを携えて，たいていはアルプスの高地を
歩き回って日を過ごした．来る夏も来る夏もこうした徒歩旅行をし
たことが，彼を虚弱な人間から丈夫な人間に変えたのである．彼は

7月の始め頃過労のために疲れ切ってケンブリッジを発ち，10月に
なってから日焼けして丈夫になり，しゃんとして帰ってきた．……
アルプスを徒歩旅行するときは，6時に起きて，8時前にはかなり
道を進んでいるのが，いつもの彼のやり方であった．彼はいつも背
嚢を背にして，2，3時間続けて歩いた．それから腰を下ろして，
時には氷河の上のこともあったが，なにか本を——ゲーテかヘーゲ
ルかカントかハーバート・スペンサーを——たっぷり一読みして，
それからまた次の，夜の休息地まで歩き続けたものである．これは
彼が哲学的段階にあった時のことであった．後になるとこうした徒
歩旅行の間に，国内取引および外国貿易の理論をまとめ上げた．大
きな書籍の箱などが宿場から宿場へと送られたが，1，2週間は背
嚢だけで旅行することにしていた．彼は急流にシャツを浸して洗い，
肩に担いだ登山杖の上に掛けて乾かすのであった．こうしたアルプ
スのひとり歩きの間に，彼は最も困難な思索の大部分を行ったので
ある．

　ちなみに，ここの文章で引用した本のほとんどは，今は PDF 化
され，iPad に入っていたりする——もちろん，『人物評伝』も．

勿凝学問 368　2011 年 6 月 26 日脱稿

139 頁へ戻る

独占的競争という戦い方……

　この知識補給，タイトル通りの内容なのですけど，ここで紹介する文章は 2011 年 1 月に書いていますね．経済学にはいくつかの市場モデルが出てくるけど，本当は，独占的競争市場くらいしか役に立たないだろうにという思いははるか昔からあり，1990 年代の末にイギリスにいたときに，Matsui というメーカーがあった話も書いているので，紹介しておきます[259]．

――――――

＊　　＊　　略　　＊　　＊

　まぁ，あの時は，あんまり理由を言わなかったけど，クルーグマンの『ミクロ経済学』は，市場構造についてかなり良いまとめ方をしているんだよな．スティグリッツやマンキューのテキストにも，一応，独占的競争の話はのっているけど，クルーグマンは，章立てそのもので強く意識して 4 つの市場構造を説明してくれている．

　経済学を学ぶ際には，その手ほどきに完全競争モデルを勉強する必要はあるけど，こんなもんを中途半端に知って，それを経済政策に適用されたのではたまったものではない．僕らが住む，一応は先進国が，誰にでも作ることができる財やサービスを生産しながら，底なしの価格競争を行ってどうするんだ？　と言いたいところだけど，日本のこれまでの経済政策って，どうも，為政者の（いや，為政者の周りにいた経済学者の）頭の中の理想型が，完全競争市場では

――――――――――――――――――――――

259　勿凝学問 353　先進国なんだから，価格競争で勝とうなんて思ってちゃいかん
　　だろう――独占的競争市場で付加価値を稼ぐ努力をせねばな（2011 年 1 月 26 日
　　脱稿）．

知識補給図表6　市場構造のタイプ

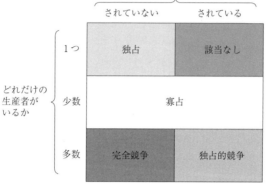

企業行動とその企業が操業する市場は，完全競争，独占，寡占，独占的競争という4つの市場構造モデルのどれか1つを用いて分析できる．市場構造は①製品が差別化されているかそれとも同一か，②産業に存在する企業の数が1つか，少数か，それとも多数か，という2つの特徴に基づいて分類される．

出所：クルーグマン（2017）『ミクロ経済学〔第2版〕』484頁．

ないのかと疑いたくなる側面もあったりして．

　でっ，独占市場での勝者をねらうなんてのは今の世の中どだい無理で，共謀の可能性がある世界，つまり寡占の世界も，日本が生きていく道としては非現実的でもある．

　そこで，残るのが，独占的競争市場での勝者を目指す道．先進国の戦い方はこれしかないでしょう．

　クルーグマンの言葉を借りれば，

ファストフードの製品差別化

……

ファストフード産業では多くの企業が，程度の差はあるにせよ同一の

> 需要——おいしくて早くできるものを食べたいという需要——をみた
> すために競争している．だが各企業はその需要を満たすために，特色
> のある，差別化された製品——消費者からみればよく似ているが完全
> に同じではない代替材——を提供している．ファストフード産業のよ
> うに，多くの企業が存在して競争的に差別化された製品を提供してい
> るとき，経済学者はその産業が独占的競争の特徴を持っているという．
> これは完全競争，独占，寡占に次いで本書でとりあげる4番目の，そ
> して最後の市場構造だ．
>
> クルーグマン（初版）『ミクロ経済学』469頁

　ということで，独占的競争市場では，製品差別化をはかるために
ブランド価値を高めることが，勝利のカギをにぎる活動ということ
になるわけだ．新興国と勝負するために，せっせせっせと労賃を安
くするなんてことはほどほどにして，日本は，製品差別化で頑張ろ
うよな(￣。￣)ボソ……

　そう言えば，僕がイギリスにいた前世紀の末？，Matsui という
メーカーの家電製品があったもんだ．あれって，日本のメーカーで
はないんだよね．ヨーロッパの家電小売業者のブランドらしくって，
イギリス人は，これって日本製だよなぁと勘違いしながら，日本人
は，んっ？　と思いながら，結構高値で売られていたみたいだ．僕
らの先人が築いてくれた日本ブランドからの余剰が，ちょいとずる
い方法で盗まれていたことになる（笑）．

　まぁ，笑い事ではなく，他国と比べて僕らが比較的高い生活水準
を享受できているのは，先人がここまで築き上げてくれた日本ブラ
ンドというインフラのおかげでもあるんだから，このソフトなイン
フラ，僕らは大事に育てて，次世代にバトンタッチしていかないと
な．

追記

（この文章を書いた時にクルーグマン『ミクロ経済学』の編集者に送ったメール）

  教科書の宣伝になるかもしれませんので，

  ちょいと引用したことをお見逃し下さいませ． <(_ _)> ペコッ

  この教科書，ほんっと良いと思うよ．

 翌日

  権丈先生

  ご連絡，ありがとうございます．

  宣伝していただいて，ありがたいです．

  ご指摘のとおり，クルーグマンの市場構造に関する記述は，

  かなり示唆に富むものだと思います．

勿凝学問 353　2011 年 1 月 26 日脱稿

148 頁へ戻る

Positive の訳は実証で良いの？

　日本では，実証的な研究というと，それは計量経済学だろう，だって，データに裏付けされているんだもんっと，考えている人が多いので，昔々出した権丈（2005）〔初版 2001〕に positive の訳に関する下記の文章を書いていました．20 年以上前にケンブリッジにいたとき，よく，King（1983）の研究——住宅課税の改革による厚生の変化を定量的に推計した著名な研究——は，positive と normative，どっちだと思う？　と尋ねたものです．なかには，聞いた瞬間には考え込んで，後からメールで，あれは normative と答えてくれた人もいましたけど，結果は，尋ねた人全員が，normative と言っていました——つまり，King 論文の結論は，価値判断とは独立ではなく，価値判断に関して置かれた前提次第で変わり得るということですね．

　　日本では，normative を規範，positive を実証と訳すのが定着している．しかし日本で〈実証〉という言葉を使う際には，若干の注意を要する．たとえば，欧米でわたくしが知り合った経済学者のいく人かに，King（1983）の研究は，positive か，それとも normative かと問えば，彼らは normative な分析だと答える．だが，日本で，同じ質問をすれば，この研究がしっかりとした推計を含んでいるせいか，これを〈実証〉分析と考える人が多いようである．こうした混乱を避けるために，ここでは，奥野・鈴村（1985）『価格理論Ⅰ』にならい，positive を〈事実解明的〉と訳すことにした．彼らは，次のように論じている[260]……．　以下略

238 頁へ戻る

260　権丈（2005〔初版 2001〕Ⅰ巻）22 頁．

福澤諭吉とミュルダール

2003 年に『福澤諭吉著作集』が出そろった時の記念座談会「著作に触れ，確かめる，福澤諭吉の新しさ」（『三田評論』2004 年 2 月号[261]）で，ミュルダールの価値観明示主義と福澤先生について話をしているので紹介しておきます．

出席者（敬称略・順不同．所属・肩書きは初出時）
坂本忠雄　元「新潮」編集長
西澤直子　慶應義塾福澤研究センター研究員
山内慶太　慶應義塾大学看護医療学部助教授（司会）
権丈善一　慶應義塾大学商学部教授

いや，本当は，猪木武徳先生が参加されて，先生が座談会をリードされる予定だったのだけれど，当日，ご都合で大阪から東京に来ることができないとの連絡が入り……では，誰が座談会をリードするのかという雰囲気の中，皆の視線が私に集中して，えっ!?　という感じで開始された冷や汗ものの座談会でした……いやはや．

福澤諭吉と価値判断の問題
山内　福澤先生の著作は，権丈さん，福澤先生の著作に最初に触れた時，どういうところに惹きつけられたのか，お話しいただけませんでしょうか．
権丈　私の専門は社会保障で，これは経済学のなかでも分配問題・再分配問題を扱う領域です．分配問題には，困ったことに，みんな

261　全文は権丈（2006 III 巻）に所収．

がみんな得をするような余地はなかなか見出せない．もしそういう
余地があるのならば，その方向に政策を押し進めるべきだと言って
おけば，あまり批判されることもないために大した苦労はしなくて
もすみます．ところが分配問題というのは，誰かが得をすれば誰か
が損をするというゼロ・サム世界での問題です．社会保障の研究を
していると，誰かが得して誰かが損をするだろうけど，それでも以
前よりもましであるなどと論じるための価値判断にどうしても触れ
ざるを得ない．

　価値判断から独立したものであろうとしてきた社会科学の世界に
は，分配問題は馴染まないということが，経済学の教科書にも書い
てあったりする．けれども，そんなことを言っていたら我々の仕事
は成り立たない．じゃあどうすればいいんだと学生時代から，疑問
に思っていたわけです．

　『文明論之概略』は日吉の学生の頃に読んでいたと思うのですけ
ど，それから数年後，ある時ふと『文明論之概略』の内容と先の疑
問が結びついたと言いましょうか，何のことはない，福澤先生がす
でにヒントを書いていた．

　『文明論之概略』の「本位論」は先生が慧眼の士であることを私
に実感させたはじまりだったと思います．後に経済学のいろいろな
本を読んでいるうちに，この価値判断の問題をダイレクトに扱って
いるグンナー・ミュルダールという経済学者にも出会いました．ミ
ュルダールは福澤先生と似た問題意識をもっていて，彼の人生の後
半では価値観明示主義みたいなアプローチをとるようになります．
そのあたりが福澤先生の本位論とウリ２つなのです．

　二人の共通点は価値の相対主義を厳守していることと社会科学方
法論に関して創造的破壊者であることですね．文章にも似たような

快活さがあります．そういうところが非常におもしろいわけでして，私の専門領域の方法論として参考になるのです．福澤先生は，私にとって重要な問題でありながら世間ではあまり論じられていない問題をダイレクトに考えている人の一人でもあったわけです．

248 頁へ戻る

クーンが，パラダイム・シフトを捨てた理由

　「パラダイム」に関して，クーンにとって痛かった批判は，クーンの科学革命観そのものには肯定的なマーガレット・マスターマンからの「〔『科学革命の構造』の中で〕少なくともパラダイムは異なった 22 の使い方をなされている」（クーン「補章——1969」『科学革命の構造』206 頁）であったようである．マスターマンからの批判を受けて，クーンが「パラダイム」から「専門母型」という言葉に置き換えた意味についての野家氏の説明は次である．

　　このマスターマンの分析は，クーンの「パラダイム」概念に内在していた多義性を白日のさらもとに晒した優れた考察であり，クーン自身も具体的証拠を突きつけられた以上，最終的には彼女の批判を受け入れざるをえなかった．そのため彼は「私の批判者たちに関する考察」をはじめとする論文のなかで，「パラダイム」という用語を撤回し，それを「専門母型（disciplinary matrix）」という新たな言葉で置き換えることを提案する．早とちりの哲学者たちにはしばしば誤解されているが，これはクーンがパラダイム論の敗北を認めたことではまったくない．彼自身が「この用語上の変更によっては，科学的成熟過程の記述は何ら変更されないことに注意すべきである」と明言しているように，これはパラダイム概念の曖昧さからくる混乱を避けるための用語上の措置であるにすぎない．もともとパラダイムに付与されていた概念内容はそっくりそのまま維持されているのである．クーンが「パラダイム」に代えて「専門母型」という用語を選んだのは，それが特定の専門領域に従事する研究者が共有するものであることを明示し（専門），またそれが明確にされ

るべきさまざまな秩序だった要素から成り立っている（母型）こと
を示唆するためであった〔野家（2008）『パラダイムとは何か』
223-4頁〕.

259頁へ

ポパー，ハイエク，ライオネル・ロビンズの親和性

　ハイエクの呼びかけに応じて設立されたモンペルラン・ソサイアティ——自由主義を政界に広げ，共産主義と計画経済（具体的にはケインズ主義）に反対することを目的とした政治団体——の創設（1947年）にも関わったポパーは，新古典派経済学の流れに属している．この流れに属するポパーにしろ，彼のLSEでの同僚であるライオネル・ロビンズにしろ，若いときにマルクス主義運動に身を投じ，マルクス主義に幻滅して，その後，マルクスを否定するための学問の構築に情熱を注ぐという共通項がある．ポパーについては彼の自伝『果てしなき探求』，ライオネル・ロビンズならば彼の自伝『一経済学者の自伝』などを参照を．

　ちなみに，ポパー（誕生年1902年）は，ハイエク（1899年），ロビンズ（1898年）ついて次のように語っている．

　　1949年に私はロンドン大学の論理学と科学方法論の教授に任命された．……イギリスでのこれら初期の時代に私が学びとることの最も多かった人たちは，ゴンブリヒ，ハイエク，メダウォー，ロビンズであった．彼らのうちの誰一人も哲学者ではない〔ポパー（1976）／森博訳（1996）『果てしなき探求』下巻，50頁〕．

153頁，264頁に戻る

市場は分配が苦手なのに繰り返し出てくるトリクルダウン

　市場は分配が苦手で，政治と経済を安定化させる中間層を創出するのが苦手である．そうであるのに，分配問題は，市場に任せておけばうまくいくというトリクルダウンという考え方が，歴史的には一定の周期で表にでてくるようでもある．トリクルダウンを信じる上げ潮派と言われる人たちには，成長戦略という秘策があるのらしいけど，いつまで待っても見せてくれない．まぁ，僕には彼らが，秦の始皇帝に不老不死の霊薬があると具申し，274頁に書いているように「最後は出奔，いやとんずらした」徐福と重なって見えてしまうわけで．

　へのへの本シリーズの終幕となるこの本の最後の知識補給は，権丈（2006　Ⅲ巻）の序章に書いていた文章です．10年以上前に書いているのに，僕がおかしいと思うもの，そして望ましいと考えるものは，昔から何も変わらないようです．

　ただ，当時は，本書，へのへの本第3弾を貫く「社会保障と関わる経済学の系譜」，つまりは，再分配政策の政治経済学の基礎となる考え方がまだ兆しのような状態であったようではあります．

―――――

　ヴィクトリア女王統治の19世紀後半．イギリスでは，繁栄する経済が，そのまま永遠につづくと信じられていた．そして多くの者は，成長を牽引する富者たちが一層富めば，その富のしずくが残りの層にもしたたり落ちるために，それでよいではないかという楽観的な考えを共有していた．これと同じ考え方は，後に1980年代アメリカのレーガノミックス，特にレーガノミックスにおける税制改

革の思想的基盤となり，トリクルダウン理論（trickle-down theory）
と名付けられるようになる．この理論が，レーガノミックスと関係
があることから推測されるように，トリクルダウン理論は，サプラ
イサイド経済学や新古典派経済学，さらに小さな政府論と強い親和
性をもつ．

　話を 19 世紀末イギリスに戻そう．今で言えばトリクルダウン理
論に支配されていた楽観ムードの修正を迫った事実が起こった．
（ロンドンで造船業を営んで一代で財を築いた）チャールズ・ブーズ
（Booth イギリス式発音），（ヨークでココア製造業 2 代目を継いでいた）
シーボーム・ラウントリーによる〈貧困の発見〉である[262]．

　ヘンリー・ハインドマンを領袖とする社会主義運動家たちが，ロ
ンドン大衆の 4 分の 1 が深刻な窮乏に陥っていると告発したことに
憤りを覚えたブーズは，一面識もなかったハインドマンを訪れ，論
争のすえ，彼らの方法の不適切と事実の誇張を私費を投じて論証す
ると言明して，以後 17 年にわたるロンドン・サーヴェイに着手する．
結果は，ハインドマンたちの訴え以上の惨状を発見することになる．

　これをみたラウントリーは，それは大都市ロンドンでの特殊なこ
とであって，地方都市ヨークでは状況は異なるはずと，ヨーク・サ
ーヴェイに取りかかる．しかし，ここでも結果は，同じであった．

　こうした〈貧困の発見〉を契機として，イギリスでは政権が不安
定化し，トリクルダウン理論が支配する社会思想が修正，否定され，
大規模な再分配を伴う福祉国家の方向へと進んでいく．

　この動きの嚆矢に，ロイド・ジョージの 1909 年 People's Budget
（人民予算）があった．'People's Budget' と呼ばれたのは，彼が累進

262　権丈（2020）「図表 9　貧困線と貧困のライフサイクル」（21 頁）参照．図表 9
　はラウントリーが描いたもの．

知識補給

1909年4月29日, Budget Day.
People's Budget が入った Red Box を
かかえて the House of Commons へ向
かうディヴィッド・ロイド・ジョージ
と同行するウィンストン・チャーチル.
当日, ロイド・ジョージの Budget
Speech は4時間半に及ぶ.

所得税導入, 相続税・資産課税による富裕層への増税とたばこ税・
酒税の増税で貧困対策を企図したゆえであった.

　イギリスでのこうした動きと並行して, 先進国はそろって再分配
国家への途を進んだのであるが, その進行の過程でも, トリクルダ
ウン理論が勢いをもっては, 貧困の増大や格差拡大の事実を突きつ
けられて, トリクルダウン理論に修正を迫る動きが繰り返されてく
る. そして日本では, バブル崩壊後の税制改革——所得税, 住民税,
相続税, 贈与税の最高税率引き下げ——をはじめとして, トリクル
ダウン理論が勢いをもちはじめて久しい. ……

　この本は, ちょうどそういう21世紀初頭の日本において出版さ
れるものである.

権丈 (2006 III巻)　2006年1月17日脱稿

274頁に戻る

若手行政官への推薦図書

ピケティ『21世紀の資本』

　この本の結論と言われている，$r>g$とか，グローバル累進課税とかはどうでもいいと思う．この本のおもしろさは，3世紀にわたる20カ国以上のデータに基づいて論を展開しているところである．3世紀にわたるデータというのは実に強く，アダム・スミス，マルサス，リカード，そしてマルクスが論じ予言した未来から最近の経済学までがエビデンスベースで検証されていく．ピケティがやりたかったことは，「分配の問題を経済分析の核心に戻す（back）」ことであった——つまり，18世紀，19世紀には，分配問題は経済学の核心であった．ところが，信じられないかもしれないが，ここ100年近く，経済学は「生産」，それに付随して効率にばかり関心を示し，「分配」，これに付随する公平，時に正義は軽視どころか，意図的に無視されてきたのである．そうした経済学を果敢に批判し，賛否両論を巻き込んで2014年から2015年にかけて世界中で大ブームを起こしていたことを記憶している人もいるかもしれない．

　ピケティを読んだ後には彼の師匠筋のアトキンソンの『21世紀の不平等』も薦めたい．ピケティが言うように，ふたりは同じ方向を向いているのであるが，アトキンソンは個人への現金給付を好み，ピケティは現金給付への抵抗があって医療，教育，文化など現物給付を好むという嗜好の違いがある．

　そうした2人の本を読了すれば，分配問題，社会保障問題とはどのような学問領域にまで広がりを持つのかということを垣間見ることができるだけでなく，経済学とはいったいどういう学問なのかという大きな課題について考えるきっかけも与えてくれることになろ

う．さらに 2017 年に他界したアトキンソンに捧げられたスティグ
リッツの『プログレッシブ・キャピタリズム』まで読み進めれば，
分配問題を重視する者たちの世界観，経済学観をより深く知ること
ができると思う．スティグリッツは英国ケンブリッジに留学してお
り，そこにひとつ年下のアトキンソンがいて，無二の親友となっ
て[263]，その後，ふたりで「公共経済学」という領域を作っていく．

　なお，アダム・スミスをはじめとした古典に馴染みのない人には，
ハイルブローナーによる，初版 1953 年の今では古典とも言える
『入門経済思想史——世俗の思想家たち』がベストの入門書である．
この本は，他所でも触れるヴェブレン，ケインズを知るのにも良書．

塩野七生『ギリシア人の物語Ⅱ』

　全三巻からなるこの本のお薦めは，第Ⅱ巻第 2 部ペリクレス以後
の「衆愚政」からである．ここから読んでも良し．目下，目の前で
展開されている民主主義というものを考えるのにとてもよい教材と
なるはずである．既に推薦図書となっているオルテガの『大衆の反
逆』（1929）や，さらにエドマンド・バーク『フランス革命の省察』
（1790）などと読み合わせながら民主主義の現実を考えるのもいい
かと思う．そしてここまできたら，バークの思想を取捨選択しなが
ら影響を受けていくケインズが，まだ学生の頃 21 歳時に書いた
「エドマンド・バークの政治学説」（1904）も薦めたいのであるが，
これは入手が困難なので，スキデルスキー『ケインズ』を紹介して
おこう．スキデルスキーは，「彼（ケインズ）がこの論文で表明し
た考え方は，その後の壮年期のさまざまな著作の中に再三現れてき
ている」と論じているように，スキデルスキーを通じてケインズの

263　脚注 185（185 頁）参照.

政策思想の源を窺い知ることもできる.

佐々木実『資本主義と闘った男——宇沢弘文と経済学の世界』

　宇沢弘文氏の軌跡と彼が生きた経済学の半世紀が描写されている.
著者である佐々木実氏は,竹中平蔵氏の人生の歩みをまとめた『市
場と権力——改革に憑かれた男』を書いているときに,「一抹の虚
しさをおぼえる」.ちょうどその頃,「出会い頭の事故のように遭遇
したのが,宇沢弘文だった」.その後,佐々木氏はこの本にとりか
かる.ひとりの著者が書いたふたりを読み比べるのも視野を拡げて
くれるであろう.

　宇沢氏の思想を理解するのには,彼が書いた『ヴェブレン』が良
い.その先に余裕があれば,ヴェブレンをアメリカで最も偉大な経
済学者と言うガルブレイスの代表作『ゆたかな社会』や,彼から見
れば金融の世界がどのように見えるかが窺える『バブルの物語』に
まで進むことを薦めたい.

　宇沢氏は後半生で社会的共通資本という考え方の彫琢に情熱をか
ける.その思想の源流は,ヴェブレンや彼の同僚であったジョン・
デューイにあった——そのあたりも,本書にはある.

75頁へ戻る

経済成長を需要サイドから見れば──青木＝吉川モデル

　（今は 2021 年）最近，社会保障や経済政策に関心のあるひとたち
に，とにかく手にしてご覧と薦めている本がある．吉川洋先生（東
京大学名誉教授）の『マクロ経済学の再構築』である．ところが，
どうもうまく，この本の画期的さがうまく伝わらない．そこで，本
書の重版出来を機に知識補給をひとつ書いてみることにした．

　『マクロ経済学の再構築』の最終章「第 8 章　結論──マクロ経
済学のあるべき姿」は，次の言葉で締め括られている．

　　　新古典派経済理論＝現代マクロ経済学を根底から批判し鋭く対立し
　　　た 2 人の天才の経済学にはたしかな接点がある．両者を結ぶリンク
　　　は，「需要の飽和」と「需要創出型のイノベーション」である．

　2 人の天才とは，「需要の飽和」を唱えたケインズと，「需要創出
型のイノベーション」を唱えたシュンペーターである．

　マクロ経済を理解する上では，有効需要理論の基礎をなす「需要
の飽和」というコンセプトと，需要が飽和した社会に突破口を切り
拓き，国民経済の成長を持続可能とする「需要創出型のイノベーシ
ョン」というコンセプトが重要──『マクロ経済学の再構築』はそ
うしたことを説いている．だが，それを説くのはなかなか大変なこ
とでもある．
　というのも，現在確立しているマクロ経済学は，「需要の飽和」
も「需要創出型のイノベーション」という考え方は不要なものとし

て，理詰めでカチッと隙間なく構築されているからである．

　では，現代の主流派のマクロ経済学と，吉川先生が唱えるマクロ経済学は，どこで分かれるのか．ミクロにもマクロにも，価格メカニズムが働くと，本書図表11にある「セイの法則」が成立することになる．セイの法則と，有効需要理論は相容れない．となれば，吉川先生の論のスタートは，一般均衡理論の父とされるワルラスの否定から始めざるを得なくなる．

　　　現代経済学の土台となっているワルラス的な「均衡」の概念は，ニュートン力学的な「均衡」に他ならない．実はそれとはまったく異なる均衡概念——統計力学的な「均衡」——が，ワルラスの生きた時代に生まれていたのである．経済学は，それを知ることなく100年の時代が流れた．この間経済学者は，ワルラスの一般均衡モデルを経済理論の神として祀ってきたのだが，このモデルは現実のマクロ経済を描写するモデルとしてはまったく意味のないモデルである（37頁）．

　『マクロ経済学の再構築』は，ミクロには統計力学的な均衡概念を説く「統計物理学」——これは自然科学の分野で一般的なツール——を用いることにより，マクロ経済学を再構築し，ケインズの有効需要理論とシュンペーターのイノベーション論を融合している．そうした論を構築するためには，ワルラスの一般均衡理論に基づく主流派のマクロ経済学を否定せざるを得ない．ワルラスへの批判は続き……

　　ワルラスの一般均衡理論は，マクロ経済を分析する枠組みとしては
　　妄想としかいうことのできない代物にすぎない．マルクスは，フー
　　リエ，サン・シモン，オーウェンらの社会主義を「空想的社会主
　　義」と罵倒した．ワルラスの一般均衡理論が描き出す世界は，「空
　　想的資本主義」とでも呼ぶしかないものなのである．とりわけ，価
　　格をシグナルとして経済が新古典派的な均衡に到達するというビジ
　　ョンは，第1，3，6章で詳しく説明したように，現実の経済の動き
　　を描き出すものではない（301頁）．

　経済学をある程度学んだことのある人にとっては，この一文を見
ただけで，『マクロ経済学の再構築』の画期的さを分かってもらえ
ると思う．マクロ経済学の中に「需要の飽和」と「需要創出型イノ
ベーション」──この『政策思想』にも出てきたワード──を組み
込むためには，一般均衡理論は空想的資本主義とみなされることに
なる．ワルラスが『純粋経済学要論』の上巻を出したのは1874年，
下巻1877年──この著作によってワルラスは一般均衡理論の父と
呼ばれるようになっている．需要サイドから見た経済成長の論を説
くためには，それ以降，経済学150年間の否定となる．論理必然的
に，ワルラスのビジョンの延長線上にいるアロー，ドブリューも，
マクロ経済学の再構築のためには否定されることになる．

　　Arrow and Debreu（1954）による「均衡解の存在証明」を戦後
　　経済学の「金字塔」と思っている経済学者が多いのではないだろう
　　か．間違いなくそれは，経済学に「科学的装い」を与えることに貢
　　献した．しかし，ワルラスのモデル自体がマクロ経済のモデルとし
　　て無意味である以上，そのフレームの中での「存在証明」に意味が

ないことは明らかである（42 頁）.

　吉川先生は，『マクロ経済学の再構築』の中で，ドグマ（宗教上
の教義，独断的な説）という言葉を幾度となく使う．ふたつほど紹
介しよう.

　「需要不足は長期的には価格の調整を通じて解消される」という
のは，これまで論じてきたように，ワルラスの一般均衡理論という
パラダイムに基くドグマにすぎない．　しかし，「短期」の「循環」，
「長期」の「成長」というのは，今，経済学者がごく当たり前のこ
ととして前提にする考え方だ（181-182 頁）.

　「価格さえ伸縮的であれば，マクロ経済は新古典派の均衡に到達
する」というドグマは，今なお健在である．マクロ経済学大転換の
起点となったアメリカ経済学会における会長講演で，ミルトン・フ
リードマンは自ら提唱する「自然失業率」をワルラスの一般均衡理
論の中で生まれる失業率である，と言った[264]．この講演が多くの
経済学者にアピールしたことからもわかるとおり，ワルラスの一般
均衡理論——伝統的にミクロ経済学の講義で教えられているが，こ
れはマクロのモデルだ——は，今なお経済学者の頭の中でマクロ経
済を考えるときの基本的フレームワークとなっている（300-301 頁）.

　『マクロ経済学の再構築』の特徴は，部分均衡を考えたマーシャ
ルと一般均衡を論じたワルラスの人物評価でも，際立つ.

---

[264]　フリードマンの 1967 年 12 月のアメリカ経済学会会長演説の瞬間の様子につ
　　いては 98 頁参照.

　　ここにマーシャルとワルラスの根本的な違いがある．マーシャル
は1つのモノやサービスの市場において需要と供給を価格の関数と
表し，需給が一致する「部分均衡」を考えた．経済学を学び始めた
者が最初に出会う右下がりの需要曲線と右上がりの供給曲線を用い
た文である．やがてワルラスの一般均衡理論を学んだ者は，マーシ
ャルの部分均衡を，一般均衡理論の特殊ケース（n=1）に過ぎない
幼稚な分析フレームワークであるかのように感じるのではないだろ
うか．しかし，これは間違った理解である（37-38頁）．

マーシャルが自らの考案した需要と供給の分析を「他の事情が同じ
ならば」の合い言葉の下，「部分均衡」に限定したのは，そこに深
い考えがあったからである．マクロ経済においては「他の事情が同
じならば」は意味をなさない（300頁）．

　本書にも書いているように，「ケインズ経済学と新古典派経済学
はクーンの言う通約不可能（incommensurability）な仮説群からな
っており，経済現象を眺める視点は，始点から終点まで異なってい
る」（248頁）．

　吉川先生が，青木正道先生（UCLA名誉教授）とともに作った青木＝
吉川モデル（2002）とは，本書の160-161頁に要約している[265]．
　青木＝吉川モデルのGDPの期待値Yの成長論には，労働力も登

---

[265]　詳細は，権丈（2009〔初版2004〕II巻）「第2章　積極的社会保障政策と日本
　の歴史の転換」における「ケインズ型成長理論――第2次ケインズ革命と社会保
　障」（230-236頁）で論じている．

場しないし，全要素生産性（TFP）を登場させる必要もない．あえてパラダイムという言葉を使うとすれば，彼らの成長論は新古典派成長論とは「パラダイム」が違うのである．

RBC（Real Business Cycle）理論が景気循環の主因とする TFP については，印象深い表現がある．

　　シュンペーターはイノベーションが単純に「供給サイド」の問題だと考えていたわけではない．まして「マクロ」の全要素生産性（TFP）といった概念をシュンペーターは正面から批判していた（182 頁）．

　　大人用紙おむつの「発明」には，生産面でのイノベーションは見出しえない．それはまさにそれまで人が思い付かなかった「大人用のおむつ」という新たな「需要の創出」に基づくプロダクト・イノベーションにほかならない．こうしたプロダクト・イノベーションは TFP ではとらえきれない．なぜなら，より多くの大人用おむつをつくるためには，より多くの資本と労働を必要とするであろうからである．つまり，生産関数の上方シフト，TFP の上昇は生じていない．にもかかわらず，成長を生み出すのは需要の伸びの大きい新製品の登場により生産が牽引されるからである．プロダクト・イノベーションの核心は，このような意味での「需要の創出」にある（183 頁）．

＊　　＊　　＊

こうした経済成長のイメージを持つ吉川先生は，公的年金の財政検証を行う「年金財政における経済前提に関する専門委員会」（2017

年7月〜2019年8月）の委員であった．私も委員であり，委員会で
は吉川先生の発言を印象深く聞いていた．たとえば……（第1回委
員会，2017年7月31日）．

「スタンダードな成長会計のモデルでやるというのは，結論的に
はこれしかないだろうと思いますし，私もそのことに異存はないん
ですが．……成長会計のモデルというのは，通常はいわゆるサプラ
イ・サイドのモデルだと理解される」として「私は，それにはテイ
クイシュー，異論があるんですが，そのことはちょっと別にして，
需要サイドをどう考えるのかということです」．

　吉川先生の念頭にある経済モデルは，同じだけ生産要素を投入し
たにもかかわらず前より多くのアウトプットが生み出されることを
可能にするサプライ・サイドにおける技術進歩ではなく，需要の伸
びが大きい新たな財を誕生させるという意味で技術進歩の「需要創
出」（demand creation）効果が重要な役割を果たすモデルである．
　公的年金の財政検証では，コブ・ダグラス型生産関数による成長
会計を用いている．人を見ると，「労働力」というよりは「消費者」
に見えてしまう私も，サプライ・サイドのモデルであるコブ・ダグ
ラス型生産関数，成長会計には違和感はある．だが，公的年金の財
政検証で用いるモデルとしてはL（労働投入量）やK（資本投入量）
を説明変数とする新古典派的世界で試算せざるを得ないことは仕方
がなく，諸変数間の因果関係をどのように読むかについては，随時
慎重な考察が必要であるとも思っている．
　次は，2004年に出した『年金改革と積極的社会保障政策』から
である．

　この新古典派の成長モデルを開発したソロー自身は，ケインジアンであるのだが，彼が作った成長論は，新古典派的世界を映し出した新古典派モデルであった．

　そういうものなのである．しかし，ソロー自身も，成長会計に対する世間の解釈には批判的であったことは，本書第1章でも触れている．

＊　　＊　　＊

　過去を振り返って，運が良かったと胸をなでおろす場面がある．いや，以前，自分の研究者人生の中で論を変えることがなくてもすむように，遠い将来を見通して今の論を構築しておきたいと書いたことがある．そうした姿勢のおかげだろうか，いまに至ってほっと胸をなでおろしたくなるのである．

　そうした局面はいくつかある．1950年代のスウェーデンのレーン＝メイドナー・モデル，連帯賃金制度がマクロ経済，成長を促す動学的な狙いを持つことを知っていた．だから，そうしたモデルを応用して，事業主に，より高い労務費を課して高付加価値経営への転換を促し，賃金，年金を通じて国民の購買力を高めることになる厚生年金の適用拡大を，一種の成長戦略として論じてきた．ゆえに，最低賃金制度をめぐる最近の動き，つまりは経済政策として最賃を引き上げるという政策動向などは，昔から言っていた類いの話になる．

　他にもある．かつてこの国では，積立方式は少子化の影響を受けることがないから，少子高齢化が他国よりも進む日本では，公的年

金は積立方式で運営するのが望ましいという論が華やかだった．そうした時代に，高齢化は積立方式にも影響を与えるという論，今風に言えば Output is central の話を年金の論文を初めて書いた時に書いており，不確実な世の中で高齢者の生活を守るための公的年金保険には賦課方式の方が優れているという積極的賦課方式論を展開していた．いまでは，大方みんなそう思うようになってきた．

　他にもいろいろとあったりするが，2004 年に初版を出した本に次のように書いていて，そうした経済成長のメカニズムに関する考え方が，社会保障は経済政策であるという一貫したわたくしの社会保障論のベースとなっていることを，『マクロ経済学の再構築』を読んで再確認することができた．

　　　『年金改革と積極的社会保障政策——再分配政策の政治経済学Ⅱ』

　　　　　　　　　　　　　　　　　　　（2009〔初版 2004〕Ⅱ巻）

「幸いにも，われわれは，青木＝吉川の成長モデルという日本発のマクロ経済モデルをもっている．5 節では，青木＝吉川モデルが，これまでのマクロ経済モデルと比べていかなる点で特徴をもつモデルであるのかを示す（183 頁）．

……

日本から出てきた青木＝吉川の成長モデルは，これまでみた，そして世界の主流となっている経済成長理論とは，まったく異質なモデルにみえ，成長メカニズムに関して豊富な情報を提供してくれる（229-230 頁）」．

160 頁へ戻る

図表一覧

事 項 索 引

人 名 索 引

著者略歴

慶應義塾大学商学部教授　博士（商学）

1962年福岡県生まれ．1985年慶應義塾大学商学部卒業，1990年同大学院商学研究科博士課程修了．嘉悦女子短期大学専任講師，慶應義塾大学商学部助手，同助教授を経て，2002年より現職．この間，2005年ケンブリッジ大学ダウニグカレッジ訪問研究員，1996年〜1998年ケンブリッジ大学経済学部訪問研究員．

公務では，社会保障審議会，社会保障国民会議，社会保障制度改革国民会議，社会保障制度改革推進会議の委員や社会保障の教育推進に関する検討会の座長など，他にもいくつか引き受けたり，いくつかの依頼を断ったり，また，途中で辞めたり．

主要業績に，『ちょっと気になる社会保障　V3』（勁草書房，2020年），『ちょっと気になる医療と介護　増補版』（勁草書房，2018年），『年金，民主主義，経済学——再分配政策の政治経済学Ⅶ』（2015年），『医療介護の一体改革と財政——再分配政策の政治経済学Ⅵ』（2015年），『社会保障の政策転換——再分配政策の政治経済学Ⅴ』（2009年），『医療政策は選挙で変える——再分配政策の政治経済学Ⅳ［増補版］』（2007年［初版2007年］），『医療年金問題の考え方——再分配政策の政治経済学Ⅲ』（2006年），『年金改革と積極的社会保障政策——再分配政策の政治経済学Ⅱ［第2版］』（2009年［初版2004年，労働関係図書優秀賞］），『再分配政策の政治経済学Ⅰ——日本の社会保障と医療［第2版］』（2005年［初版2001年，義塾賞］）（以上，慶應義塾大学出版会），『医療経済学の基礎理論と論点（講座 医療経済・政策学　第1巻）』（共著，勁草書房，2006年），翻訳としてV. R. フュックス著『保健医療政策の将来』（共訳，勁草書房，1995年）などがある．

URL　http://kenjoh.com/

ちょっと気になる政策思想　第2版
社会保障と関わる経済学の系譜

2018年 8 月20日　　第 1 版第 1 刷発行
2021年10月20日　　第 2 版第 1 刷発行

著 者　権　丈　善　一
けん　じょう　よし　かず

発行者　井　村　寿　人

発行所　株式会社　勁　草　書　房
けい　そう

112-0005　東京都文京区水道2-1-1　振替　00150-2-175253
（編集）電話 03-3815-5277／FAX 03-3814-6968
（営業）電話 03-3814-6861／FAX 03-3814-6854
本文組版 プログレス・平文社・中永製本

ISBN978-4-326-70120-9　　Printed in Japan

https://www.keisoshobo.co.jp

勁草書房

†はオンデマンド版です．　　＊表示価格は 2021 年 10 月現在．消費税（10％）が含まれています．